중국어 초고속 연상암기
新HSK 5급 단어장

초판 1쇄 발행 2023년 5월 24일

지은이 제인킴
펴낸이 장길수
펴낸곳 지식과감성#
출판등록 제2012-000081호

교정 주경민
디자인 이현
편집 이현
검수 한장희
마케팅 정연우
성우 첸유한
예문 제인킴, 첸유한

주소 서울시 금천구 벚꽃로298 대륭포스트타워6차 1212호
전화 070-4651-3730~4
팩스 070-4325-7006
이메일 ksbookup@naver.com
홈페이지 www.knsbookup.com

ISBN 979-11-392-1111-5(13720)
값 27,000원

- 이 책의 판권은 지은이에게 있습니다.
- 이 책 내용의 전부 또는 일부를 재사용하려면 반드시 지은이의 서면 동의를 받아야 합니다.
- 잘못된 책은 구입하신 곳에서 바꾸어 드립니다.

지식과감성#
홈페이지 바로가기

총 30강의 주제로 제일 쉽고 빠르게 외운다

중국어
초고속
연상암기
단어장

新 HSK 5급

제인킴 지음

국내에서 제일 최적화된 중단어 연상법
신HSK 5급 1,300 단어를
진짜! 연상암기로 다 외운다
어려운 중단어, 이 단어장 하나로

🎧 무료 mp3는 네이버 블로그에서 다운로드 가능합니다

제일 쉽고 빠르게 암기한다!

지식과감정

저자 동의 없이 책의 내용을 무단 복사, 배포, 강의하기, 영상물 찍기 등 상업적으로 이용할 수 없습니다.

> **• 학습 안내말 •**

초급자를 벗어나 중급자로 올라가기 위해서는, 단어가 그 무엇보다도 가장 중요합니다. 하지만, 고급으로 올라갈수록 단어의 양은 점점 더 많아지며, 외우는 것이 무척 어려워집니다. 저 역시 신hsk 5급을 취득하기 위해서 여러분이 지금 겪는 과정을 거쳤습니다. 제가 겪은 어려움들을, 다른 학습자들은 겪지 않기를 바라는 마음에서 책을 제작하게 되었습니다. 이 단어장으로 학습하시면 여러분이 현재 공부하시는 것보다 몇 배는 더욱더 쉽고, 빠르고, 확실하게, 효과적으로 중국어 단어를 암기하실 수 있습니다.

여러분이 지켜 주셔야 할 것은

❶ 필수 구성요소, 필수 동물들을 먼저 무조건 암기하도록 하세요.
(익숙하지 않은 것들 위주로 체크해서 학습하세요)
그 후에, 1강부터 학습해야 암기 속도가 빨라집니다.
그렇다고 너무 완벽하게 다 못 외웠다고 학습 시작을 하지 않으시면 안 됩니다.
어차피 필수 구성요소들은 계속 반복되어 나올 것입니다.

❷ 속독하지 마시고 정독해서 공부하세요. 그냥 글을 읽는 것이 아니라,
단어 형성을 연상법과 연결하는 것이기에 차근차근 익히셔야 합니다.

❸ 복습을 안 하시면 힘들게 만든 이 연상법이 무용지물됩니다.
무조건 복습을 많이 해주세요(장기기억을 위해서).

❹ 무료 mp3를 '중단어는 제인킴' 네이버 블로그에서 다운받으세요.
(바로 들을 수 있게 핸드폰에 폴더를 만들어 듣는 것을 추천합니다)
단어 음성을 반복해서 들으시면서 병음을 익히세요.

기존의 그냥 쓰고 외우는 식으로는, 며칠이 지나면 금방 까먹게 됩니다. 제가 하나하나 분석 과정을 거치고, 제 아이디어와 많은 시간을 투자해 이 단어장을 만들었습니다. 단어를 이렇게 학습하는 것만으로도 단어에 대한 친숙도가 올라갑니다. 단어를 계속 까먹게 되는 이유는 친숙도가 없이 무작정 외우기 때문입니다. 이렇게 복습해서 외운 후, 예문을 보고, 청취하고, 독해할 때 단어를 마주치고, 단어의 쓰임을 보면 잊어버리지 않게 됩니다.
여러분은 시간을 낭비하지 않고 외우실 수 있습니다.
부디 이 단어장을 잘 활용하셔서 신hsk 5급을 원하시는 점수로 취득하시길 기원하겠습니다.

학습 목차

- 학습 안내말 · 4
- 간체 부수 · 6

1강	가정, 일상생활 · 10		16강	회사, 업무 · 139
2강	외모, 패션 · 19		17강	회사, 경영 · 148
3강	신체, 동작 · 27		18강	회사, 조직 · 157
4강	성격 · 36		19강	인테리어, 집 · 165
5강	음식, 맛 · 45		20강	예술 · 173
6강	방송, 전달 · 54		21강	취미, 경기 · 181
7강	소비 · 63		22강	감정, 느낌 · 190
8강	사교 · 72		23강	의견 · 199
9강	학업 · 80		24강	토론, 발표 · 208
10강	건강, 증상 · 89		25강	연결어 · 217
11강	여행, 교통 · 97		26강	과학, 기술 · 224
12강	자연, 동식물 · 106		27강	경제, 금융 · 233
13강	환경, 날씨 · 114		28강	사회 · 242
14강	시간 · 122		29강	국가, 법 · 251
15강	취업, 고용 · 130		30강	역사, 전쟁 · 260

간체 부수

★ 필수 구성요소 1

尸 몸, 시체, 주검	月 몸, 몸통, 고기, 달 肉 고기, 살	又, 扌, 手, 彐 손	己 자기, 몸 予 나 余 나, 남다, 나머지	亻, 人, 员 = 員, 者, 儿 사람
页 = 頁, 首, 亠 머리	心, 忄, 㣺 마음, 감정	足, 𧾷 발 止 발	见, 示 보다 目 눈, 보다	彡 털, 모양 毛 털 羽 깃털
卜 점치다 占 점 爻 점괘 兆 점괘	讠 = 言, 曰(왈) 말하다 舌 혀 食 = 饣 먹다	口 먹다, 말하다, 식구, 입 구멍, 묶다	寸 마디 节 마디	木, 朩 나무 林 수풀
贝 = 貝 조개, 재물, 금전, 재산	钅 = 金 쇠, 금 石 돌	钱 돈 戈 쌓이다	米 쌀 禾 벼	元 으뜸, 화폐단위
虫 벌레	糸 = 纟 실	艹 풀, 나무 풀	广, 户, 宀, 宅, 堂, 室, 舍 집	竹, ⺮ 대나무
革, 皮 가죽 韦 가죽, 어기다	罒, 罓, 网 그물	欠 입 벌리다, 하품	辶, 彳, 夊, 廴, 牜 걷다, 가다 往 가다 到 이르다	礻示, 神 = 神 신, 제사 且 비석
酉, 酒 술	缶, 皿 그릇 臼 절구	衣, 衤 옷	巾 천, 수건 布 베	阝 곤방, 막다
戈, 矛, 戊 창 殳 몽둥이, 창	斤 도끼 戌 도끼 무기 관련	弓 활 弋 주살	攴 치다 攵 = 文 문자	刂, 刀 칼 乂 베다 束 가시

又 또, 손 且 또, 비석 亦 또	丨 뚫다, 통하다 亅 뾰족한 것, 　갈고리	廾 받쳐들다 壬 짊어지다	干 방패, 　중요한 것 甲 갑옷, 껍질	爫 손톱, 할퀴는 　듯한 모양
包, 勹 싸다	火, 灬 불	氵, 水, 氺 물	隹, 雈 鳥, 乙 새	艮 그치다 止 멈추다
几 무엇, 어떤	土 흙, 地 땅 田 밭 丘, 阜 언덕	日 해, 매일 夕 밤	巛 시내, 굴 川 내	丬 = 爿 나뭇조각
井 우물	冫 차갑다, 얼음	冖, 襾 덮다	古 오래되다 昔 옛날 久 오래된, 길다	非 아니다, 　나쁘다 弗 아니다 不 아니다
疒 병 死, 歹 죽다 尢 절름발이	亞 = 亚 부정적, 뒤떨어지다, 제2의, 다음가는 凶 흉하다 恶 = 惡 악	辰 별, 임금, 　천자, 새벽 帝 황제, 천자 王 왕, 구슬, 옥 玉 옥	十 더, 많다 九 많다 廿, 卄, 卅 　많다, 스물 卉 풀, 많이, 성하다 丰 풍부하다	尭 높다, 높이, 丷 높이, 풀 亢 높이, 　높이 오르다
小, 幺 작다 少 적다 大, 巨 크다 長 길다	云 구름 雨 비	耒 쟁기, 가래	爪 갈래, 파	片 조각, 쪽
乍 갑자기	丁 장정 士 선비	无 = 無 없다 未 아니다, 　아직 ~하지 않다 勿 없다, 하지말아라	由 원인, 말미암다 因 인하다, 원인	乃 이에, 곧
匕 비수, 　앉은 듯한 형상	卩, 卪 무릎 꿇다	兀 우뚝 솟다, 　움직이지 않다	当 당시, 마땅하다, 　당하다	而 말을 잇다, 　잇다
支 지탱하다, 　갈라지다	亏 모자라다, 　굽히다, 어조사	凡 보통, 평범	斗 말(곡식 단위)	丩 얽히다

간체 부수

★ 필수 구성요소 2

始 시작, 시초 初 처음 原 근원, 언덕	良 회랑, 복도, 어질다	至, 及 이르다, 미치다	巷 거리
亡 망하다	谷 골, 曲 굽다	才 재주	长, 镸 길다, 어른 永 길다
屯 새순, 진 치다	夭 예쁘다, 젊다 女 여성	麻 마	申 늘이다, 뚫다, 원숭이
音 소리	圣, 巠 물줄기	商 장사, 상업	争 싸움
介 끼다, 夹 끼다	里 마을, 안, 인근	尤 더욱	素 바탕
復 다시, 회복, 중복	聿 붓	辛 힘들다, 고생 弱 약하다	厶 사사롭다
玄, 黑 검다 白 희다	分 나누다 半 반	穴 구멍	门 = 門 문
京 수도, 서울 高 높다	发 쏘다 = 發	式 법, 양식, 法 법	方 방위, 사방 向 향하다
其 그것	周 두루두루	専 = 专 오로지 只 오직	単 홑, 하나
奇 기이하다	中 가운데, 央 가운데	甚 심하다, 심히	并, 並 = 竝 나란히
鬼 귀신	步 걸음, 立 서다 走 달리다, 걷다	动 움직이다	令 명령
共 함께 关 관련	比 비교	卒, 兵 병사, 臣 신하 武 무인, 무사	册, 书 책
经 지나다	實 = 实, 果 열매	牙 어금니	乐 = 樂 즐겁다
要 중요	次 순서	急 급하다	軍 = 军 군사
直 = 直 곧다, 바르다	义 옳다, 의롭다	氐 낮다, 근본	可 허락
为 가장하다, 하다, 위해서, ~위해, 까닭	⚠ 주의 昜 볕, 양지, 날리는 듯한 易 바꾸다, 쉽다	有 가지다, 있다 具 갖추다 占 차지하다, 점령	内 안 外 밖 了, 完 끝나다

★ 필수 동물

犭, 犬, 戌 개	禺, 申 원숭이	象 코끼리	羊 양, 아름답다
亥, 豕 돼지	巳 뱀, 巴 뱀 꼬리	马, 午 말	兔 토끼
牛, 丑 소	酉 닭	鱼 물고기	虍 호랑이
龙, 辰 용	隹, 堇, 鸟, 乙 새	内 짐승 발자국	角 뿔

昔 옛날의 의미를 가지는, 이 昔 옛날 뜻 해설에 대해서는
'한자문화, 편저 한감당, 역 문준혜' 책을 참고 했습니다.
나머지 구성요소들은 사전으로 확인작업을 거쳐가며 제가 외우기 쉽게 분류를 해놓았습니다.

几 무엇, ß 곤방, 막다, 申 뚫다, 易 날리는 듯한 뜻에 대해서는
제가 독자적으로 뜻을 더 만들어 내, 다른 단어들과 연동했을 시 자연스럽게 연결되도록, 외우기 쉽게 만들었습니다.

1강 가정, 일상생활

001 家庭
jiātíng
명 가정

庭 집안, 뜰 » 广 집은 항상 廴 걸어 되돌아오는 곳이며, 壬 짊어진 것들을 내려놓는 곳
家 집 + 庭 집안

> 小明的家庭非常美满。
> 샤오밍의 가정은 매우 원만하다.

002 家乡
jiāxiāng
명 고향

家 집 + 乡 시골, 마을, 구역(鄉 시골 향의 간화 - 乡)

> 你的家乡是哪儿的？
> 당신의 고향은 어디입니까?

003 亲自
qīnzì
부 직접, 몸소

亲 친히 自 자기가

> 小明亲自下厨给父母做饭。
> 샤오밍은 직접 요리해서 부모님께 밥을 드렸다.

004 体贴
tǐtiē
동 자상하게 돌보다

体 몸 » 亻사람의 本 근본은 몸
贴 붙이다, 붙다, 메우다 » 贝 재물을 占 점령해 잔고를 메우다
体 몸을 贴 붙이고 자상하게 돌보다

> 男朋友总是体贴入微地照顾着我。
> 남자친구는 항상 나를 자상하게 돌봐준다.

005 外公
wàigōng
명 외할아버지

외(外)와 공공(친족에 대한 호칭 + 남자에 대한 존칭)이 합쳐져 외할아버지라고 생각하기

> 小明过年期间，去外公家拜年了。
> 샤오밍은 설날에 외할아버지 댁에 세배를 하러 갔다.

006 姥姥
lǎolao
명 외할머니

女 여성인데 老 늙은 – 외할머니

> 小明的姥姥生病了。
> 샤오밍의 외할머니가 병이 났다.

007 舅舅
jiùjiu
명 외숙부, 외삼촌

臼 절구를 들어주는 男 남성 – 부탁할 때는 삼촌이 비교적 친근한 호칭이니, 절구 같은 무거운 것들을 들 때, 숙부, 삼촌에게 부탁했다고 연상

> 这位是我的舅舅。
> 이 분은 저의 외삼촌입니다.

008 姑姑
gūgu
명 고모

姑 시어머니, 고모 » 女 여성(뜻 부분) + 古 고(음 부분)

> 我姑姑做饭的手艺一绝。
> 우리 고모의 요리 솜씨는 일품이다.

009 兄弟
xiōngdì
명 형제

兄 형 弟 제

> 兄弟之间要和睦相处。
> 형제간에 화목하게 지내야 한다.

010 老婆
lǎopo
명 아내, 마누라

婆 할머니 » 끊임없는 * 波 물결파처럼 고단한 인생을 살아온 女 여성인 할머니
* 波 물결 » 氵 물의 겉 표면 皮 껍데기는 물결이다
老 늙은 婆 할머니가 될 때까지 평생 살아야 하는 마누라

> 我在结婚纪念日的时候给老婆买了一束玫瑰花做礼物。
> 나는 결혼기념일에 아내에게 장미꽃 한 송이를 선물로 사 주었다.

011 太太
tàitai
명 부인, 마님, 처

요즘엔 부인이 남편에게 아주 太 크고 太 큰 존재

> 我的太太是一位非常温柔体贴的人。
> 나의 아내는 매우 부드럽고 자상한 사람이다.

012 **长辈**
zhǎngbèi
명 손윗사람, 연장자

辈 무리 »» 非 아니 타다 车 수레에 – 수레에 다 못 탈 정도로 사람 무리가 너무 많다
나이가 长 긴 사람들의 辈 무리 – 연장자

> 我们应该尊敬长辈。
> 우리는 웃어른을 존경해야 한다.

013 **年纪**
niánjì
명 나이, 연령

纪 단서, 벼리(굵은 줄, 뼈대가 되는 것) »» 纟 실의 己 몸에 해당하는 굵은 줄
年 년도가 지나가는 纪 단서가 되는 것 – 나이

> 你多大年纪了？
> 혹시 나이가 어떻게 되세요?

014 **姑娘**
gūniang
명 아가씨, 젊은 여자, 딸

姑 시어머니, 고모 »» 女 여성(뜻 부분) + 古 고(음 부분)
娘 아가씨 »» 良 희랑에서 가차된 어질 량, 女 여자가 良 어질고 좋다. 여자 낭(랑) - 젊은 여자에게 낭자라고 부르는 사례

> 灰姑娘
> 신데렐라

015 **宠物**
chǒngwù
명 애완동물

宠 사랑하다 »» 宀 집에서 아이에게 龙 용처럼 큰 인물이 되어 훨훨 날라고 사랑을 주다
宠 사랑을 주게 되는 物 대상 – 애완동물

> 这家公寓是禁止住户饲养宠物的。
> 이 아파트는 입주민이 애완동물을 기르는 것을 금지한다.

016 **主人**
zhǔrén
명 주인

主 주 人 인

> 小狗跑到主人面前摇着尾巴撒娇。
> 강아지가 주인에게 달려가 꼬리를 흔들며 어리광을 부린다.

017 **隔壁**
gébì
명 이웃집, 옆집

隔 사이를 떼다, 막다 »» 阝 막다, 一 한, 口 구멍을, 冂 둘러서 丶丶 간격을 丁 분리해 떼 버리다
壁 벽 »» * 辟 피하려고 土 흙을 쌓아 벽을 만들다
* 辟 피하다 »» 尸 몸과, 口 입은, 辛 고생과 매운 것을 **피하려고** 한다

> 小明经常陪隔壁的老奶奶聊天。
> 샤오밍은 자주 옆집 할머니와 이야기를 나눈다.

018 **好客**
hàokè
형 손님을 잘 대하는, 손님을 좋아하는

客 손님, 고객 »» 宀 집에 온 各 각각의 손님
好 좋아하다 客 손님을

> 这个寨子里的人非常热情好客。
> 이 마을 사람들은 매우 친절하고 손님 접대를 좋아한다.

019 **问候**
wènhòu
동 안부를 묻다

候 기후, 조짐 »» 亻사람이 그 꽂히도록, 矢 화살을 날릴 때, 丨 하나 더 봐야 할 것 - **기후, 조짐**
问 묻다, 어떻게 지내는지, 그 사람의 候 상황을(기후를)

> 请帮我传达一下我对她的问候。
> 그녀에 대한 나의 안부를 전해주세요.

020 **看望**
kànwàng
동 방문하다, 찾아가 보다

望 바라다, 바라보다 »» 亡 망하지 않기 위해 月 달을 바라보고, 소원을 비는 王 왕
看 보다 望 바라보다

> 小明去医院看望了他的姥姥。
> 샤오밍은 병원에 가서 그의 외할머니를 뵈었다.

021 **孝顺**
xiàoshùn
동 효도하다

孝 효도 »» 耂 늙은 부모를 업은 子 자식의 '효'
顺 따르다, 순조롭다 »» 川 시내가 흐르듯 页 머리 혈맥이 잘 **따르다**

> 小明十分孝顺家里的老人。
> 샤오밍은 집안의 노인에게 매우 효도한다.

1강 가정, 일상생활

022 尊敬
zūnjìng
- 동 존경하다
- 형 존경받을만한

尊 높다, 존경하다 » ヽヽ 높이, 酉 술을 들어, 寸 마디마디, 구석구석마다 돌리며 존경 표시

敬 공경하다 » 초고, 초안의 초는 풀 초 草 = 艹이다. 아직 완성되지 않아 거칠다. 口 입의 말을 勹 싼 것은 句 글귀이므로, 처음의 苟 거친 글귀를 쓰던 사람이 나중에는 문장을 文 = 攵 쓰게 되면 절로 敬 공경하게 된다

学生应该尊敬老师。
학생은 마땅히 선생님을 존경해야 한다.

023 有利
yǒulì
- 형 유리한, 이로운

利 날카롭다, 이익 » 禾 벼를 베려면 刂 칼이 날카로워야 한다, 벼를 많이 베어야 이득이다

有 있다 利 이익 – 유리

多运动有利于身体健康。
운동을 많이 하면 건강에 이롭다.

024 培养
péiyǎng
- 동 양성하다, 육성하다, 기르다

培 북돋우다, 불리다 » 土 흙은 모든 것을 立 서게 하고, 口 먹여 살리며 북돋고 번성시킨다

养 기르다 » 羊 양을, 가축 무리에 介 끼워 넣어, 기르다

他的父母从小培养他当医生。
그의 부모님은 어릴 때부터 그를 의사가 되도록 키웠다.

025 夸
kuā
- 동 과장하다, 칭찬하다

亏 모자란 점을 덮으려고 그 위에 大 크게 자랑하다

小明夸妈妈做的饭好吃。
샤오밍은 엄마가 만든 밥이 맛있다고 칭찬했다.

026 靠
kào
- 동 기대다, 닿다, 의지하다, 믿다

靠 기대다 » 告(음 부분) + 非 아니다라는 뜻이지만, 여기서만 글자가 기댄 것처럼 보인다 연상

做任何事情都应该靠自己。
무슨 일을 하든지 반드시 자신을 믿어야 한다.

027 **沟通**
gōutōng
동 소통하다, 교류하다

沟 도랑 ≫ 氵물이 勹 감싸듯 굽이 흐르는, 厶 사사로운 것들 (빨래 등) 해결할 수 있었던 **도랑**
아이들이나 아낙네들이 가재를 잡거나 빨래하며 沟 도랑에서 서로 通 통하고 교류했던 모습 연상

> 计划执行之前，一定要和各个部门沟通好流程。
> 계획을 실행하기 전에 반드시 각 부서와 과정을 잘 소통해야 한다.

028 **讲究**
jiǎngjiu
동 중요시하다, 신경을 쓰다

讲 외우다, 설명하다 ≫ 讠 말로 설명을 井 우물처럼 깊이 있게 하다, 설명할 정도로 **외우다**
究 파고들다, 연구하다 ≫ 穴 구멍을 九 많이 파듯 **연구**하다

> 做事情要讲究方法。
> 일을 할 때는 방법을 강구해야 한다.

029 **成长**
chéngzhǎng
동 성장하다, 자라다

成 이루어지다 长 길게 – 자라나다

> 小明在一个充满爱的家庭环境中成长。
> 샤오밍은 사랑이 넘치는 가정 환경에서 자랐다.

030 **形成**
xíngchéng
동 형성하다, 구성하다

形 모양을 成 이루다 – 구성하다

> 这对双胞胎，一个活泼，一个安静，他们的性格形成了鲜明的对比。
> 한 명은 활발하고, 한명은 조용한, 이 쌍둥이의 성격은 분명한 대조를 이룬다.

031 **疼爱**
téng'ài
동 매우 귀여워하다, 매우 사랑하다

마음이 疼 아플 정도로 爱 사랑하다

> 姑姑很疼爱我，经常给我买玩具。
> 고모는 나를 아껴주어, 늘 장난감을 사주곤 했다.

032 宝贝
bǎobèi
명 보배, 귀여운아이

宝 보배, 보물 ≫ 宀 집에서 玉 옥을 보물처럼 모시다
宝 보물 + 贝 재물

每个人都是父母的宝贝孩子。
모든 사람은 부모의 귀한 자식이다.

033 相处
xiāngchǔ
동 함께 살다, 함께 지내다

处 곳, 처하다 ≫ 夂 걸어가다, 깃발로 丨뚫어 꽂아 丶찍어 놓은 곳으로
相 서로 같은 处 곳에 처하다 – 함께 지내다

这个人的性格非常好，和他相处起来感觉很舒适。
이 사람은 성격이 매우 좋아서 그와 함께 지내면 편안함을 느낀다.

034 家务
jiāwù
명 가사, 집안일

务 힘쓰다 ≫ 夂 걸으며 力 힘써 일하다
家 집에서 务 힘써야 하는 것 – 집안일

你平时在家里会做家务吗？
당신은 평소에 집에서 집안일을 합니까?

035 自由
zìyóu
명 자유
형 자유로운

自 자 由 유

笼子里的鸟向往着在天空中自由地飞翔。
새장 속의 새들은 하늘을 자유롭게 날아다니는 것을 동경한다.

036 嫁
jià
동 시집가다

女 여자가 시댁 家 집으로 들어가 시집가다

你愿意嫁给我吗？
나랑 결혼 해줄래?

037 娶
qǔ
동 아내를 얻다, 장가가다

取 가지다 女 여자를 – 아내를 얻다

小明娶到了又漂亮又贤惠的媳妇儿。
샤오밍은 예쁘고 현명한 아내를 얻었다.

038 **婚礼**
hūnlǐ
명 혼례, 결혼식

婚 혼인, 결혼하다 »» 女 여자가 어느 집안 氏 씨에 소속되어 日 날마다 집안일 하는 결혼
礼 예절 »» 礻 신에게 몸을 乚 구부려 예를 보인다

> 小明今天去参加了美丽的婚礼。
> 샤오밍은 오늘 메이리의 결혼식에 갔다

039 **婚姻**
hūnyīn
명 혼인, 결혼

婚 혼인, 결혼하다 »» 女 여자가 어느 집안 氏 씨에 소속되어 日 날마다 집안일 하는 결혼
姻 혼인 »» 女 여자의 상황이 因 계기, 원인이 되어 했던 혼인
(중국 고대사회 강탈혼, 매매혼, 집안 거래 등등)

> 世上真的有完美的婚姻吗？
> 세상에 정말 완벽한 결혼이 있을까?

040 **离婚**
líhūn
동 이혼하다

离 떠나다 »» 離 떠날 리 - 离 간화
婚 혼인, 결혼하다 »» 女 여자가 어느 집안 氏 씨에 소속되어 日 날마다 집안일 하는 결혼

> 自从父母离婚后，小明就变得沉默寡言了。
> 부모님이 이혼한 후부터 샤오밍은 과묵해졌다.

041 **登记**
dēngjì
동 정식으로 등기하다, 등록하다

记 기억하다 »» 讠= 言 말하는 것을, 己 몸이 기억하다
登 오르다 记 기억, 기록되도록 – 정식으로 등록하다

> 小明正在登记产品的出库数量。
> 샤오밍은 지금 제품의 출고 수량을 등록하고 있다.

042 **人生**
rénshēng
명 인생

人 인 生 생

> 人生是充满挑战的。
> 인생은 도전으로 가득 차 있다.

043 **一辈子**
yíbèizi
명 한평생, 일생

辈 무리 ≫ 非 아니 타다 车 수레에 – 수레에 다 못 탈 정도로 사람 **무리**가 너무 많다
一 한 辈 무리의 사건들이 일어나는 子(명사화) 일생

> 小明经历了车祸后，手臂上一辈子都会留下这块疤。
> 샤오밍은 교통사고를 겪은 후 팔에 평생 이 흉터가 남을 것입니다.

044 **通常**
tōngcháng
부 통상적으로

通 통 常 상

> 我的爷爷通常每天早上5点起床。
> 나의 할아버지는 보통 매일 아침 5시에 일어나신다.

045 **团**
tuán
명 단체, 집단

团 둥글다, 모으다 ≫ 才 재능이 있는 사람 주위를 口 에워싸 사람 **모인다고** 생각하기

> 比赛团队
> 경기단

2강 외모, 패션

001 **个性**
gèxìng
명 개성

个 개개가 가지는 性 성질

> 我觉得他是个十分有个性的人。
> 나는 그가 매우 개성 있는 사람이라고 생각한다.

002 **独特**
dútè
형 독특한, 특수한

独 홀로, 외로운 » 犭개에게 虫 벌레가 생길 정도로 돌봐줄 사람이 없이 홀로 있다
유일한, 独 홀로 존재하는 特 특별함

> 小明的想法总是很独特。
> 샤오밍의 생각은 항상 독특하다.

003 **身材**
shēncái
명 몸매, 체격

材 재목, 재료 » 木 나무를 才 재주껏 잘 가공해 재료로 쓰다
身 몸을 材 재목 감으로 보았을 때, 뚱뚱한지 마른지

> 明星们都非常注重身材管理。
> 스타들은 몸매 관리에 신경을 많이 쓴다.

004 **苗条**
miáo tiao
형 날씬한

苗 모종, 모 » 田 밭에 艹 풀처럼 돋아난 모종
条 가지 » 攵 걸어 나오다 木 나무로부터 - 나무로부터 걸어 나와 뻗은 가지
모와 나뭇가지처럼 날씬하게 빠진

> 她的身材像舞蹈生那样苗条。
> 그녀의 몸매는 무용생처럼 날씬하다.

005 **显得**
xiǎn de
동 ~하게 보이다

显 나타나다, 드러나다 » 日 해가 뜨자마자 业 일할 것들이 나타난다
드러내니까 ~하게 보이다

> 小明穿上这身衣服显得神气十足。
> 샤오밍이 이 옷을 입으니 매우 의기양양해 보인다.

006 表情
biǎoqíng
명 표정

表 겉 » ——丨 겹쳐 입은 衣 옷은 사람 몸의 겉 부분에 있다
情 감정 » 어떤 형태의 ↑ 감정이어도 青 푸르른 것처럼 순수한 상태의 것이 감정

> 说到这件事的时候，她的表情显得有些为难。
> 이 일을 말할 때 그녀의 표정은 약간 난처해 보였다.

007 微笑
wēixiào
동 미소 짓다
명 미소

微 작다, 정교하다(통째로 외우는 것을 추천)
笑 웃다 » ⺮ 대나무를 가지고 놀며 夭 예쁜 아이가 웃고 있다

> 面试官十分亲切，面带微笑地看着我。
> 면접관은 친절하게도 미소를 지으며 나를 바라보았다.

008 表面
biǎomiàn
명 표면, 겉

表 겉 » ——丨 겹쳐 입은 衣 옷은 사람 몸의 겉 부분에 있다
表 겉 面 면

> 看任何事物都不能只看表面。
> 어떤 사물을 보더라도 겉모습만 보면 안 된다.

009 方
fāng
형 네모난

> 这个箱子是方的。
> 이 상자는 네모난 것이다.

010 圆
yuán
형 둥근, 원형의

圆 둥글다 » 囗 테두리 안에 员 사람, 인원들이 둥글게 있다

> 小明的脸型偏圆，看起来可爱极了。
> 샤오밍의 얼굴형은 둥근 편이어서 매우 귀여워 보인다.

011 光滑
guānghuá
형 반들반들한, 매끄러운

滑 매끈한, 미끄러운 » 氵물이 몸 骨 뼈대 골을 타고 미끄럽게 흐르는 것 연상
光 광나고 滑 미끄러운

> 每天洗澡后抹上身体会使皮肤变得更光滑。
> 매일 목욕 후 몸을 바르면 피부가 더욱 매끈해진다.

012 粗糙
cūcāo

[형] 까칠까칠한, 거친, 조잡한

粗 대강, 거칠다 »» 米 쌀을, 且 또 떨어트려서 태도가 **대강 대강 거칠다**
糙 현미, 거칠다 »» 백미 흰 米 쌀이 * 造 만들어지기 전, 도정되지 않은 **거칠거칠**한 상태 연상
* 造 만들다, 짓다 »» 계획대로 告 알려 준 대로 일이 진행되어 辶 가게끔 만들다

> 母亲常年劳作的手摸起来很粗糙。
> 어머니의 연중 고된 손은 만져보니 까칠까칠하다.

013 优美
yōuměi

[형] 우아하고 아름다운

优 우수하다 »» 亻사람이 尤 더욱 힘을 들이면 **잘하게** 된다
优 우수하게 美 아름다운

> 十佳歌手的比赛上，小明优美的歌声结束，全场响起一片掌声。
> 10대 가수의 경연에서 샤오밍의 아름다운 노랫소리가 끝나자, 장내에 박수가 터져 나왔다.

014 英俊
yīngjùn

[형] 잘생긴, 재능이 출중한

俊 뛰어난, 잘생긴 »» 亻사람이 厶 사사로운 감정을 가지고 丶丶 탕탕 夂 걸어올 정도로 **잘생긴**
英 꽃같이 俊 잘생긴

> 相亲对象的样子长得很英俊但是我们没有共同话题。
> 소개팅 상대방의 모습은 잘생겼지만 우리는 공통화제가 없다.

015 丑
chǒu

[형] 추한, 못생긴

丑 소를 예쁘고 아름다운 것에 비유를 하지 않으니, 그 반대라고 생각하기

> 这只小狗有点丑，但是做完宠物美容就会变好看的。
> 이 강아지는 조금 못생겼지만 펫미용하면 예뻐질거야.

016 魅力
mèilì
명 매력

魅 매혹하다, 홀리다 » 鬼 귀신이 未 아닌데도, 홀리게 할 수 있는 힘
魅 매혹하는 力 힘

> 自信的人总是那么有魅力。
> 자신감 있는 사람은 항상 매력적이야.

017 服装
fúzhuāng
명 복장

装 꾸미다 » * 壮 장한 선비가 衣 옷을 입고 꾸미다
* 壮 장하다, 굳세다 » 丬 = 爿 나뭇조각(각목)이라도 들고, 공부만 하던 士 선비가 전쟁에서 싸우는 것을 보면 장하고 대견하고 굳세어 보인다

服 옷 + 装 꾸미다

> 这次文艺表演的服装是班级统一订购的。
> 이번 문예 공연의 의상은 학급에서 일괄 주문한 것이다.

018 牛仔裤
niúzǎikù
명 청바지

仔 어린, 자세한 » 亻사람이 낳은 어린 子 자식을 자세히 살피는 모습 연상
裤 바지 » 衤옷인데 * 库 창고에서 일할 때 입는 옷 – 바지
* 库 곳집, 창고 » 广 집같이 생긴 车 차, 수레를 넣는 곳
牛仔는 카우보이, 가축과 창고를 지키는 젊은이가 입는 청바지를 연상

> 这条牛仔裤的版型很好。
> 이 청바지는 핏이 좋다.

019 围巾
wéijīn
명 목도리, 스카프

围 에워싸다 » 韦 가죽 옷을 囗 둘러싸다
围 에워싸다 巾 천으로

> 今年圣诞节我送了男朋友一条围巾。
> 올해 크리스마스에 나는 남자친구에게 스카프를 선물했다.

020 披
pī
동 걸치다, 펼치다

扌손으로 皮 가죽 옷을 들어 걸치는 것 연상

> 妈妈披着一件羊绒大衣在门口坐着。
> 어머니는 캐시미어 코트를 걸치고 문 앞에 앉아 계신다.

021 薄
báo

형 얇은, 옅은

艹 풀이나 氵물은 얇은 두께로 * 専 펴서 얇게 만들 수 있다
* 専 펴다 ≫ 十 더, 用 쓰려고 丶 탕탕 寸 마디마디를 두드려 펴다(다 써가는 치약 짤 때 연상)

天气这么冷，穿这么薄的衣服会感冒的。
날씨가 이렇게 추운데 이렇게 얇은 옷을 입으면 감기에 걸려요.

022 手套
shǒutào

명 장갑

套 덮개, 겹치다, 씌우다 ≫ 씌우려면 大 크고 镸 긴 덮개로 씌워야 한다
手 손을 싸는 套 덮개

这两只手套的颜色好像不一样呢。
이 두 장갑은 색깔이 다른 것 같아요.

023 装饰
zhuāngshì

동 치장하다, 장식하다
명 장식

装 꾸미다 ≫ * 壮 장한 선비가 衣 옷을 입고 꾸미다
* 壮 장하다, 굳세다 ≫ 丬 = 爿 나뭇조각(각목)이라도 들고, 공부만 하던 士 선비가 전쟁에서 싸우는 것을 보면 장하고 대견하고 굳세어 보인다
饰 꾸미다 ≫ 饣 밥 먹는 레스토랑에서는 테이블 丿一 위가 아름다운 巾 천으로 꾸며져 있다

圣诞节的时候家家户户都在装饰圣诞树。
크리스마스에는 집집마다 크리스마스 트리를 장식한다.

024 项链
xiàngliàn

명 목걸이

项 항목, 조목, 목덜미 ≫ 工 일할 것들을 页 머릿속에 항목, 조목별로 담고 있다
链 쇠사슬 ≫ 钅쇠를 * 连 이어서 쇠사슬이 되다
* 连 잇다 ≫ 车 차가 굴러 辶 가는 것처럼 잇다
어떠한 물체(대상)가 목덜미에 쇠사슬로 이어져 목걸이가 되다

这条项链的材质是纯银的。
이 목걸이의 재질은 순은이다.

025 戒指
jièzhi
명 반지

戒 경계하다 ≫ 廾 많은 戈 창을 든 자가 **경계**하며 국경선을 지키다
指 가리키다 ≫ 원래 扌손만 의미를 가짐, 옆에 旨 자는 뜻, 맛있다이지만 무시하고 통째로 가리키다라는 뜻으로 외우기
이 사람이 결혼했는지, 어떠한 높은 신분인지를 가리키며 경계를 나타내주는 반지

> 戒指戴不同的手指意义是不一样的。
> 반지에 다른 손가락을 끼는 것은 의미가 다르다.

026 耳环
ěrhuán
명 귀걸이

环 둘러싸다, 고리 ≫ 王 왕의 건강이, 좋지 不 아니해서, 신하들이 다 **고리처럼 둘러싸다**
耳 귀 环 고리

> 这个耳环可真漂亮。
> 이 귀걸이는 정말 예쁘다.

027 系领带
jìlǐngdài
넥타이를 매다

系 계통, 묶다 ≫ 丿 하나의 범주로 糸 실을 **묶어 분류**
领 거느리다 ≫ 令 명령하는 页 머리 - 우두머리가 **거느리다**
带 두르다, 띠 ≫ 卅 장식을 冖 덮다 巾 천 위에 - ~대, 띠, 장식
系 매다, 领 거느리는 사람들이 带 두르는 띠를

> 今天是小明第一次学习怎么系领带。
> 샤오밍은 오늘 처음으로 넥타이를 매는 법을 배웠다.

028 顶
dǐng
양사 개, 채
(꼭대기가 있는 물건을 세는 양사)

顶 정수리, 꼭대기 ≫ 건장한 丁 장정의 页 머리, 정수리는 다른 이들보다 부각되는 것 연상

> 一顶帽子
> 한 개의 모자

029 梳子
shūzi
명 빗

梳 빗, 빗다 ≫ 木 나무로 만들어진, 머리카락을 잘 流 흐르게 빗을 수 있는 **빗**
梳 빗 + 子 명사화

> 梳子的材质有很多种。
> 빗의 소재는 여러 가지가 있다.

030 烫 tàng
동 데우다, 다리미질하다, 파마하다, 화상 입다
형 몹시 뜨거운

* 汤 끓을 정도의 뜨거움 + 火 불 – 몹시 뜨거운 온도를 가지고 하는 것들 연상
* 汤 끓이다 ≫ 氵물이 끓어올라 易 날릴 정도인 모습 연상

> 刚从烤箱里拿出来的蛋糕太烫了。
> 방금 오븐에서 꺼낸 케이크는 매우 뜨겁다.

031 时髦 shímáo
형 유행인, 최신식인

髦 머리털 ≫ 镸 길게 彡 모양이 난 毛 털
그 당시 时 때에 맞는 髦 머리털을 하는 것이 유행

> 这件衣服的款式很时髦。
> 이 옷의 스타일은 매우 유행입니다.

032 时尚 shíshàng
명 당시의 풍조, 시대적 유행

尚 숭상하다, 오히려, 높이다, 더욱이
≫ 丿八 높이, 向 향하는 것을 숭상하다
그 时 당시에 尚 숭상하는 것

> 小明对时尚穿搭有自己独特的见解。
> 샤오밍은 패션에 대해 자신만의 독특한 견해를 가지고 있다.

033 鲜艳 xiānyàn
형 색이 산뜻하고 아름다운

鲜 곱다, 선명하다 ≫ 鱼 물고기가 * 羊 아름답게 선명하다
* 羊 양은 원래 아름답다는 의미를 가진다. 그래서 美 아름다울 미에도 양이 쓰인다
艳 곱다, 아름답다 ≫ 丰 풍부한 色 색이 있으니 곱다

> 这件衣服的颜色好鲜艳啊！很适合你。
> 이 옷의 색깔은 매우 산뜻합니다! 잘 어울리시네요.

034 色彩 sècǎi
명 색채

彩 색, 모양 ≫ 采 캐온 것을(爫 할퀴듯 캐온 木 풀) 참기름을 뿌려 色과 彡 모양을 내다
色 색 + 彩 색

> 小明穿了一件色彩鲜艳的衣服。
> 샤오밍은 밝은 색의 옷을 입었다.

035 浅 qiǎn
형 얕은, 색이 연한, 정도가 낮은

氵물에 戋 쌓일수록 색이 옅어진다 – 물감에 물을 더할수록 색이 옅어지는 것 연상

> 也许浅色的发色更适合你。
> 아마 연한 머리색이 당신에게 더 잘 어울릴 거예요.

2강 외모, 패션

036 浓
nóng
형 색이 진한, 정도가 깊은

氵 물이 农 농사(農 = 衣) 지을 때는 **짙게**, 두텁게 들어가야 한다

这个蛋糕的奶香味如果更浓一些就好了。
이 케이크의 우유 향이 좀 더 강했으면 좋겠다.

037 单调
dāndiào
형 단조로운

调 조절하다 »» 讠 말하면서, 周 두루두루 조절하다
单 한가지로만 调 조절하면 단조로워진다

小明觉得每天一成不变的工作很单调。
샤오밍은 매일 변하지 않는 일이 단조롭다고 생각한다.

038 紫
zǐ
형 자색의(보라색의)

止 멈춰서 匕 비수를 맞은 듯이 앉아서, 보게 되는 糸 실의 **색깔**

* 예로부터 동서양을 막론하고 보라색은 염료 추출 과정이 까다로워서, 상류층들, 권위있는 자들만이 쓸 수 있을 정도로 귀하고 비쌌다.

紫色给人的感觉总是那么神秘。
보라색은 사람에게 항상 신비로운 느낌을 줍니다.

039 青
qīng
형 푸른

春天来了，青青的小草探出了头。
봄이 오자 새파란 풀이 고개를 내밀었다.

040 银
yín
형 은색의
명 은

钅 금보다는 등급이 艮 그친 단계인 은

你的银手镯可真好看。
너의 은팔찌는 정말 예쁘다.

041 灰
huī
형 회색의, 잿빛의
명 재

十 많이 火 불 땔 때마다 **재**, 먼지가 생긴다

这条灰色的运动裤降价了。
이 회색 운동복 바지는 가격이 내렸다.

3강 신체, 동작

001 姿势
zīshi
명 자세, 모양

姿 모양, 모습 »» 次 차례를 잘 지키는 女 여인의 모습
势 형세, 기세 »» 扌손으로 * 丸 구미호 구슬을 잡아, 力 힘이 생기다 - 기세
* 丸 알, 둥글다 - 九 구미호가 丶 찍어 놓은 구슬

看书的姿势不对会损害视力。
책을 보는 자세가 틀리면 시력을 해칠 수 있다.

002 骨头
gǔtou
명 뼈

骨 뼈 + 头 접미사

小狗狗看到骨头就会两眼放光两眼放光地朝我跑过来。
강아지는 뼈를 보면 두 눈을 번쩍 뜨고 나에게 달려온다.

003 肌肉
jīròu
명 근육

肌 근육, 살가죽 »» 月 몸의 많은 부분을 이루고 있는 几 무엇 – 근육, 살가죽
肌 근육 + 肉 살

这位运动员大腿和胳膊上的肌肉十分发达。
이 운동선수가 허벅지와 팔의 근육이 매우 발달했다.

004 嗓子
sǎngzi
명 목구멍

嗓 목구멍 »» 口 입 (뜻부분) + 桑 뽕나무 상 (음부분)
嗓 목구멍 + 子 명사화

小明感冒后嗓子疼得说不出话。
샤오밍은 감기에 걸린 후 목이 아픈 것이 말을 하지 못할 정도다.

005 **脖子** bózi
명 목

脖 목 » 月 몸에서 음량을 十 더하거나 冖 덮을 수 있고 子 아들놈인지 딸인지 성별을 구별할 수 있는 목

小明昨晚落枕了，脖子有些僵硬。
샤오밍은 어젯밤에 베개를 베었는데, 목이 좀 경직되었다.

006 **牙齿** yáchǐ
명 이, 치아

牙 어금니 + 齿 이(=齒)

他的牙齿又整齐又白亮。
그의 치아는 가지런하고 희다.

007 **眉毛** méimao
명 눈썹

眉 눈썹 » 目 눈 위로 기다랗게 나 있는 눈썹의 모습을 본뜸
眉 눈썹 毛 털

修过眉毛以后看起来清爽了不少。
눈썹을 손질하고 나니 한결 개운해 보인다.

008 **脑袋** nǎodai
명 뇌, 골, 두뇌

脑 뇌 » 月 몸 부분에서 亠 머리 쪽 凶 흉한 장기는 뇌
袋 자루, 포대 » 사람을 代 대신해서 담고 옮길 수 있는 衣 옷 천으로 된 포대
脑 뇌를 담고 있는 듯한 袋 포대 – 골

小明这次数学考试结果不理想，他耷拉着脑袋坐在沙发上，看起来有些伤心。
샤오밍은 이번 수학 시험 결과가 좋지 않아, 머리를 푹 숙이고 소파에 앉았는데, 보기에 좀 슬퍼 보였다.

009 **心脏** xīnzàng
명 심장

脏 내장, 오장 » 月 몸의 广 집 역할 - 음식물과 土 흙같은 똥덩이를 보관하고 있는 내장
心 심 脏 장

长期熬夜会引起心脏的不适。
장기간의 밤샘은 심장의 불편함을 유발할 수 있다.

010 **血**
xiě
명 피

小明切菜的时候不小心切到了手，流了好多血。
샤오밍은 채소를 자를 때 실수로 손을 잘라 피를 많이 흘렸다.

011 **胸**
xiōng
명 가슴, 흉부, 마음

月 몸에서, 勹 싸고 있다, 凶 흉한 장기들을 - 흉부는 흉하게 생긴 장기들을 싸고 있다

小明突然感到头晕胸闷，身体非常不舒服。
샤오밍은 갑자기 머리가 어지럽고 가슴이 답답하며, 몸이 매우 불편하다.

012 **胃**
wèi
명 위

田 밭에 모인 작물처럼 모든 음식물이 모여 소화되는 月 몸의 장기 - 위

胃在长久不进食的情况下会变小。
위는 오랫동안 먹지 않은 상태에 있으면, 작아진다.

013 **肩膀**
jiānbǎng
명 어깨

肩 어깨 » 戶 지게를 짊어질 수 있는 月 몸의 부위 - 어깨
膀 어깨, 오줌통 » 月 몸의 상체를 立 세우고, 方 방향을 잡을 수 있는 어깨

小明因为错误的健身姿势，导致肩膀的肌肉拉伤了。
샤오밍은 잘못된 피트니스 자세 때문에 어깨 근육이 파열되었다.

014 **后背**
hòubèi
명 등

背 등, 뒷면 » 北 등진(사람이 등지고 앉은 모습) 月 몸의 부분 - 등
后 뒤 背 등

小明给妈妈按摩后背。
샤오밍은 어머니의 등을 마사지해 주었다.

015 **腰**
yāo
명 허리

月 몸에서 상체화 하체를 연결하는 要 중요한 허리

你的腰部有赘肉吗？
너의 허리에 군살이 있어요?

016 **手指**
shǒuzhǐ
명 손가락

指 가리키다 ≫ 원래 扌손만 의미를 가짐, 옆에 旨 자 뜻은, 맛있다이지만 무시하고 통째로 가리키다라는 뜻으로 외우기
手 손에서 指 가리킬 수 있는 부분 – 손가락

> 他的手指又细又长。
> 그의 손가락은 가늘고 길다.

017 **保持**
bǎochí
동 유지하다, 지키다

保 보호하다, 보증하다 ≫ 亻사람이 口 말하며 이 木 나무가 마을의 보호수라고 보증하고 지키다
持 가지다, 잡다 ≫ 扌손으로 寺 절(불심)을 가지다

> 明星为了保持身材会严格控制饮食。
> 스타는 몸매를 유지하기 위해 엄격하게 식단을 조절할 수 있다.

018 **接近**
jiējìn
동 접근하다, 가까이하다

接 접하다 ≫ 扌손을 妾 첩, 노비는(항시 立 서 있는 女 여자) 항상 많이 쓰며 사람들을 접한다
接 접하며 近 가까워지다

> 她又漂亮，性格又随和，同学都愿意接近她。
> 그녀는 예쁘고 성격이 상냥해서 학우들이 모두 그녀에게 다가가기를 원한다.

019 **伸**
shēn
동 펴다, 펼치다

伸 펴다 ≫ 亻사람이 몸을 쭉 申 통과해 피듯 펴다

> 他睡醒后伸了一个懒腰。
> 그는 자고 일어나서 기지개를 켰다.

020 **绕**
rào
동 휘감다, 싸고돌다, 우회하다

绕 감다, 두르다 ≫ 纟실 이 戈 창을 兀 움직이지 못하게, 둘러싸서 창의 획 하나가 안 보임

> 小明绕了一圈商场才找到朋友。
> 샤오밍은 쇼핑몰을 한 바퀴 돌고 나서야 친구를 찾았다.

021 滚
gǔn
동 구르다, 뒹굴다, 굴리다, 물이 펄펄끓다

滚 뒹굴다 »» 氵물가에서, 公 사람들과 함께, 衣 옷이 분리되어 헤질 정도로 뒹굴다

小狗狗在草坪上滚来滚去。
강아지가 잔디밭에서 이리저리 뒹굴고 있다.

022 灵活
línghuó
명 민첩한, 날쌘, 융통성 있는

灵 신령, 영리한 »» 彐 오른손 부처님 손바닥 안처럼 火 불 보듯 뻔히 돌아감을 알면 영리한 것
活 살다, 활기찬, 생동적인 »» 氵물 만난 듯 舌 혀를 나불대는 모습이 활기차다
灵 영리하게 活 생기 있는

小明的头脑非常灵活。
샤오밍의 두뇌는 매우 민첩하다.

023 逃
táo
동 도망치다, 피하다

兆 점괘가 안 좋아 辶 걸어 도망치다

小明撞倒老奶奶后逃走了。
샤오밍은 할머니를 치고 도망갔다.

024 挡
dǎng
동 막다, 저지하다

挡 막다, 숨기다 »» 扌손으로 当 당시에 당면했을 때 막다

排在我前面的男生个子很高，挡住了我的视线。
내 앞에 서 있는 남자는 키가 커서 내 시야를 가린다.

025 拦
lán
동 가로막다, 저지하다

拦 막다, 차단하다 »» 扌손으로 ㅗ 높이, 一一 쌓아 올려 막다

小明在街边拦了一辆出租车。
샤오밍은 길거리에서 택시 한 대를 가로막았다.

026 摇
yáo
동 흔들다

摇 흔들다 »» 扌손을, 爫 갈퀴처럼 만들어서, 缶 그릇을 흔든다 (내용물이 있나 확인해 보려고)

他听了组员的方案后摇了摇头，不太满意。
그는 팀원의 안을 듣고 고개를 저으며, 별로 만족해하지 않았다.

027 踩
cǎi
동 밟다, 딛다

足 발을 采 캐듯(爫 할퀴듯 木 풀을 캐다) 딛다, **밟다**

小明在地铁上不小心踩到了别人的脚。
샤오밍은 지하철에서 실수로 다른 사람의 발을 밟았다.

028 摸
mō
동 어루만지다, 손으로 짚어 보다

摸 더듬다 » 扌손으로, 艹풀을 더듬어 日 해를 더 받아, 大 크게 자라도록 **더듬어** 주다

这件衣服的面料摸起来非常柔软。
이 옷의 원단은 만져보니 매우 부드럽다.

029 扶
fú
동 떠받치다, 부축하다, 기대다

扌손으로 夫 지아비(남편)를 **떠받치고, 부축하고 기대는** 것 연관 짓기

我扶着老人过了马路。
나는 노인을 부축하며 길을 건넜다.

030 撕
sī
동 찢다, 뜯다

扌손으로 其 그 斤 도끼를 사용해 **찢다, 뜯다**

小明不小心把同桌的作业本撕破了。
샤오밍은 실수로 짝꿍의 숙제 노트를 찢었다.

031 抓
zhuā
동 꽉 쥐다, 긁다, 포착하다, 장악하다

扌손과 爪 손톱을 이용해 **꽉 쥐다**

警察在小巷中抓住了盗窃犯。
경찰은 골목길에서 절도범을 붙잡았다.

032 插
chā
동 끼우다, 삽입하다, 끼어들다

插 꽂다, 끼우다 » 扌손으로 臿 가래를 **꽂는** 듯하다고 연상

你的花插得真好看。
너 꽃 정말 예쁘게 꽂았구나.

033 挥
huī

동 휘두르다, 흔들다

挥 휘두르다 »» 扌 손으로 军 군사를 휘두르다

小明送朋友去机场后，挥手向朋友告别。
샤오밍은 친구를 공항까지 배웅한 후 손을 흔들며 친구에게 작별을 고했다.

034 翻
fān

동 뒤집다, 뒤집히다

番 차례로(禾 벼와 米 쌀을 田 밭에 차례대로) 羽 날개 뒤집듯 뒤집다

小明因为有心事，一整晚在床上翻来覆去睡不着。
샤오밍은 걱정거리가 있어서 밤새 침대에서 엎치락뒤치락하며 잠을 이루지 못했다.

035 摔倒
shuāidǎo

동 자빠지다, 넘어지다

摔 내던지다 »» 扌 손으로 * 率 거느리던 것들을 언젠가는 내던진다
* 率 거느리다 »» 玄 검은 장정들을 丶丶丶丶 좌우로 十 많이 거느리다
倒 넘어지다, 뒤집다, 망하다
»» 亻 사람에게 至 이르다 刂 칼이 - 사람이 칼에 맞아 넘어지다

一位老奶奶在过马路的时候摔倒了。
할머니 한 분이 길을 건너다가 넘어졌다.

036 摆
bǎi

동 놓다, 배열하다

扌 손으로 물건 罒 포장한 것 들고 去 가서, 물건을 놓아 배열하다

可以帮我把菜摆到饭桌上吗？
내가 음식을 식탁에 놓는 것을 도와줄 수 있나요?

037 砍
kǎn

동 도끼로 찍다, 치다

石 돌이 欠 하품하듯 쩍 벌려 갈라지도록 치다

爷爷把花园里的桃树砍掉了。
할아버지는 화원의 복숭아나무를 베어버렸다.

038 断
duàn
동 자르다, 끊다

断 자르다, 끊다 » ㄴ 상자 속 米 쌀을 꺼내려 斤 도끼로 자르다

小明放风筝的时候，风筝线断了。
샤오밍이 연을 날릴 때 연줄이 끊어졌다.

039 捡
jiǎn
동 줍다

扌 손으로 * 佥 다 줍다
* 佥 다, 모두 » 人 사람이 一 한곳에 丶丶丶 모여 一 일렬로 모두 있다

小明把路边捡到的钱包交给了警察。
샤오밍은 길가에서 주운 지갑을 경찰에게 주었다.

040 睁
zhēng
동 눈을 크게 뜨다

目 눈을 争 싸움하자는 것 마냥 크게 뜨는 것 연상

她睁着水汪汪的大眼睛好奇地看着箱子里的小猫。
그녀는 물방울이 맺힌 커다란 눈을 뜨고 상자 속의 고양이를 신기한 듯이 바라보고 있다.

041 咬
yǎo
동 물다, 깨물다

口 입을 와구와구 交 교차시키면서 물려고 하는 모습 연상

她吃饭的时候不小心咬到了舌头。
그녀는 밥을 먹을 때 실수로 혀를 깨물었다.

042 吹
chuī
동 바람이 불다, 입으로 불다

口 입을 欠 하품하듯 벌려 불다

你会吹笛子吗？
너 피리 불 줄 아니?

043 喊
hǎn
동 외치다, 소리치다

口 입을 戌 개가 口 입으로 짖어대는 것처럼 소리치다

图书馆内要保持安静，不能大喊大叫。
도서관 안에서는 조용히 해야지, 소리를 질러서는 안 된다.

044 瞧
qiáo
동 보다, 구경하다

目 눈으로 **隹** 새가 **灬** 불에 타는 것을 보다, 구경하다

他瞧了一眼那座雕塑。
그는 그 조각을 한 번 보았다.

045 冲
chōng
동 돌진하다, 솟구치다, 끓인 물을 붓다

冫 차갑고 냉정하게, **中** 가운데로 돌진하다

他怒气冲冲地冲出了家门。
그는 노발대발하며 집을 뛰쳐나갔다.

046 洒
sǎ
동 액체 따위 뿌리다, 살포하다

氵 액체를 뿌리면 **酉** 병 안에 담겼던 액체가 없어져 **西** 비게 된다

洒水
물을 뿌리다

047 蹲
dūn
동 쪼그리고 앉다, 웅크려 앉다, 체류하다

足 발을 쪼그리고 **䒑** 높이 **酉** 술을 손 **寸** 마디에 쥐고 쪼그려 앉아 소주 까는 모습 연상

他们蹲坐在角落里。
그들은 구석에 쪼그리고 앉았다.

4강 성격

001 乐观 lèguān
형 낙관적인

观 보다 »» 又 또 見 = 见 보다
乐 즐거울 락 »» 樂 - 乐 간화
乐 밝고, 긍정적으로 观 봄

> 我们要乐观地面对任何事情。
> 우리는 어떤 일이든 낙관적으로 직면해야 합니다.

002 悲观 bēiguān
형 비관적인

悲 슬프다 »» 왜인지 非 아닌 것 같은 心 마음이 들 때, **슬프다**
观 보다 »» 又 또 見 = 见 보다
悲 부정적으로 观 봄

> 他是个悲观主义者。
> 그는 비관주의자다.

003 假装 jiǎzhuāng
동 ~인 체하다, 가장하다

假 거짓 (통으로 외우는 것을 추천)
装 꾸미다 »» * 壯 장한 선비가 衣 옷을 입고 **꾸미다**
* 壯 장하다, 굳세다 »» 丬 = 爿 나뭇조각(각목)이라도 들고 공부 만 하던 士 선비가 전쟁에서 싸우는 것을 보면 **장하고** 대견하고 **굳세어** 보인다

> 他假装自己看过很多书。
> 그는 책을 많이 본 척했다.

004 诚恳 chéngkěn
형 간절한, 성실한

诚 정성 »» 讠 말로도 成 이루기 위해 **정성**을 다하다
恳 정성, 간절 »» 가난, 가뭄 등이 艮 그치게 해달라고 心 마음이 **간절**하다

> 他非常诚恳地向大家道歉。
> 그는 매우 성실하게 모두에게 사과했다.

005 老实
lǎoshi

형 성실한, 정직한, 온순한

老 노인이, 여태껏 참된 实 열매인 결과를 얻으려 성실하고 정직하게 살아온 인생을 연상

> 他为人憨厚老实，所有同学都很喜欢他。
> 그는 사람됨이 무던하고 성실하여 모든 학우들이 그를 좋아한다.

006 真实
zhēnshí

형 진실한

真 참된 实 열매 같은 진실함

> 这部电视剧是根据真实事件改编的。
> 이 드라마는 실제 사건을 바탕으로 각색한 것이다.

007 坦率
tǎnshuài

형 솔직한, 정직한

坦 평탄하다 ≫ 土 토지가 日 햇살을 받아 一 쫙 펼쳐진, 평탄한 모습 연상
率 거느리다, 비율 ≫ 玄 검은 장정들을 ヽヽヽヽ 좌우로 十 많이 거느리는 비율이 얼마나 되는지
불안하지 않고 坦 평탄한 마음의 率 비율이 큰 – 정직한

> 他性格坦率，大家都很相信他。
> 그는 성격이 솔직해서 모두가 그를 믿는다.

008 智慧
zhìhuì

명 지혜

智 지혜 ≫ 知 아는 것이 日 해처럼 밝듯이 알다 - 지혜
慧 슬기롭다 ≫ 丰 풍부하고 丰 풍부한 지혜를 ヨ 손 아귀에 쥐고 心 마음을 슬기롭게 하다

> 小明运用自己的智慧，解决了公司的难题。
> 샤오밍은 자신의 지혜를 활용하여 회사의 어려운 문제를 해결했다.

009 痛快
tòngkuai

형 통쾌한, 시원시원한

痛 통 快 쾌

> 我们在山顶上痛快地大喊着对未来的期盼。
> 우리는 산꼭대기에서 통쾌하게 미래에 대한 희망을 외치고 있다.

010 大方
dàfang
형 대범한, 언행이 시원시원한, 통이 큰

大 큰 方 방향의 성향인

落落大方
도량이 넓고 대범한

011 小气
xiǎoqi
형 인색한, 옹졸한

小 작은 气 기운의 성향인

他十分小气，总是会把零食偷偷藏起来不给别人吃。
그는 매우 인색해서 항상 간식을 몰래 숨겨 다른 사람에게 주지 않는다.

012 周到
zhōudào
형 꼼꼼한, 주도면밀한

周 두루두루, 잘 살펴 到 이르도록 하는 성향인

这家餐厅的服务非常周到。
이 식당의 서비스는 매우 주도면밀하다.

013 热心
rèxīn
형 열심인, 열성적인

热 뜨겁다, 열 ››› 扌손으로 丸 알을(九 구미호가 丶 찍은 구슬, 알) 灬 불에 넣어 뜨거워지다
热 뜨거운 心 마음인

我的邻居是个非常热心的人，平时帮我忙。
나의 이웃은 매우 열성적인 사람이어서 평소에 나를 도와준다.

014 冷淡
lěngdàn
형 쌀쌀한, 냉담한, 냉랭한

淡 깨끗하다, 맑다 ››› 氵물을 火 火 불로 계속 끓이면 깨끗한 물을 얻을 수 있다
冷 차갑고 淡 깨끗한 태도에, 다가가기 어려운 냉랭한 분위기 연상

他对待我总是非常冷淡，不愿意和我沟通。
그는 나를 항상 냉담하게 대하며 나와 소통하기를 꺼린다.

015 温柔
wēnróu

형 부드럽고 상냥한, 온유한

柔 부드럽다 ≫ 矛 창으로 木 나무를 다듬어 부드럽게 하다
温 따뜻하고 柔 부드러운

> 性情温柔
> 성격이 온순하다

016 亲切
qīnqiè

형 친절한, 친근한

切 절실하다, 끊다 ≫ 七 일곱 번씩이나 刀 칼로 끊어 내는 연습을 하는 것은 절실한 것
亲 친 切 절

> 回到家乡的那一刻，我倍感亲切。
> 고향에 돌아오는 순간, 나는 더욱 친밀감을 느꼈다.

017 善良
shànliáng

형 선량한, 착한

善 선하다, 잘하다, 좋다 ≫ 선하게 생긴 羊 양이 ⺌ 풀을 口 입으로 아주 잘 뜯어먹는 것 연상
良 좋다, 어질다 ≫ 회랑은 건물과 건물을 연결하는 복도, 후에 어질다, 좋다 어질 량으로 가차됨

> 她不仅长得漂亮还很善良。
> 그녀는 예쁘게 생겼을 뿐만 아니라 착하다.

018 敏感
mǐngǎn

형 민감한, 예민한

敏 민첩하다 ≫ 每 매번 文 글을 쓸 때 민첩해야 한다 / 每 매번 공격해서 攵 치려면 민첩해야 함
어떠한 것에 대해 敏 민첩하게 感 느끼는

> 你觉得你身体的哪个部位最敏感？
> 당신은 당신의 신체 어느 부위가 가장 민감하다고 생각합니까?

019 糊涂
hútu

형 어리석은, 어리벙벙한

糊 죽 먹다, 죽, 흐릿한 ≫ 米 쌀로 죽을 만들어 먹는데 *胡 수염에 흐릿하게 묻은 모습 연상
*胡 수염 ≫ 古 오래도록 月 몸에 있는 것 - 수염
涂 칠하다 ≫ 氵물로 된 염료 余 남은 것으로 칠하다
먹던 糊 죽을 흐릿하게 입에 涂 칠하고 다니는 어리벙벙한 모습 연상

> 奶奶年纪大了，总是犯糊涂。
> 할머니는 연세가 많으셔서 늘 어리벙벙하다.

020 傻
shǎ

형 어리석은, 고지식한, 융통성 없는

亻사람의 囟 정수리가 丿乀 벌어져 맛이 夊 가버린 듯한 어리석음

他心里其实都知道，只是在装傻。
그는 마음속으로 알고 있지만, 바보인 척하고 있을 뿐이다.

021 狡猾
jiǎohuá

형 교활한, 간사한

狡 교활하다 »» 犭 개같은 인간과 交 사귀어 교활하다
猾 교활하다 »» 아 이런 犭개 骨 뼉다구 같은 교활함

狐狸是最狡猾的动物。
여우는 가장 교활한 동물이다.

022 严肃
yánsù

형 엄숙한, 근엄한

严 엄하다, 혹독하다 »» 嚴 엄할 엄 - 严 간화
肅 엄숙하다 »» 聿 붓으로(밑의 二 부분은 옆의 ㅣㅣ 부분) 엄숙하게 丶丶 먹물 튀기며 글을 쓰는 것 연상

今天这场事故是一件非常严肃的事情。
오늘 이 사고는 매우 심각한 일입니다.

023 自私
zìsī

형 이기적인

私 사사로운, 개인적인, 이기심 »» 禾 벼를 厶 사사로이 개인적으로 취하다
自 자신만 私 사사로이 챙기는

他是个很自私且心胸狭隘的人。
그는 매우 이기적이고 속이 좁은 사람이다.

024 谨慎
jǐnshèn

형 신중한

谨 삼가다 »» 讠 말을 廿 많이 할 때는 口 입으로 하려는 말을 三ㅣ 차곡차곡 눌러 삼가다
慎 몸가짐 언행을 조심하다 »» 忄 마음을 真 참으로 신경 써 언행을 조심하다

我们做每一件事都应该小心谨慎。
우리는 모든 일을 할 때 조심해야 합니다.

025 虚心
xūxīn
형 겸허한, 겸소한

虚 비다 »» 虍 호랑이 범이 业 업무(사냥) 하러 나오면 모두가 피해서 주변이 **비게 된다**
虚 비워 둔 心 마음으로 – 겸허하고 겸손하게

> 他非常虚心地接受别人给他的建议。
> 그는 다른 사람이 준 건의를 매우 겸허하게 받아들였다.

026 谦虚
qiānxū
형 겸허한

谦 겸손하다 »» 讠 말을 잘 * 兼 겸해서 **겸손히** 하다
* 兼 겸하다 »» 禾禾 벼 가지 2개를, 彐 오른손에 쥐고 있는 모습
虚 비다 »» 虍 호랑이 범이 业 업무(사냥) 하러 나오면 모두가 피해서 주변이 **비게 된다**
谦 겸손하고 虚 비우는 태도

> 做人应该谦虚一些，不要狂妄自大。
> 사람은 좀 겸손해야지, 오만방자해서는 안 된다.

027 主动
zhǔdòng
형 주동적인, 능동적인

动 움직이다 »» 云 구름이 力 힘을 받아 **움직이다**
主 주가 되어 动 움직이다

> 如果你喜欢某样东西，你可以主动积极地争取。
> 만약 당신이 어떤 것을 좋아한다면, 당신은 능동적이고 적극적으로 쟁취할 수 있습니다.

028 坚强
jiānqiáng
형 굳센, 완강한, 꿋꿋한
동 견고히 하다, 공고히 하다

坚 굳세다 »» ｜｜ 뚫고 뚫린 곳에, 又 또(혹은 손으로), 土 흙으로 메워서 **굳게 한다**
强 강하다 »» 弓 활로 虫 벌레의 口 입을 꿰뚫어 쏠 수 있을 정도로 **강하다**

> 面对困难应该勇敢坚强，勇往直前。
> 어려움에 직면했을 때 용감하게 견고히하고, 용감히 앞으로 나아가야 한다.

4강 성격

029 勤奋
qínfèn

형 근면한, 꾸준한, 열심인

勤 부지런하다 »» * 堇 진흙 같은 축축한 곳에서 力 힘써 일하는 것은 **부지런한** 것
* 堇 진흙 »» 廿 많이(十 더하기 2개 十十 = 廿) 口 구멍 내도 **진흙**은 다시 三 층층이 丨 쌓이게 됨
奋 명성을 널리 드날리다, 힘쓰다 »» 大 큰 田 밭을 가졌다고 **명성이 자자하다**

> 她不仅勤奋好学还乐于助人。
> 그녀는 근면하고 학업에 열심일 뿐만 아니라 남을 기꺼이 돕는다.

030 消极
xiāojí

형 소극적인, 부정적인

消 사라지다 »» 氵 물은 결국 小 작은 月 몸집이(물분자) 되어 증발하며 **사라진다**
极 극, 다하다 »» 木 나무는 끝까지 어디든 及 이르러, 제 몫을 **다한다**
极 극으로 가지 않고 기운이 消 사라지는 듯한 - 소극적

> 你应该快点从消极负面的情绪中挣脱出来。
> 당신은 빨리 부정적인 감정에서 벗어나야 합니다.

031 疯狂
fēngkuáng

형 미친, 실성한

疯 미친, 두풍 »» 疒 병 + 风 풍(음 부분 가져옴) 중풍 연상
狂 미치다 »» 犭 개같이 구는 王 왕 – 미친 연산군을 연상

> 有时候小明的想法很疯狂。
> 때때로 샤오밍의 생각은 매우 미쳤다.

032 坚决
jiānjué

형 단호한, 결연한

坚 굳세다 »» 丨丨 뚫고 뚫린 곳에, 又 또(혹은 손으로), 土 흙으로 메워서 **굳게 한다**
坚 굳세게 决 결정하는

> 我们应该做个有骨气的人，坚决不吃嗟来之食。
> 우리는 기개가 있는 사람이 되어야 하며, 단호히 모욕적 베풂을 취하지 않아야 한다.

033 **决心**
juéxīn
동 결심하다
명 결심, 결의, 다짐

决 결 心 심

他下定决心，从下个月开始实施减肥计划。
그는 다음 달부터 다이어트 계획을 실시하기로 결심했다.

034 **犹豫**
yóuyù
동 주저하다, 망설이다

犹 ~와 같다 ≫ 犭 개같다 尤 더욱 - 항상 안 좋은 상황을 개 같다라고 비유
豫 미리 ≫ 予 나는 象 형상을 미리 생각한다
犹 ~와 같을 것이라고 豫 미리 생각하다보니 주저하고 망설인다

她面对选择的时候总是犹豫不决。
그녀는 선택에 직면할 때 항상 결단을 내리지 못하고 망설인다.

035 **胆小鬼**
dǎnxiǎoguǐ
명 겁쟁이

胆 쓸개 담 ≫ 月 몸에서 日 매일, 쓸개즙을 一 일정량 내는 부위 - 쓸개
胆 담이 小 작아 鬼 귀신을 무서워하는 겁쟁이

他是个胆小鬼，不敢一个人睡觉。
그는 겁쟁이라서 혼자 잘 수 없다.

036 **看不起**
kànbuqǐ
동 얕보다, 업신여기다, 깔보다

看 보는 것을 제대로 不起 아니하다

不要看不起任何人。每个人都是有优点的。
누구도 업신여기지 말아라. 모든 사람은 장점이 있다.

037 **轻视**
qīngshì
동 경시하다

视 보다 ≫ 示 = 礻 보고, 见 보인다로 외우거나, 礻 신은 항상 우리를 见 보고 있다고 외우기
轻 가볍다 ≫ 车 차의 무게가 巠 물줄기처럼 가볍다

我们不能轻视竞争对手。
우리는 경쟁자를 경시해서는 안된다.

4강 성격

038 天真
tiānzhēn
형 천진한, 꾸밈없는

天 천 真 진

她是个天真烂漫的小姑娘。
그녀는 천진난만한 소녀이다.

039 乖
guāi
형 어린이가 얌전한, 영리한

北 등진(사람이 등지고 앉은 모습) 상태로 千 천 번을 고민할 수 있는 얌전함과 영리함

他是个勤劳的乖孩子。
그는 부지런하고 얌전한 아이이다.

040 调皮
tiáopí
형 장난이 심한, 짓궂은

调 조절하다 >>> 讠 말하면서 周 두루두루 조절하다
짓궂게 皮 피부를 자유자재로 움직이며 调 조절하는 모습을 연상

弟弟像小猴子一样非常调皮捣蛋。
동생은 원숭이처럼 까불고 말썽을 피운다.

041 淘气
táoqì
형 장난이 심한

淘 물에 흔들어 가려내다, 씻다
>>> 讠 물에 勹 싸여 있는 缶 그릇을 흔들어 오염을 씻다
淘 물에 계속 넣어서 흔드는 것처럼 气 기분을 헤집는

淘气包
장난꾸러기

042 逗
dòu
형 재미있는, 우스운
동 머무르다, 농담을 하다

豆 콩이 또르르 굴러 辶 가는 것이 우습다

她在路边拿着一根火腿肠逗小狗玩。
그녀는 길가에서 햄을 들고 강아지를 놀렸다.

043 瞎
xiā
부 함부로, 마구
동 눈이 멀다, 실명하다

함부로 하다가 目 눈에 * 害 해를 입어 실명하다
* 害 해 >>> 宀 집에 丰 많은 口 구멍이 있으면 해가 된다

她不幸遭遇了车祸，导致眼角膜受损，瞎了。
그녀는 불행히도 교통사고를 당해 각막이 손상되고 장님이 되었다.

5강 음식, 맛

001 营养 yíngyǎng
- 명 영양
- 동 영양을 섭취하다

营 다스리다 ≫ 艹 풀로 冖 덮은 초가집에서 口 작은 식구 口 큰 식구를 다스리다
养 기르다 ≫ 羊 양을, 가축 무리에 介 끼워 넣어, 기르다
营 다스리고 养 기를 때에는 영양분이 필요하다

> 北京烤鸭的营养是很丰富的。
> 북경오리의 영양은 매우 풍부하다.

002 食物 shíwù
- 명 음식물

食 먹는 物 물질

> 每个食物的营养价值都不同。
> 음식마다 영양가가 다르다.

003 粮食 liángshi
- 명 양식, 식량

粮 양식, 곡물 ≫ 米 쌀을 良 좋게 가공해 양식으로 하다
粮 양식 + 食 먹을 것

> 我们不可以浪费粮食。
> 우리는 식량을 낭비해서는 안 된다.

004 原料 yuánliào
- 명 원료

料 헤아리다 ≫ 米 쌀을 斗 말(곡식 단위)을 이용해 용량을 헤아리다
어떠한 생산에 쓰일 原 근원이 되는 料 헤아려서 써야하는 원료

> 这款健康饮品的原料是百分百的苹果汁和番茄汁。
> 이 건강 음료의 원료는 100% 사과즙과 토마토즙이다.

005 小麦
xiǎomài

명 밀, 소맥

麦 보리 »» 丰 차곡차곡 쌓아 수확한 **보리**를 짊어지고 夊 걸어가는 것 (큰 무더기의 보리 연상)

小 소 麦 맥

> 今年的小麦长势很好。
> 올해의 밀은 작황이 매우 좋다.

006 馒头
mán·tou

명 (소가 없는)만두, 찐빵

馒 만두 »» 饣 먹을것 + 日 해처럼 **따뜻한** 아궁이에 罒 그물망을 又 손으로 덮어 **만두**를 찌다

馒 만두 + 头 명사화

> 馒头的成分是碳水化合物。
> 찐빵의 성분은 탄수화물이다.

007 土豆
tǔdòu

명 감자

土 흙에서 나는 豆 콩같이 생긴 **감자**

> 土豆的吃法有很多种。
> 감자를 먹는 방법은 여러 가지가 있다.

008 豆腐
dòufu

명 두부

腐 썩다 »» 广 집에서 亻사람 寸 마디마디 肉(육) **살**점의 시신이 **부패**하고 있는 것을 연상

豆 콩 腐 썩다 – 썩은내가 나는 취두부 연상

> 豆腐的制作过程非常繁琐。
> 두부의 제조 과정은 매우 번거롭다.

009 玉米
yùmǐ

명 옥수수

玉 구슬같은 米 쌀알이 박혀 있는 듯한 **옥수수**

> 玉米加牛奶榨成汁非常香甜。
> 옥수수에 우유를 더해서 즙을 내면 매우 달콤하다.

010 零食
língshí

명 간식, 주전부리

零 소량 »» 雨 비가 오게 해달라고 빌지 않고 하늘에 令 **명령**조로 말하니까 **소량**으로 내리다

零 소량의 食 먹을 것 – 간식

> 小明一边吃零食一边看电视。
> 샤오밍은 간식을 먹으면서 텔레비전을 본다.

011 点心
diǎnxin

명 간식, 다과류

특별한 뜻 없이 음을 빌려옴

> 下午，小明和朋友一起吃点心。
> 오후에 샤오밍은 친구와 간식을 먹었다.

012 冰激凌
bīngjīlíng

명 아이스크림

冰 얼음 »» 冫차게 얼은 水 물
激 격하다, 부딪쳐 흐르다 »» 冫물이 白 흰 거품을 만들어 方 사방에서 찰싹찰싹 攵 쳐대다
凌 얼음 »» 冫차가운 夌 언덕에(土 흙이 쌓여서 儿 올라 攵 걸어가야 하는 언덕) 얼음, 서리가 맺혀 있는 모습 연상

> 冰淇凌有很多种不同的口味。
> 아이스크림은 여러 가지 맛이 있다.

013 花生
huāshēng

명 땅콩

땅콩은 견과류 중의 花 꽃으로서 꽃이 핀 후, 生 나게 된다.

> 花生中的蛋白质含量很高。
> 땅콩의 단백질 함량은 매우 높다.

014 香肠
xiāngcháng

명 중국식 소시지

香 향기 »» 禾 벼가 日 태양 햇살을 받아 향을 내다
肠 창자 »» 月 몸, 육신 안에서 이리저리 昜 날리는 듯하게 흩어져 배치되어 있는 창자
맛있는 香 향이 나는 肠 창자 – 중국식 소시지

> 小明每天早上都要吃一根烤香肠。
> 샤오밍은 매일 아침 구운 소시지를 먹는다.

015 海鲜
hǎixiān

명 해산물

鲜 선명하다, 곱다 »» 鱼 물고기가 * 羊 아름답게 선명하다
(* 羊 양은 원래 아름답다는 의미를 가진다. 그래서 美 아름다울 미에도 양이 쓰인다)
海 바다의 鲜 선명한 해산물들

> 小明对海鲜过敏。
> 샤오밍은 해산물 알레르기가 있다.

016 **橘子**
juzi
명 귤

귤 木 나무가 창문 밖에서 * 冏 빛나고 있으므로 矛 창으로 내려쳐서 귤을 수확한다
* 冏 빛나다(창문으로 빛이 들어와 빛나는 모습 본뜬 상형문자)
橘 귤 + 子 명사화

> 金黄的橘子像一个小太阳。
> 황금빛 귤은 작은 태양과 같다.

017 **梨**
lí
명 배, 배나무

禾 벼를 수확하려 날카로운 刂 칼을 쓰는 것처럼, 배 木 나무의 배도 칼로 수확한다

> 小明最喜欢的水果是梨。
> 샤오밍이 가장 좋아하는 과일은 배이다.

018 **桃**
táo
명 복숭아

복숭아 木 나무는 예로부터 미신, 兆 점괘 등과 관련이 있어 왔다.(신선들의 천도복숭아 연상)

> 秋天，桃树上结满了粉色的桃子。
> 가을에는 복숭아나무에 분홍색 복숭아가 주렁주렁 열렸다.

019 **辣椒**
làjiāo
명 고추

辣 맵다 ≫ 辛 매운 것이 흩어지지가 않고 束 모아지다(木 나무를 口 둘러 묶다, 모으다)
椒 산초, 후추, 고추 ≫ 木 나무 上 위에 小 작게 열리는 又 손으로 수확 가능한 산초, 고추

> 辣椒中的辣椒素可以加速新陈代谢。
> 고추의 캡사이신은 신진대사를 가속화할 수 있다.

020 **蔬菜**
shūcài
명 야채, 채소

蔬 나물 ≫ 艹 풀인데, 많은 대중에게 * 疏 유통되는 풀인 나물
* 疏 소통하다 ≫ 疋 발이 잘 㐬 흐르다 - 왕래가 잦게끔 소통 하다
菜 채소 ≫ 艹 풀, 채소를 采 캐다(爫 손톱으로 할퀴듯 木 나무 풀 캐다)

> 对吃蔬菜有益身体健康。
> 채소를 먹으면 건강에 좋다.

021 酱油
jiàngyóu
명 간장

酱 장 » 간장, 된장 등에 ㅓ 나뭇조각을 夕 밤새 酉 술과 같이 넣어 숙성시켜 맛을 돋구다.
酱 장 + 油 기름

> 妈妈让小明去楼下买一瓶酱油。
> 어머니는 샤오밍에게 아래층에 가서 간장 한 병을 사오라고 했다.

022 醋
cù
명 식초, (비유적)질투

酉 술을 昔 오래도록 놔둬 발효되어 식초가 되다.
질투는 맛으로 비유할 때 시큼하고 시다

> 吃醋
> 질투하다

023 开水
kāishuǐ
명 끓인 물

끓인 물은 따뜻해서 몸에 들어오면 막힘 없이 몸의 기운을 开 열어주는 水 물이다

> 我每天起床都会喝一杯温开水。
> 나는 매일 일어나면 따뜻한 물을 한 잔 마신다.

024 煮
zhǔ
동 끓이다, 삶다

者 자(음부분) + 灬 불(뜻부분) » 삶을 자, 煮 zhǔ

> 妈妈给我煮了一碗面。
> 어머니는 나에게 국수 한 그릇을 끓여 주셨다.

025 油炸
yóuzhá
동 기름에 튀기다

炸 터지다, 폭발하다 » 火 불꽃은 순식간에 乍 잠깐 사이에 폭발하고 터진다
油 기름으로 음식을 炸 터지듯 튀기다

> 油炸食品吃多了会对肠胃造成不适。
> 튀긴 음식을 너무 많이 먹으면 위장에 불편함을 줄 수 있다.

026 炒
chǎo
동 (기름따위로)볶다

火 불로 볶으면, 재료의 양이 少 적어진다

> 你吃过炒面吗?
> 너 볶음면 먹어본 적 있니?

5강 음식, 맛

027 切
qiē

동 칼로 자르다, 끊다, 베다

切 끊다, 절실하다 ≫ 七 일곱 번씩이나 刀 칼로 절실히 끊어 내다

小明在做饭的时候不小心切到手了。
샤오밍은 요리할 때 실수로 손을 베었다.

028 闻
wén

동 냄새를 맡다, 들어서 알다
명 소문, 소식

闻 듣다 ≫ 门 문에서 耳 귀로 듣다, 뭔가 수상한 냄새가 나
– 듣는 것과 냄새 연관 짓기

小明闻到房间里有一股淡淡的花香。
샤오밍은 방에서 은은한 꽃 향기를 맡았다.

029 胃口
wèikǒu

명 식욕, 구미, 흥미

胃 위 ≫ 田 밭에 모인 작물처럼 모든 음식물이 모여 소화되는 月 몸의 장기 - 위
胃 위 + 口 입 에서 당기는 식욕

小明早上起来闻到油腻的食物瞬间没有了胃口。
샤오밍은 아침에 일어나 기름진 음식의 냄새를 맡으면 순식간에 입맛이 없어진다.

030 口味
kǒuwèi

명 맛, 기호

味 맛 ≫ 口 입에서 이 맛이 未 아닌지 맞는지 맛보다
口 입 味 맛

你喜欢什么口味的糖果？
당신은 어떤 맛의 사탕을 좋아합니까?

031 淡
dàn

형 맛이 싱거운, 연한

淡 깨끗하다, 맑다 ≫ 氵물을 火 火 불로 계속 끓이면 깨끗한 물을 얻을 수 있다
강한 조미료 없이 淡 깨끗하고 맑은 맛 – 싱거운

我想要买一瓶淡香的香水。
나는 연한 향의 향수를 한 병 사고 싶다.

032 清淡
qīngdàn
형 담백한, 기름기가 적은

清 맑다 ≫ 氵 물이 青 푸르게 맑다
淡 깨끗하다, 맑다 ≫ 氵 물을 火 火 불로 계속 끓이면 깨끗한 물을 얻을 수 있다
清 맑고 淡 깨끗한 맛 – 담백한

> 清淡的饮食有利于健康。
> 담백한 음식은 건강에 좋다.

033 臭
chòu
형 냄새가 구린, 역겨운

自 자신 스스로에게 犬 개같은 짐승의 냄새가 나서 역겨운

> 这个衣服太久没洗了，有一股臭味。
> 이 옷을 너무 오래 빨지 않아서, 퀴퀴한 냄새가 난다.

034 烂
làn
형 썩은, 부패한, 흐물흐물한

烂 문드러지다 ≫ 火 불에 무엇을 冖 세 겹으로 싸고 던져 넣어도 타오르면서 결국 문드러진다

> 家里的橘子都烂了。
> 집에 있는 귤이 다 썩었다.

035 软
ruǎn
형 연약한, 부드러운, 온화한, 품질이 떨어지는

车 차 수레의 바퀴가 입 벌어지듯 欠 벌어져, 품질이 떨어지고, 연약한

> 这款面包的口感非常软。
> 이 빵의 식감은 매우 부드럽다.

036 嫩
nèn
형 부드러운, 여린, 경험이 적은, 미숙한

女 여자 아이가 머리를 부드럽게 * 束 묶고, 미숙하게 攵 글을 쓰는 모습 연상
* 束 묶다, 모으다 ≫ 木 나무를 口 둘러 묶다

> 嫩叶
> 여린잎

037 硬
yìng
형 단단한, 굳은, 딱딱한, 강직한, 완강한

硬 단단한 ≫ 石 돌이 更 더욱 단단하다

> 这个东西实在是太硬了。
> 이 물건은 정말 너무 딱딱하다.

038 盖
gài
- 명 덮개, 뚜껑
- 동 덮다, 감추다, 도장 찍다

盖 덮다 » 羊 양고기가, 皿 그릇을 덮다

白雪遮盖着大地，眼前白茫茫的一片。
흰 눈이 대지를 덮고 눈앞이 하얗다.

039 锅
guō
- 명 냄비, 솥

锅 솥 » 钅금속냄비 口 구멍 内 안 - 솥

这锅是我们店最畅销的一款。
이 냄비는 우리 가게에서 가장 잘 팔리는 것이다.

040 壶
hú
- 명 병, 술병, 주전자

士 선비는 마실 음료를 주전자에 가득 담아 冖 덮어 놓고
业 업무를 보면서 주전자를 사용한다

小明拿了一壶泡好的茶过来。
샤오밍은 우려낸 차 한 주전자를 가지고 왔다.

041 叉子
chāzi
- 명 포크, 갈퀴 따위

叉 깍지 낀, 갈래, 갈고리 같은 것 + 子 명사화 – 포크, 갈퀴

吃意大利面需要用到叉子。
파스타를 먹으려면 포크를 사용해야 한다.

042 剪刀
jiǎndāo
- 명 가위

剪 자르다, 끊다(前 앞에 있는 것을 刀 칼로 끊다) + 刀 칼

这把剪刀都生锈了。
이 가위는 모두 녹이 슬었다.

043 克
kè
- 양사 그램(g)

양사는 되도록 연상법 암기하지 않고 그대로 외우기

奶茶的调制比例是需要多少克的牛奶和茶呢？
밀크티 조제비율이 몇 그램의 우유와 차가 필요한가요？

044 **顿**
dùn
양사 ~번(질책, 권고 따위 행위의 횟수), 끼(식사 등을 세는 양사)

양사는 되도록 연상법 암기하지 않고 그대로 외우기

一顿饭
밥 한끼

045 **颗**
kē
양사 알, 방울 (둥글고 작은 알맹이 세는)

둥글둥글한 果 과일의 页 머릿수

这个感冒药一次吃两颗，一天吃三次。
이 감기약은 한 번에 두 알씩, 하루에 세 번 드세요.

046 **地道**
dìdao
형 오리지널의, 정통의

정해진 정도, 즉 정해진 地 땅과 道 길을 그대로 밟는 정통, 오리지널

这家店的火锅味道非常的地道。
이 가게의 훠궈 맛은 매우 정통적이다.

5강 음식, 맛

6강 방송, 전달

001 媒体
méitǐ
명 매개물, 매체, 매스컴

媒 중매, 매개 ≫ 女 여자에 대해서 某 아무것도(아무 모) 모르는 사람이 조건만 보고 중매를 하다
体 매개가 되는 体 물체

各大媒体都纷纷报道了这个新闻。
각 주요 매체들은 잇달아 이 뉴스를 보도했다.

002 报社
bàoshè
명 신문사

报 알리다 ≫ 扌손을 가지런히 하고 卩무릎을 꿇어 又 손에 있는 상소를 전달하고, 알리다
社 조직체, 모이다, 제사 지내다 ≫ 礻신에게 제사 지내기 위해 한 土 토지에 모인 조직체

报 알리는 社 조직체 – 신문사

小明在报社做编辑工作。
샤오밍은 신문사에서 편집 업무를 한다.

003 电台
diàntái
명 라디오 방송국

电 전자파가 台 받쳐 주어(무엇을 받치는 듯한 모습) 라디오가 나오는 라디오 방송국

这个电台节目非常适合睡前听。
이 라디오 프로그램은 자기 전에 듣기에 매우 적합하다.

004 设施
shèshī
명 시설

设 진열하다 ≫ 讠말로 명령을 하여, 殳 몽둥이, 枪 같은 무기들을 제대로 진열하도록 하다
施 실시하다, 베풀다 ≫ 方 방향을 정해 丿떨쳐 一 한 곳, 也 또한 여러 곳으로 실시하고 베풀다

편리하게 진열되어져서 사람들에게 베풀어지는 시설들

这家健身房的设施非常多样。
이 헬스장의 시설은 매우 다양하다.

005 播放
bōfàng

동 방송하다, 방영하다

播 퍼뜨리다 ››› 扌손으로 番 차례차례(禾 벼와 米 쌀을 田 밭에 순서대로 ~) 퍼뜨리다
放 놓다 ››› 方 방향을 정해 탁 攵 쳐서 놓다
播 퍼뜨려 放 놓다 - 방송, 방영하다

> 电视台正在播放进口影片。
> 방송국에서 수입 영화를 방송하고 있다.

006 报道
bàodào

명 보도
동 보도하다

报 알리다 ››› 扌손을 가지런히 하고 卩 무릎을 꿇어 又 손에 있는 상소를 전달하고, 알리다
报 보 道 도

> 这篇报道的内容全都是真实的吗？
> 이 기사의 내용은 모두 진실입니까?

007 采访
cǎifǎng

동 취재하다, 인터뷰하다

采 캐다 ››› 爫 할퀴듯 木 풀을 캐다
访 찾다, 뵙다 ››› 言 = 讠말을 하러 계신 方 방향으로 가 찾아 뵙다

> 记者在采访的过程中会遇到不少突发情况。
> 기자는 취재 과정에서 적지 않은 돌발 상황에 부딪힐 수 있다.

008 推广
tuīguǎng

동 널리 보급하다

推 밀다, 추진시키다 ››› 扌손을 隹 새를 잡기 위해 밀어 뻗다, 추진시키다
广 집, 넓다
推 추진시키다 广 넓게

> 小明负责在平台上推广公司的新产品。
> 샤오밍은 플랫폼에서 회사의 신제품을 홍보하는 것을 책임진다.

009 传播
chuánbō

동 전파하다, 유포하다

传 전하다 ››› 亻사람에게 소식을 专 오로지 전하다
播 퍼뜨리다 ››› 扌손으로 番 차례차례(禾 벼와 米 쌀을 田 밭에 순서대로 ~) 퍼뜨리다

> 新冠病毒的传播速度很快。
> 코로나19 전파 속도가 빠르다.

6강 방송, 전달

010 **宣传** xuānchuán
동 선전하다, 홍보하다

宣 베풀다, 널리 펴다, 떨치다 ≫ 어려운 宀 집 一 하나하나를 日 해와 같은 따뜻한 마음으로 一 일정하게 베풀듯이 하며 은혜를 떨치다
传 전하다 ≫ 亻사람에게 소식을 专 오로지 전하다

> 小明在网站上宣传公司的产品。
> 샤오밍은 웹사이트에서 회사 제품을 홍보한다.

011 **可靠** kěkào
형 믿을만한, 믿음직스러운

靠 기대다 ≫ 告(음 부분) + 非 아니다라는 뜻이지만, 여기서만 글자가 기댄 것처럼 보인다 연상
可 ~가능한 靠 기댈 수 있는 것이 – 믿을만한

> 这个消息的来源可靠吗?
> 이 소식의 출처는 믿을 만합니까?

012 **主持** zhǔchí
동 진행을 맡다, 주관하다

持 가지다, 잡다 ≫ 扌손으로 寺 절(불심)을 가지다
主 주가 되어 持 잡다 – 주관하다

> 小明主持了朋友的婚礼。
> 샤오밍은 친구의 결혼식을 주관했다.

013 **粘贴** zhāntiē
동 풀 따위로 붙이다, 바르다

粘 붙다, 끈끈하다 ≫ 米 쌀알이 한 占 지점에 끈끈하게 달라붙다
贴 붙이다; 붙다, 메우다 ≫ 贝 재물을 占 점령해 잔고를 메우다

> 小明把邮票粘贴在信封上。
> 샤오밍은 우표를 봉투에 붙였다.

014 **明星** míngxīng
명 인기스타

明 밝게(日 해와 月 달이 합쳐져 밝다) 星 별처럼 빛나는 인기스타

> 小明成为了今年人气最高的明星。
> 샤오밍은 올해 최고의 인기 스타가 되었다.

015 模特(儿)
mótè(r)
명 모델

模 틀, 본보기 »» 木 나무로 어떤 * 莫 막을 만들다
* 莫 가리다, 막, 저물다, 없다 »» 艹 풀로 日 해를 가리기 위한 막을 大 크게 만들다
模 본보기가 되어 주는 特 특별한 – 모델

> 小明是一位专业模特（儿）。
> 샤오밍은 전문 모델이다.

016 导演
dǎoyǎn
동 감독하다, 연출하다
명 감독, 연출자

导 인도하다 »» 巳 뱀을 손 寸 마디로 가리켜, 사람에게 피하라고 **인도하다**
演 펼치다, 행하다 »» 氵 물 만난 고기처럼, 뜻을 펼치고 * 寅 깊게 나아가게 하다
* 寅 나아가다, 깊다 »» 宀 집의, 一 한 田 과녁판에 화살이 나아가 깊게 丨 뚫고 나와, 八 화살꼬리 **두 갈래가 밑을 향한다고** 연상

> 小明是这部电影的导演。
> 샤오밍은 이 영화의 감독이다.

017 角色
juésè
명 배역, 역할

角 각을 세우고 色 색다른 역할, 배역을 보이다

> 这个角色的性格非常活泼。
> 이 캐릭터의 성격은 매우 활발합니다.

018 人物
rénwù
명 인물

人 인 物 물

> 语文老师教我们应该怎么描写人物的外貌。
> 국어 선생님은 우리에게 인물의 외모를 어떻게 묘사해야 하는지 가르쳐 주셨다.

019 戏剧
xìjù
명 연극, 희극

戏 연극, 놀이 »» 又 손에 戈 창을 쥐고 창싸움 **연극하는** 모습 연상
剧 연극, 심하다 »» 尸 몸이, 古 오래도록, 刂 칼을 맞고 있으면서도 유언 남기는 **연극** 연상

> 人生就像戏剧一样时而喜时而悲。
> 인생은 희극처럼 때로는 희비가 엇갈린다.

020 **某** mǒu
대명사 어느, 아무, 모

某些药物的副作用是很大的。
어떤 약물의 부작용은 매우 크다.

021 **频道** píndào
명 채널

频 자주, 주파수 ≫ 步 걷다, 頁 = 页 (갓을 쓴 사람의 머리), 자주 걸어주면 머리의 주파수가 바뀐다고 연상, 머리를 자극시켜 머리의 주파수를 바꿔 준다

频 주파수가 돌아다니는 道 길 – 채널

这个频道的内容都是综艺节目。
이 채널의 콘텐츠는 모두 예능 프로그램이다.

022 **字幕** zìmù
명 자막

幕 장막 ≫ *莫 막 + 巾 천 (뜻을 더 강화)
*莫 가리다, 막, 저물다, 없다 ≫ ⺾ 풀로 日 해를 가리기 위한 막을 大 크게 만들다

字 글자 幕 막 – 자막

这句话的字幕翻译有语法错误。
이 말의 자막 번역에는 문법 오류가 있다.

023 **念** niàn
동 소리내어 낭독하다, 생각하다, 그리워하다

念 기억하다 ≫ 今 지금처럼 心 마음으로 간직하기 위해 기억하다

我会一直念着你对我的好的。
나는 네가 나에게 잘해준 것을 항상 그리워할 거야.

024 **片** piàn
양사 지면, 수면, 풍경, 소리, 언어, 마음 등을 세는 양사
명 조각, 편, 판, 영화, 드라마

양사는 되도록 구단위로 묶어서 어감으로 외우기

从高处往下看，麦田像一片片金黄的地毯。
높은 곳에서 내려다보니 보리밭이 마치 황금빛 양탄자 같다.

025 **概括**
gàikuò
동 개괄하다, 간단하게 요약하다

概 대강, 대부분 ≫ 木 나무가 성장 艮 그치고 더 자랄 것도 无 없는, 대략, 대부분 다 자란 상태
括 묶다, 괄호를 치다 ≫ 扌손으로 舌 혀가 내뱉는 말을 괄호를 쳐서 묶다
概 대략적으로 括 묶어서 간단히 요약하다

> 小明把整件事的过程概括地陈述了一遍。
> 샤오밍은 모든 일의 과정을 개괄적으로 진술했다.

026 **录音**
lùyīn
동 녹음하다

录 기록하다 ≫ 彐 손, 氺 물 - 염료를 탄 물을 손(붓)에 찍어서 기록하다
录 기록하다 音 소리를

> 小明把录音存在了U盘里。
> 샤오밍은 녹음을 USB에 저장했다.

027 **印刷**
yìnshuā
동 인쇄하다

印 도장 ≫ 卩 우러러보는(서 있는 사람과 무릎 꿇고 앉아 있는 사람을 그림) 것을 가지기 위해 一 한 번에 도장을 찍다
刷 인쇄하다 ≫ 목판 尸 몸체의 먼지를 巾 천으로 닦아내고 刂 칼로 조각해 목판으로 인쇄하다

> 你可以把画印刷在这张纸上。
> 당신은 그림을 이 종이에 인쇄할 수 있습니다.

028 **册**
cè
명 책

册 책(필수 구성요소)

> 开学后，学生们拿到好多册新书。
> 개학 후 학생들은 많은 새 책을 받았다.

029 **出版**
chūbǎn
동 출판하다

出 내다 版 판(片 조각(뜻 부분) + 反(음 부분)) - 출판

> 小明的新书出版了。
> 샤오밍의 새 책이 출판되었다.

6강 방송, 전달

030 编辑
biānjí
- 动 편집하다
- 명 편집자

编 엮다, 얽다 ≫ 纟 실을 扁 납작하게(户 집에 있는, 册 책은 납작) 눌러 가며 **짜다, 엮다**
辑 모으다, 편집하다 ≫ 车 차를 끌고 다니며 口 입과 耳 귀를 열어 이야기를 **모으고 편집**하다

> 小明把文案编辑好后保存到了文档里。
> 샤오밍은 문서를 편집한 후 파일에 저장했다.

031 删除
shānchú
- 동 삭제하다, 지우다, 빼다

删 삭제하다 ≫ 册 책의 내용을 刂 칼로 자르듯 **삭제하다**
除 없애다 ≫ 阝 막아서 余 남은 것들을 **제거하다**

> 小明把微信里不认识的联系人都删除了。
> 샤오밍은 위챗에서 모르는 연락처를 모두 삭제했다.

032 重复
chóngfù
- 동 되풀이하다, 중복하다

重 무겁다, 겹치다 ≫ 千 천 명 넘게 사람들이 里 마을에 거듭 모여 있어 **무겁다**.
复 다시, 돌아가다 ≫ 丿 내리쬐던 一 한 日 태양은 시간이 지나면 夂 걸어가듯 **다시 돌아간다**.

> 小明觉得每天重复做一件事情是无趣的。
> 샤오밍은 매일 한 가지 일을 반복하는 것이 재미없다고 생각한다.

033 提纲
tígāng
- 명 요점, 개요

提 제시, 던지다 ≫ 扌 손으로 是 맞는다고 하는 것 **제시하다**
纲 그물, 벼리 ≫ 纟 실처럼 짜진 冈 망같이 생긴 **그물**
提 제시된 것을 纲 그물처럼 엮어 요점을 추리다

> 写作文时可以先理清思路后再列提纲。
> 글을 쓸 때 먼저 생각을 분명히 한 후에 요점을 열거할 수 있다.

034 目录
mùlù
- 명 목록, 목차

录 기록 ≫ 彐 손, 氺 물 - 염료 탄 물을 손(붓)에 찍어서 **기록**하다
目 눈으로 보기좋게 录 기록되어 있는 목차

> 你有产品的目录吗？
> 당신은 제품의 카탈로그를 가지고 있습니까?

035 围绕
wéirào

동 둘러싸다, 주위를 돌다

围 에워싸다 »» 韦 가죽옷을 口 둘러싸다
绕 감다, 두르다 »» 纟실이 戈 창을 兀 움직이지 못하게, 둘러싸서 창의 획 하나가 안 보임

> 小明围绕着这个故事提出了很多问题。
> 샤오밍은 이 이야기를 둘러싸고 많은 문제를 제기했다.

036 发表
fābiǎo

동 발표하다, 게재하다, 공표하다

表 겉 »» 一 一 ㅣ 一 겹쳐 입은 衣 옷은 사람 몸의 겉 부분에 있다
发 쏘다 表 겉으로 – 발표하다

> 我们小组什么时候发表呀?
> 우리 팀은 언제 발표합니까?

037 浏览
liúlǎn

동 대강 훑어보다, 대충 둘러보다

浏 빠르다, 맑다 »» 氵물 흘러가듯, 文 글공부와 刂검 연습을 빠르게 하는 모습
览 보다 »» 刂칼로 ⺮대나무를 잘 잘랐는지 见 보다

> 她有每天浏览英语书的习惯。
> 그녀는 매일 영어책을 훑어보는 습관이 있다.

038 网络
wǎngluò

명 인터넷, 시스템, 네트워크, 망

网 그물 + 络 잇다(纟실로 各 각각을 잇다) – 그물처럼 이어진 인터넷, 시스템

> 小明沉迷于网络游戏。
> 샤오밍은 온라인 게임에 중독 되어있다.

039 搜索
sōusuǒ

동 수색하다, 자세히 뒤지다

搜 찾다 »» 扌손을 臼 절구 안에 넣고 더듬으며 찾다 叟 (절구 받치고 있는 절구통 연상)
索 동아줄, 굵은 밧줄, 꼬다 »» 十 더하고, 冖 덮어 가며, 糸 실로 꼬아 동아줄 만들다

> 他在网上搜索了提高睡眠质量的方法。
> 그는 수면의 질을 높이기 위한 방법을 인터넷에서 검색했다.

040 下载
xiàzài

동 다운로드하다

载 싣다 》》 戈 창으로 끊어낸(土 부분까지 戈과 연결해 끊는 다로 보기) 것을 车 차에 싣다
下 내려 载 싣다 – 내려 받는 것 연상

> 小明下载了好多好听的音乐。
> 샤오밍은 듣기 좋은 음악을 많이 다운로드했다.

041 预订
yùdìng

동 예약하다, 예매하다

预 미리 》》 予 나 자신은, 页 머리로 항상 미리 예상해 본다
订 예약하다 》》 讠말로 丁 장정이 어르신 대신에 예약하다

> 小明预定了一间房。
> 샤오밍은 방을 예약했다.

042 划
huà

동 나누다, 구분하다, 금전을 떼어주다

划 긋다 》》 戈 창이나 刂 칼 같은 것으로 긋다
그어서 나누다, 구분하다

> 小明一边听会议内容一边划出了计划书中的重点内容。
> 샤오밍은 회의 내용을 들으면서 계획서의 핵심 내용을 그렸다.

043 随时
suíshí

부 수시로, 언제든지

随 따르다 》》 阝막혀도, 有 있는 길을 辶 가보다, 따라 보다
随 따르다 时 시시각각 - 수시로

> 老师说：“同学们，有不懂的问题，随时都可以来办公室问我”。
> 선생님은 "학생들, 모르는 것이 있으면 언제든지 사무실로 와서 저에게 물어보세요"라고 말했다.

7강 소비

001 市场 shìchǎng
명 시장

市 시장 »» 亠 높이 巾 천을 세워 천막을 만들어 상품을 팔던 시장
场 장소 »» 土 토지에 햇살이 易 날리는, 볕이 드는 곳, 장소

海鲜市场每天傍晚都打折。
해산물 시장은 매일 저녁 세일을 한다.

002 商品 shāngpǐn
명 상품, 물품

商 장사, 상업 + 品 물건 - 상품

最近超市里好多商品都在打折。
요즘 슈퍼마켓에서는 많은 상품들이 할인하고 있다.

003 产品 chǎnpǐn
명 제품, 생산품

产 = 産(낳다) 생산해낸 品 물건

这款产品是本公司最新推出的。
이 제품은 우리 회사에서 가장 최근에 출시한 것이다.

004 日用品 rìyòngpǐn
명 일상용품

日 매일 用 쓰는 品 물건 - 일상용품

在网上购买日用品会比超市里买更便宜。
온라인으로 생필품을 사는 것이 슈퍼마켓에서 사는 것보다 더 저렴하다.

005 种类 zhǒnglèi
명 종류

种 씨 »» 禾 벼에서 가운데 中 핵심은 씨
类 무리, 종류 »» 米 쌀을 大 크게 무리로 분류하다
种 씨, 품종의 类 무리 - 종류

食物的种类有许多。
음식의 종류는 매우 많다.

006 高档
gāodàng
형 고급의, 상등의

档 선반, 의자, 문서 » 木 나무는 썰 당시 선반, 문서, 의자로 많이 만들어짐
高 높은 档 의자, 즉 높은 위치에 있는 사람들은 고급품을 쓴다고 연상

> 送领导应该送高档一点的礼品。
> 지도자에게 좀 고급스러운 선물을 해야 한다.

007 名牌
míngpái
명 명품, 유명 브랜드

牌 간판, 패 » 片 나무 조각 패를 보고, 신분의 *卑 천함, 낮은 정도를 알 수 있는 명찰 따위
*卑 낮다, 천하다 » 田 밭을 열심히 丶 찍고 丿 일구는 시간이 十 많았던 종은 천한 지위였다
名 이름 있는 牌 간판, 명찰 따위이니 유명 브랜드

> 名牌包的价格是非常高的。
> 명품 가방의 가격은 매우 높다.

008 样式
yàngshì
명 양식, 스타일

样 모양, 본보기, 형상 » 木 나무로 만들어진 목장에 羊 양이 있는 모양
式 법, 양식

> 妈妈给我织的衣服样式好看，穿起来也舒服。
> 엄마가 짜주신 옷은 디자인이 예쁘고 입어도 편하다.

009 手工
shǒugōng
명 수공, 수작업

手 손으로 工 만들다 – 수공

> 手工巧克力的制作过程非常有意思。
> 수제 초콜릿은 만드는 과정이 매우 재미있다.

010 制作
zhìzuò
동 제작하다

制 절제하다, 법, 규정 » 牛 소를 市 시장에다 내다 팔 때 刂 칼로 자른다 법도, 규정에 맞춰서
制 절제, 규정에 맞춰 作 만들다

> 制作一杯好喝的咖啡也是有好多步骤的。
> 맛있는 커피 한 잔을 만드는 것도 여러 단계가 있다.

011 实用
shíyòng

- 형 실용적인
- 동 실제로 사용하다

实 튼튼하다, 씨, 열매 ≫ 열매 실 實 - 实 간화
实 실제로 用 쓰니까 실용적인

> 送朋友礼物可以送一些实用的东西，比如书，钢笔之类的。
> 친구에게 선물을 하면 책이나 만년필 같은 실용적인 물건을 줄 수 있다.

012 良好
liánghǎo

- 형 좋은, 양호한

良 좋다, 어질다 ≫ 회랑은 건물과 건물을 연결하는 **복도**, 후에 **어질다, 좋다 어질 량으로 가차됨**
良 좋고 好 좋다

> 这次期末考试老师给我的综合评价是良好。
> 이번 기말고사에서 선생님이 주신 종합평가는 양호했다.

013 布
bù

- 명 천, 베, 고대 화폐

필수자

> 他把这块布裁成了很多块。
> 그는 이 천을 아주 많은 조각으로 잘랐다.

014 扇子
shànzi

- 명 부채

扇 부채, 문짝 ≫ 戶 집 같은 뼈대에 羽 깃털이 달린 **부채**

> 一把扇子
> 부채 한 자루

015 肥皂
féizào

- 명 비누

肥 살찌다, 지방, 기름 ≫ 月 몸이, 巴 뱀(뱀이 또아리 튼 모습) 웅크려 뭉친 것처럼 살찌다
皂 비누 ≫ 白 흰 색의 빨랫비누를 비누곽이 七 받치고 있다고 연상하기(七 숫자 7이지만, 여기서만 받치고 있다 생각하기)
옛날에는 비누를 동물 기름을 이용해 만들기도 했음

> 肥皂的香味有很多种。
> 비누의 향은 여러 가지가 있다.

016 **功能**
gōngnéng
[명] 기능, 작용, 효능

功 기술, 공, 일 » 工 장인이 力 힘써서 기술 생성
功 기술 + 能 능력

> 打开这个软件后，点击左上角的按键你会发现其他的功能。
> 이 소프트웨어를 연 후, 왼쪽 상단에 있는 버튼을 클릭하면 다른 기능을 찾을 수 있습니다.

017 **称**
chēng
[동] 무게 달다, 부르다, 칭하다

称 일컫다, 부르다, 무게 달다
» 禾 벼의 무게가 어느 정도 라고 尔 = 你 너에게 불러 주다

> 医院的医护人员都穿着白衣大褂，他们被称为"白衣天使"。
> 병원 의료진은 모두 흰 가운을 입고 있는데 이들은 '백의 천사'로 불린다.

018 **重量**
zhòngliàng
[명] 중량, 무게

重 무겁다, 겹치다 » 千 천 명 넘게 사람들이 里 마을에 거듭 모여있어 무겁다.
量 양, 헤아리다 » 日 해가, 一 한, 里 마을에 내리쬐는 일조량이 얼마나 되나 헤아리다
얼마나 重 무거운지에 대한 量 양

> 这个箱子的重量是5千克。
> 이 상자의 무게는 5킬로그램이다.

019 **消费**
xiāofèi
[동] 소비하다

消 사라지다 » 氵 물이, 小 작은 月 몸으로(여기서는 물분자) 분해되어 수증기가 되어 사라지다
费 쓰다, 소비하다 » 弗 아니다 贝 재물이 – 써야 할, 소비해야 할 재물은 재산이 아니게 된다

> 每个人的消费观都是不一样的。
> 모든 사람의 소비 관점은 다르다.

020 合理
hélǐ
형 합리적인

理 다스리다, 이치, 도리 »» 王 왕은 里 마을을 이성적으로 잘 다스려야 한다
合 합당하다 理 이치에

> 只要你的要求是合理且可执行的我都会考虑。
> 당신의 요구가 합리적이고 실행 가능한 것이라면 나는 모두 고려할 것이다.

021 讨价还价
tǎo jià huán jià
성어 값을 흥정하다

讨 치다, 정벌하다, 다스리다, 탐구하다
»» 讠 말 寸 마디 하나하나를 공격하기 위해 탐구하다
价 값 »» 亻사람 介 사이의 오고 가는 값, 가치
还 돌아오다, 돌아가다 »» 不 아닌 물건을 받아서 다시 辶 가게끔 돌려보내다
값을 따져보면서 살지, 안 살지, 돌아갈지 하는 과정

> 这件事必须在今天晚上完成，没有讨价还价的余地。
> 이 일은 반드시 오늘 저녁에 완성해야 하며, 흥정의 여지가 없다.

022 优惠
yōuhuì
형 특혜의

优 우수하다 »» 亻사람이 尤 더욱 더 힘을 들이면 잘하게 된다
惠 은혜, 어질다 »» 专 오로지 전에서 寸 마디가 빠지고 그 자리에 心 마음을 채움. 오로지 사람의 마음을 얻기 위해 힘쓴다면 은혜를 받을 수 있고 어질어진다

> 只有新会员才可以享受本产品的优惠价格哦。
> 신규 회원만 이 제품의 할인된 가격을 받을 수 있다.

023 一律
yílǜ
부 일률적으로, 모두

律 음률, 법률, 규율 »» 彳행하다 聿 붓을 움직여, 음률, 규율, 법률 쓰다
一 하나같이 다 律 규율이 한결 같은

> 假冒伪劣产品，一经查出，一律销毁。
> 위조 및 불량품은 적발되면 일률적으로 폐기한다.

024 总共
zǒnggòng

부 모두, 전부

总 모으다, 다, 모두 » 한 곳으로 ヽヽ 모이다, 뱉는 口 말
과, 쓰는 心 마음 모두가
总 모두 共 함께 – 전부, 모두

> 这里所有的办公用品总共多少钱？
> 이곳의 모든 사무용품은 모두 얼마입니까?

025 结账
jié zhàng

동 장부를 결산하다, 계산하다

结 맺다, 마치다 » 纟실을 吉 길하도록 맺다, 묶는다(아기가
태어났을 때 금줄 치는 것 연상)
账 장부 » 贝 재물(뜻 부분) + 长 장(음 부분)
장부를 끝맺다, 결산, 계산하다

> 麻烦您结账后，帮我开一张发票吧。
> 계산하시고 영수증 한 장만 부탁드릴게요.

026 柜台
guìtái

명 계산대, 카운터

柜 궤 » 木 나무로 巨 큰, 궤를 만들다
柜 궤인데, 台 받치는 역할 – 계산대, 카운터

> 如果您需要办理酒店入住可以去那边的柜台办理。
> 호텔 체크인이 필요하시면 저쪽 카운터로 가시면 됩니다.

027 取消
qǔxiāo

동 취소하다

消 사라지다 » 氵물이, 小 작은 月 몸으로(여기서는 물분자)
분해되어 수증기가 되어 사라지다
取 가지려던 마음을 消 사라지도록 한다 – 취소

> 麻烦您帮我取消一下明天的餐厅预约吧。
> 내일 식당 예약 취소 부탁드려요.

028 中心
zhōngxīn

명 중심, 센터

中 중 心 심

> 请问，这篇文章的中心思想是什么？
> 실례지만, 이 글의 중심 사상은 무엇입니까?

029 发票
fāpiào
명 영수증

发 쏘듯이 발행해, 떼어주는 票 표 – 영수증

购买办公用品后需要开发票才能去财务部报销。
사무용품을 구입한 후 영수증을 발행해야 재무부에 가서 결산할 수 있다.

030 收据
shōujù
명 영수증

收 거두다 ≫ 丩 얽힌 것을(줄이 얽혔다 연상) 잘 攵 쳐서 풀어 거두다, 모으다
据 의거하다, 증거 ≫ 扌손을 居 살고 있는(尸 몸이 古 오래 머무르며 살다) 곳에 기대고 있다
물건을 收 거두었다는 것의 据 증거가 되어주는 것 – 영수증

请收好您的发票和收据。
영수증과 영수증을 잘 받으세요.

031 退
tuì
동 물러나다, 환불하다

退 물러나다 ≫ 辶 가다가 길이 없어 艮 그치게 되어 물러나다

这个商品有质量问题，麻烦您帮我退了吧。
이 상품에 품질 문제가 있으니, 번거로우시겠지만 환불해 주십시오.

032 程度
chéngdù
명 정도, 수준

程 정도, 정해진 것(禾 벼, 口 꾸러미를, 壬 짊어진 정도가 어느 정도인지 헤아리다) + 度 도

事情已经发展到这种程度了，没有回旋的余地了。
일이 이미 이 정도까지 발전했으니 돌이킬 여지가 없다.

033 对比
duìbǐ
동 대조하다, 비교하다

对 대하며, 맞추어보며 比 비교해보다

这对姐妹，一个活泼，一个腼腆，性格形成了鲜明的对比。
이 자매는 활발하고 수줍음이 많으며 성격이 대조적이다.

034 **追**
zhuī
동 쫓아가다, 추격하다

追 쫓다 ››› 阜 언덕을 따라 **쫓아 辶 가다**

在马路上追跑打闹是非常危险的行为。
도로에서 쫓아다니며 소란을 피우는 것은 매우 위험한 행동이다.

035 **数**
shǔ
동 세다, 손꼽히다, 출중하다
shù
명 수

数 셈, 수 ››› **米 쌀**이 얼마나 되는지 **女 아내**가 **文 글**로 적으며 **수를 셈하다**
1순위 2순위 등등 특정 수, 점수에 든다는 것은 손꼽히고 출중하다는 것

小明在仔细地数着自己的压岁钱。
샤오밍은 자신의 세뱃돈을 꼼꼼히 세고 있다.

036 **针对**
zhēnduì
동 겨누다, 조준하다

针 바늘 ››› 钅 = 金 금속으로 되어 있는 十 십자로 찔 수 있는 바늘
针 바늘 같은 것으로 对 대상을 겨누다

小明针对这次活动策划案不合理的地方提出了建议。
샤오밍(小明)은 이번 행사 기획안이 불합리한 곳에 대해 건의를 했다.

037 **统一**
tǒngyī
동 통일하다

统 종합하다 ››› 纟 실을 充 충분하게 모아 **종합**하다
统 종합해 — 하나로 통일하다

学校为学生统一购买校服。
학교는 학생들을 위해 교복을 일괄 구매합니다.

038 **广大**
guǎngdà
형 사람 수가 많은

广 넓은, 큰 집의 의미
广 넓고 大 큰

这个作家的作品很受广大读者的喜爱。
이 작가의 작품은 많은 독자들의 사랑을 받는다.

039 广泛
guǎngfàn
형 광범위한

泛 뜨다, 넓다 »» 氵 물, 丿 위로 둥둥 넓게 떠 之(가다)
广 넓고 泛 넓게 뜬 듯한, 광범위한

> 小明的爱好十分广泛，如钢琴，画画，唱歌。
> 샤오밍(小明)의 취미는 피아노, 그림, 노래 등 매우 광범위하다.

040 光临
guānglín
동 남이 찾아오시다
(높이는 뜻으로)

临 임하다 »» 刂 칼로 竹 = ⺮ 대나무를 口, ｜ 반으로 나누기 위해 임하다
光 빛처럼 찾아와 临 임해주시다

> 欢迎各位光临我们的奶茶店。
> 저희 밀크티 가게에 오신 것을 환영합니다.

041 无数
wúshù
형 무수히 많은

数 셈, 수 »» 米 쌀이 얼마나 되는지 女 아내가 文 글로 적으며 수를 셈하다
数 수를 헤아릴 수 无 없을 정도로 무수히 많은

> 天上挂着无数颗星星。
> 하늘에 무수한 별들이 걸려 있다.

042 自动
zìdòng
부 자발적으로
형 자동적인

动 움직이다 »» 云 구름이 力 힘을 받아 움직이다
自 스스로 动 움직이다 - 자발적으로

> 家里的全自动洗衣机出现了故障。
> 집에 있는 전자동 세탁기가 고장났다.

043 大厦
dàshà
명 고층건물, 빌딩

大 큰 + 厦 큰 집 »» 厂 큰 공장, 언덕 * 夏 여름같이 정열적인 일들이 일어나는 고층빌딩
* 夏 여름 »» 一 하나의 自 자연현상 인데, 열심히 夂 걷는 듯한 시기 – 여름
(봄은 준비하는 시기, 여름은 열심히 걷는 시기, 가을은 수확하는 시기, 겨울은 동면의 시기 연상)

> 一线城市有许多高楼大厦。
> 일선 도시에는 많은 고층 빌딩이 있다.

8강 사교

001 交际
jiāojì
동 교제하다

际 가장자리, 경계, 때, 사이 - ⻏ 막힌 것이 示 보여 가장자리 경계임을 알 수 있다
交 교류하는 际 경계에 있다

> 小明善于交际，所以结交了许多朋友。
> 샤오밍은 사교성이 좋아서 많은 친구를 사귀었다.

002 交往
jiāowǎng
동 왕래하다, 교제하다

交 교류하며 오고 往 가다

> 你有交往的对象了吗？
> 당신은 사귀는 사람이 있습니까?

003 打交道
dǎ jiāodao
동 왕래하다, 접촉하다, 만나다

打 손이 가고 交 교류하는 道 길에 있는 사이 – 왕래하다

> 他性格孤僻，不喜欢和人打交道。
> 그는 성격이 괴팍해서 사람들과 교제하는 것을 좋아하지 않는다.

004 接触
jiēchù
동 접촉하다, 닿다, 교제하다

接 접하다 ≫ 扌손을 妾 첩, 노비는(항시 立 서 있는 女 여자) 항상 많이 쓰며 사람들을 **접한다**
触 닿다 ≫ 동물들의 角 뿔 주위에 날파리 같은 虫 벌레들이 **닿으려는** 모습 연상

> 他是一名应届毕业生，从来没有接触过职场生活。
> 그는 올해 졸업생으로 직장 생활을 접해 본 적이 없다.

005 **热爱** rè'ài
동 열애하다

热 뜨겁다, 열 »» 扌손으로 丸 알을(九 구미호가 丶 찍은 구슬, 알) 灬 불에 넣어 뜨거워지다
热 뜨겁게 爱 사랑하다

> 她很**热爱**生活。
> 그녀는 삶을 매우 사랑한다.

006 **庆祝** qìngzhù
동 경축하다

庆 경사, 축하하다 »» 广 집의 大 큰 경사가 생겨 축하하다
祝 축원하다, 축하하다 »» 礻 신의 축복이 있기를 口 말로 丿 내리 퍼져 乚 뻗쳐나가게 축하하다

> 各个班级都在**庆祝**"六一"儿童节的到来。
> 각 학급은 '6월 1일' 어린이날을 축하하고 있다.

007 **恭喜** gōngxǐ
동 축하하다

恭 공손하다 »» 共 함께 사는 사회이니 忄 마음을 다해 공손해야 한다
恭 공손하게 喜 기뻐해주다 – 축하하다

> **恭喜**您升职了。
> 승진을 축하합니다.

008 **祝福** zhùfú
동 축복하다, 기원하다

祝 축원하다, 축하하다 »» 礻 신의 축복이 있기를 口 말로 丿 내리 퍼져 乚 뻗쳐나가게 축하하다
福 복 »» 畐 가득하도록(田 밭이 口 一 넘쳐 가득하다) 礻 신이 복을 내리다

> 全家人都站起来举杯**祝福**奶奶生日快乐。
> 온 가족이 일어나 잔을 들어 할머니의 생신을 축복했다.

009 **宴会** yànhuì
명 연회, 파티

宴 잔치, 술자리 »» 宀 집에서 日 날마다 女 여자를 불러 잔치를 열고 싶다
宴 잔치 + 会 모임

> 这场**宴会**的参加者都是非常有名气的人。
> 이번 연회의 참석자들은 모두 매우 유명한 사람들이다.

010 酒吧
jiǔbā
명 술집, 바

酒 술 + 吧(음 부분 – 바 ≫ car)

> 小区附近新开了一家酒吧。
> 동네 근처에 술집이 하나 새로 생겼다.

011 嘉宾
jiābīn
명 귀한 손님

嘉 아름답다, 훌륭하다 ≫ **吉** 길함을 ﹅﹅, ㅡ 쌓고, **加** 더해감이 훌륭하고 아름답다
宾 손님 ≫ **宀** 집에 **兵** 병사들이 손님으로 오다

> 歌手比赛上，学校请了两位嘉宾来开场表演。
> 가수 경연 대회에서 학교는 두 명의 게스트를 초청하여 오프닝 공연을 펼쳤다.

012 鼓掌
gǔzhǎng
동 박수치다

鼓 북, 휘두르다, 연주하다 ≫ **壴** 북을 **支** 지탱할 수 있는 곳에서 연주해야 한다
掌 손바닥, 손바닥으로 치다
≫ **尚** 숭상(﹅﹅ 높이 向 향하는 것을 숭상하다) 하는 것을 향해 **手** 손(바닥)으로 박수치다

> 小明讲完了自己的故事后，班里的同学都鼓掌叫好。
> 샤오밍이 자신의 이야기를 끝낸 후, 반 친구들은 모두 박수를 치며 환호했다.

013 握手
wòshǒu
동 악수하다

握 쥐다 ≫ **扌** 손으로 내 * **屋** 집 마련하기 위해 결심하며 꽉 쥐는 모습 연상
* **屋** 집 ≫ **尸** 몸이 **至** 이르러 오는 집
握 쥐다 手 손 – 악수하다

> 小明在机场和他的朋友握手道别。
> 샤오밍은 공항에서 친구와 악수를 하고 작별을 고했다.

014 招待
zhāodài
동 접대하다, 초대하다

招 부르다 ≫ **刀** 칼 밑에 깔려 있어서 **口** 입과 **扌** 손을 이용해 부르다
待 대우하다, 기다리다(그냥 통으로 외우길 추천)
招 불러서 待 대우하다, 대하다

> 我非常热情地招待客人。
> 나는 손님을 매우 친절하게 접대한다.

015 接待
jiēdài
동 접대하다

接 접하다 » 扌손을 妾 첩, 노비는(항시 立 서 있는 女 여자) 항상 많이 쓰며 사람들을 **접한다**
待 대우하다, 기다리다(그냥 통으로 외우길 추천)

接待客人的时候要热情一些。
손님을 접대할 때 좀 더 친절해야 합니다.

016 必然
bìrán
형 필연적인

必 필 然 연

勤奋好学的同学成绩必然优异。
부지런히 공부하는 학우들의 성적은 반드시 우수할 것이다.

017 拥抱
yōngbào
동 포옹하다, 껴안다

拥 끌어안다 » 扌손으로 用 쓸 것들을 **끌어안다**
抱 안다, 품다 » 扌손으로 包 싸듯이 **안다**

小明和许久未见的母亲紧紧地拥抱在一起。
샤오밍은 오랜만에 만난 어머니와 꼭 껴안았다.

018 对象
duìxiàng
명 연애나 결혼상대, 대상

对 대 象 상

你对象是做什么工作的？
당신의 상대는 무슨 일을 합니까?

019 恋爱
liàn'ài
동 연애하다

恋 사랑하다, 그리워하다 » 亦 또 보고 싶은 心 마음이 드는 걸 보니 **사랑하다**
恋 그리워하고 爱 사랑하다

你和你对象恋爱多久了？
당신은 당신의 결혼상대와 연애한 지 얼마나 되었습니까?

020 吻
wěn
동 키스하다, 뽀뽀하다
명 입술, 부리

口 입이 勿 없어질 것처럼 **키스**하다

小明轻轻地吻了一下女朋友的额头。
샤오밍은 여자친구의 이마에 가볍게 키스했다.

021 爱心
àixīn
명 사랑하는 마음

爱 사랑하는 心 마음

> 小明是一个富有爱心的人。
> 샤오밍은 사랑이 많은 사람이다.

022 亲爱
qīn'ài
형 친애하는

亲 친 爱 애

> 亲爱的朋友
> 친애하는 친구

023 秘密
mìmì
명 비밀
형 비밀의

秘 숨기다, 알리지 않는, 신비한
» 禾 벼를 必 반드시 숨겨야 한다(벼가 그 당시 재물이기 때문)
密 빽빽하다, 빈틈이 없다, 비밀
» 양반 宀 집은 必 반드시 필수적으로 山 산의 나무처럼 빽빽한 일이 많고, 빈틈이 없어야 하며, 비밀을 지켜야 한다

> 每个人心中都藏着秘密。
> 모든 사람의 마음속에는 비밀이 숨겨져 있다.

024 对待
duìdài
동 대하다, 대응하다

어떠한 对 대상을 待 대하다(그냥 통으로 외우길 추천)

> 对待工作应该认真负责。
> 업무에 대해 성실하게 책임져야 한다.

025 根本
gēnběn
부 지금까지, 아예, 원래

根 뿌리 » 木 나무가 밑쪽 뿌리는 자라는 것이 艮 멈춘다
根 뿌리부터 本 본래 - 아예, 원래

> 他很固执，对于别人的意见他根本听不进去。
> 그는 고집이 세서 다른 사람의 의견에 전혀 귀를 기울이지 않는다.

026 作为
zuòwéi
동 ~로 삼다, 여기다
개사 ~로서

이러한 개사, 접속 느낌이 강한 단어는 연상법이 아닌 무조건 예문으로 감을 익히고 외워야 함

> 我们在纪念品店购买了印有风景图的明信片作为这次毕业旅行的纪念。
> 우리는 기념품 가게에서 풍경도가 그려진 엽서를 구입해 이번 졸업 여행 기념으로 삼았다.

027 矛盾
máodùn

명 창과 방패, 모순, 갈등

矛 창 + 盾 방패(目 눈을 보호하는 방패의 형상이라고 생각하기)

> 朋友相处产生矛盾是正常的。
> 친구와 지내면서 갈등이 생기는 것은 정상이다.

028 借口
jièkǒu

명 핑계, 구실
동 구실로 삼다

借 빌리다 »» 亻 사람은 昔 옛날(日 태양이 물 아래에 잠긴 모습 - 태양이 물에 잠길 정도의 큰 대홍수가 있었던 옛날의 형상) 昔 옛날부터 서로 **빌리며** 살아왔다

借 빌리다 口 입이 - 구실을 찾을 때 이유를 빌리다

> 不要为自己的失败找借口，应该找到原因并解决它。
> 자신의 실패에 대한 핑계를 대지 말고 원인을 찾아 해결해야 한다.

029 骂
mà

동 욕하다, 꾸짖다

马 말이 빨리 안달린다고 심하게 口 口 입으로 꾸짖다

> 因为小明打碎了花瓶，所以被妈妈骂了。
> 샤오밍이 꽃병을 깨뜨렸기 때문에 엄마에게 혼났다.

030 吵架
chǎojià

동 다투다, 말다툼하다

吵 떠들다, 시끄럽다 »» 口 입으로 떠드는 것이 나이가 少 적을수록 시끄럽다
* 架 물건 놓는 선반 틀 »» 加 더하다 木 나무 - 나무를 더해서 선반 틀을 만들다
이 단어에서는 * 架가 큰 의미를 가지지 않는다

> 小明和最好的朋友吵架了。
> 샤오밍은 가장 친한 친구와 싸웠다.

031 歪
wāi

형 비스듬한, 비뚤은, 바르지못한

歪 비뚤다 »» 不 아니다 正 바르지가

> 小狗狗歪着脑袋的样子可爱极了。
> 강아지가 고개를 갸웃거리는 모습이 너무 귀엽다.

032 整齐
zhěngqí
형 단정한, 가지런한

整 가지런히 하다 »» 어질러진 것을 **束 묶거나**(木 나무를 口 둘러 묶다) **攵 쳐내서 正 바르게** 가지런히 하다
齐 가지런하다 »» **文** 글의 **丿丨** 획들을 **가지런히** 해야 한다

> 三班排着整齐的队伍步入操场。
> 3반이 정연하게 줄을 지어 운동장에 들어섰다.

033 分手
fēnshǒu
동 헤어지다, 이별하다

分 나뉘다 手 손 – 손절, 이별하다

> 因为性格不合，小明和女朋友提了分手。
> 성격이 맞지 않아 샤오밍은 여자친구와 헤어지자고 했다.

034 分别
fēnbié
동 헤어지다, 이별하다, 분별하다
부 별도로, 다르게

分 나뉘다 别 다르게

> 小明和朋友分别已经有一年了。
> 샤오밍은 친구와 헤어진 지 이미 1년이 되었다.

035 告别
gàobié
동 작별인사를 하다, 떠나다

告 고하다 别 다른 길로 가는 것을 – 떠나다

> 小明告别了家乡出国留学了。
> 샤오밍은 고향을 떠나 유학을 갔다.

036 甩
shuǎi
동 내던지다, 떼 버리다

用 사용하려고 했는데, 못 쓸 것 같아서 획 **내던지다 보니** 가운데 획이 날라가는듯 보인다고 연상

> 小明甩了甩遮住眼睛的刘海。
> 샤오밍은 눈을 가린 앞머리를 뿌리쳤다.

037 舍不得
shěbude
동 헤어지기 아쉽다, ~하기 아깝다

이러한 단어 형태는 연상이 아닌 예문을 통해서 감을 익히기

> 我舍不得离开我的家人。
> 나는 내 가족을 떠나기가 아쉬워.

038 消失
xiāoshī

동 사라지다, 자취를 감추다

消 사라지다 »» 氵물은 결국 小 작은 月 몸집이(물분자) 되어 증발하며 **사라진다**
消 사라져 失 없어지다

> 我的笔记本消失了，怎么找都找不到。
> 내 노트가 사라져서 아무리 찾아도 찾을 수 없다.

039 等待
děngdài

동 기다리다

等 기다리다
待 대우하다, 기다리다(그냥 통으로 외우길 추천)

> 同学们静静地坐着等待老师公布期末成绩的排名。
> 학생들은 조용히 앉아서 선생님이 기말 성적의 순위를 발표하기를 기다렸다.

040 碰
pèng

동 우연히 마주치다, 부딪치다

石 돌을 并 = 竝 **나란히** 놓다가 서로 **부딪치다**

> 在街上，我偶然碰到了多年未见的同学。
> 거리에서 나는 우연히 여러 해 동안 만나지 못했던 동창생을 만났다.

041 绝对
juéduì

형 무조건인, 절대적인
부 반드시, 절대로

绝 절 对 대

> 绝对不能做违法的事情。
> 법을 어기는 일은 절대 해서는 안 된다.

9강 학업

001 学问
xuéwen
명 학문, 학식

学 학 问 문

这是一位很有学问的学者。
이 사람은 매우 학식이 있는 학자이다.

002 论文
lùnwén
명 논문

论 논하다 ≫ 讠 말하면서 仑 생각하며(사람이 앉아 생각하는 모습) 논하다
论 논하는 文 문건

你的论文的开题报告写好了吗？
당신 논문의 주제 보고서를 다 썼습니까?

003 本科
běnkē
명 본과, 학부

本 본 科 과

小明的最高学历是本科。
샤오밍의 최고 학력은 본과이다.

004 系
xì
명 학과, 계열

系 계통, 묶다 ≫ 丿 하나의 범주로 糸 실을 묶어 분류

小明是计算机系的学生。
샤오밍은 컴퓨터학과 학생이다.

005 讲座
jiǎngzuò
명 강좌

讲 외우다, 설명하다 ≫ 讠 말로 설명을 井 우물처럼 깊이있게 하다, 설명할 정도로 외우다
座 자리, 지위 ≫ 广 집 안에서 坐 앉는 자리, 위치
讲 설명해주는 座 자리

小明和同学去听了就业指导讲座。
샤오밍은 학생들과 취업 지도 강좌를 들었다.

006 初级
chūjí
형 초급의

初 초 级 급

小明报名了日语初级班。
샤오밍은 일본어 초급반에 등록했습니다.

007 高级
gāojí
형 고급의

高 고 级 급

小明在韩语能力等级考试中拿到了高级证书。
샤오밍은 한국어 능력 등급 시험에서 고급 자격증을 땄다.

008 课程
kèchéng
명 커리큘럼, 교육과정

课 과목, 수업
程 정도, 정해진 것 》 禾 벼, 口 꾸러미를, 壬 짊어진 정도가 어느 정도인지 헤아리다

这门课程的详细介绍在学校的主页可以查询到。
이 수업에 대한 자세한 안내는 학교 홈페이지에서 확인하실 수 있습니다.

009 教材
jiàocái
명 교재

材 재목, 재료 》 木 나무를 才 재주껏 가공해 재료로 쓰다
教 가르칠 때, 쓰는 材 재료

这本书的教材在哪里可以买到？
이 책의 교재는 어디에서 살 수 있습니까?

010 文具
wénjù
명 문구, 학용품

文 글을 쓸 때 具 갖추는 것 - 문구

小明有在开学前购买新文具的习惯。
샤오밍은 개학 전에 새 문구류를 구매하는 습관이 있다.

011 支
zhī
양사 자루, 개비

支 갈라진 것들을 세는 양사

爸爸送了小明一支钢笔。
아버지는 샤오밍에게 만년필 한 자루를 선물했다.

9강 학업

012 胶水
jiāoshuǐ
명 풀

胶 아교 ≫ 짐승의 **月** 몸에서 나온 가죽, 힘줄, 뼈 등을 서로 **交** 섞어서 끈끈한 **아교**로 만들다
胶 아교 水 액 – 풀

> 小明向同桌借了一瓶胶水。
> 샤오밍은 짝꿍에게 풀 한 병을 빌렸다.

013 辅导
fǔdǎo
동 학습을 도우며 지도하다

辅 돕다 ≫ **车** 차는 **十** 플러스 요소로, **用** 유용하게 **丶** 하나씩 일을 해결하는 데 **도움이 된다**
导 인도하다 ≫ **巳** 뱀을 손 **寸** 마디로 가리켜, 사람에게 피하라고 **인도하다**

> 数学老师在课后辅导成绩比较差的同学。
> 수학 선생님은 방과 후에 성적이 비교적 나쁜 학생을 지도한다.

014 宿舍
sùshè
명 기숙사

宿 묵다, 숙박하다 ≫ **宀** 집에서 **亻** 사람이 **百** 백 일간 **머무르다**
宿 숙박할 수 있는 舍 집

> 开学前两个月可以在学校的官网上申请入住学校宿舍。
> 개학 2개월 전까지 학교 홈페이지에서 학교 기숙사에 입주할 수 있다.

015 幼儿园
yòu'éryuán
명 유아원, 유치원

幼 어린 ≫ **幺** 작다(糸 실이 미완성 - 幺 아직 작다) + **力** 힘 - 작게 힘을 쓰는 어린 것
园 장소, 동산 ≫ **元** 으뜸인 곳을 **囗** 에워싸서 어떤 **장소**로 하다

> 幼儿园里的小朋友们都十分有活力。
> 유치원의 어린이들은 모두 매우 활기차다.

016 夏令营
xiàlingyíng
명 여름 캠프

夏 여름 »» 一 하나의 自 자연현상 인데, 열심히 夂 걷는 듯한 시기 – 여름
(봄은 준비하는 시기, 여름은 열심히 걷는 시기, 가을은 수확하는 시기, 겨울은 동면의 시기 연상)
营 다스리다 »» 艹 풀로 冖 덮은 초가집에서 口 작은 식구 口 큰 식구를 다스리다
夏 여름에 가서 令 명령을 들으며 营 다스려지는 곳 – 여름 캠프

> 小明报名了英语夏令营。
> 샤오밍은 영어 캠프에 등록했다.

017 专心
zhuānxīn
형 전념인, 몰두하는

专 오로지 心 마음을 써가며 몰두하는

> 每个组员都在专心地做自己的工作。
> 모든 팀원은 자신의 일에 전념하고 있다.

018 集中
jízhōng
동 집중하다, 모으다

集 모이다 »» 隹 새가 木 나무 위에 모이다
集 모이게 하다 中 가운데로

> 上课的时候，同学们应该集中注意力听课。
> 수업할 때 학생들은 반드시 주의 집중하여 수업을 들어야 한다.

019 用功
yònggōng
동 열심히 공부하다, 노력하다

功 공로, 공적 »» 工 일할 때 力 힘써서 공적이 생기다
用 써서 功 공로가 되게끔 하다 – 노력하다

> 只有用功学习才能考上好大学。
> 열심히 공부해야만 좋은 대학에 갈 수 있다.

020 背
bèi
동 외우다, 암송하다

背 등, 뒷면, 외우다 »» 北 등진(사람이 등지고 앉은 모습) 月 몸의 부분 – 등
등지고, 외운 것을 테스트하는 모습 연상

> 小明每天都要背一篇古诗。
> 샤오밍은 매일 고시 한 편을 외운다.

021 朗读
lǎngdú
동 낭독하다

朗 밝다 ››› 良 회랑을, 月 달이 밝게 비추다(혹은 良 좋은, 어진, 月 달이 밝게 비추다)
读 읽다 ››› 讠장사꾼이 讠말을 큰소리로 내서 물건을 卖 팔 때처럼 소리 내어 **읽다**
朗 밝은 소리로 读 읽다

> 早自习上同学们大声地朗读课文。
> 아침 자율 학습에서 학생들은 큰 소리로 본문을 낭독한다.

022 方式
fāngshì
명 방식

方 방 式 식

> 每位同学的学习方式都是不同的。
> 모든 학생들의 학습 방식은 다 다르다.

023 组
zǔ
명 조, 그룹
동 조직하다

组 베를 짜다 ››› 纟실을 且 또 짜고 또 엮고 하면서 **베를 짜다**
베를 짜는 행위가 엮는 것을 의미하며, 엮이는 단위는 조, 그룹이다

> 每个发表组的主题和内容都不同。
> 발표팀마다 주제와 내용이 다릅니다.

024 测验
cèyàn
동 테스트하다, 시험하다

测 헤아리다, 측정하다 ››› 氵물과 贝 재물은 刂 칼같이 **측정해야** 한다(낭비할 수 있기 때문)
验 시험하다, 검증 ››› 马 말이 모여 있는 * 佥 **모든** 사람들 앞에서 **검증되다**
* 佥 다, 모두 ››› 人 사람이 一 한곳에 丶丶丶 모여 一 일렬로 모두 있다

> 我们班级进行了MBTI测验。
> 우리 반은 MBTI 테스트를 진행했다.

025 题目
tímù
명 문제, 제목

题 표제, 제목, 문제 ››› 是 맞는 页 머리(제목) 달아 주다
题 제 目 목

> 考试时应该看清楚题目的要求再作答。
> 시험을 볼 때는 반드시 문제의 요구를 똑똑히 본 후에 대답해야 한다.

026 试卷
shìjuàn
명 시험지

试 시험하다 » 讠 말이 式 법도에 맞나 시험해 보다
卷 책 » 龹 - 手 손 2개를 합쳐 놓음, 㔾 구부려 앉음
— 두 손으로 책을 잡고 앉은 모습 연상

这份试卷相比较之前的难度大了很多。
이 시험지는 비교 이전의 난이도가 훨씬 높다.

027 基本
jīběn
명 기본적인, 근본적인, 주된

基 기초, 터 » 其 그것은 土 흙이 기초, 터가 되어 만들어진 것이다
基 기초 本 본보기

小明的工资基本满足了他的日常开销。
샤오밍의 급여는 기본적으로 그의 일상 지출을 충족한다.

028 包括
bāokuò
동 포함하다, 포괄하다

包 싸다, 감싸다
括 묶다, 괄호를 치다 » 扌손으로 舌 혀가 내뱉은 말을 괄호를 쳐서 묶다

这次的分析报告包括上次的会议内容都整理好打印一份给我吧。
이번 분석 보고서는 지난번 회의 내용을 포함하여 모두 정리해서 한 부 인쇄해서 저에게 주세요.

029 抄
chāo
동 베끼다, 표절하다

큰 노력을 들이지 않고 扌 손 少 적게 사용하여 남의 것을 베끼다

小明把写错的单词都抄写了20遍。
샤오밍은 잘못 쓴 단어를 모두 20번 베꼈다.

030 作文
zuòwén
동 작문하다
명 글짓기, 작문

作 작 文 문

学作文
글짓기를 배우다

031 写作
xiězuò
동 글을 짓다

写 쓰고 作 짓다

每篇文章的写作手法都不一样。
문장마다 작문 수법이 다르다.

032 改正
gǎizhèng
동 고치다, 개정하다

改 고치다, 바꾸다 ≫ 己 자기 자신을 엄하게 攵 쳐가면서 고치다
改 고치다 正 바르게

小明接受了老师的批评并且愿意改正自己的错误。
샤오밍은 선생님의 비판을 받아들였고 자신의 잘못을 고치기를 원했다.

033 修改
xiūgǎi
동 수정하다, 고치다

修 닦다 ≫ 亻사람이 丨뚫듯이, 攵 = 文 학문을 닦고 彡 털을 가다듬으며 품행을 닦다
改 고치다, 바꾸다 ≫ 己 자기 자신을 엄하게 攵 쳐가면서 고치다
修 닦고 改 고치다

小明修改了文章中有语病的句子。
샤오밍은 문장 중 어폐가 있는 문장을 수정했다.

034 标点
biāodiǎn
명 구두점
동 구두점을 찍다

标 표시하다 ≫ 무슨 종류의 木 나무인지 잘 示 보이게 표시하다
标 표시하다 点 점을

不同的语言有不同的书写和标点习惯。
언어마다 글쓰기와 구두점이 다르다.

035 成语
chéngyǔ
명 성어

옛 사람들이 이미 成 완성시켜 만든 语 말

小明学习了很多成语。
샤오밍은 성어를 많이 공부했다.

036 **词汇** cíhuì
명 어휘, 용어

词 말, 글 ≫ 讠말 + 司 맡다 - 말, 글
* 司 맡다 ≫ 一 구역을 一 한 차례 口 둘러보는 임무를 맡다
汇 한데 모으다 ≫ 氵물을 匚 큰 구역으로 모으다

> 词汇量越大能看懂的内容就越多。
> 어휘량이 많을수록 이해할 수 있는 내용이 많아진다.

037 **拼音** pīnyīn
명 병음

拼 붙이다 ≫ 扌손을 并 나란히 연결하다
단어에 拼 붙은 音 소리

> 汉语的读法要从学习拼音开始。
> 중국어의 읽는 법은 병음부터 배워야 한다.

038 **字母** zìmǔ
명 자모, 알파벳

字 자 母 모 - 글자 이루는 구성요소

> 小明今天在英语课上学习了英语字母。
> 샤오밍은 오늘 영어 수업에서 영어 알파벳을 배웠다.

039 **声调** shēngdiào
명 어조, 성조

声 소리 ≫ 聲 소리 성 = 声 간화
调 조절하다 ≫ 讠말하면서, 周 두루두루 조절하다
声 소리를 调 조절해 어조를 내다

> 小明在讲台上演讲的时候提高了声调。
> 샤오밍은 강단에서 연설할 때 어조를 높였다.

040 **常识** chángshí
명 상식, 일반지식

识 알다 ≫ 认识의 识(认识你很高兴)
常 항상, 평상적으로 识 아는 것 - 상식

> 小明缺乏常识。
> 샤오밍은 상식이 부족하다.

041 学术
xuéshù
명 학술

术 재주 » 木 나무를 잘 、 찍는 재주
学 학 术 술

> 在学术研究问题上，小明总是会提出不一样的想法。
> 학술 연구 문제에 있어서 샤오밍은 항상 다른 생각을 제시한다.

042 化学
huàxué
명 화학

化 화 学 학

> 这个化妆品中化学成分非常复杂且多样。
> 이 화장품에는 화학 성분이 매우 복잡하고 다양합니다.

043 物理
wùlǐ
명 물리

理 다스리다, 이치, 도리 » 王 왕은 里 마을을 이성적으로 잘 다스려야 한다
物 물 理 리

> 小明的物理成绩在班里名列前茅。
> 샤오밍의 물리 성적은 반에서 상위권이다.

044 综合
zōnghé
동 종합하다, 총괄하다

综 모으다 » 纟실을 宗 제사에 쓰려고 모으다
* 宗 선조, 제사, 으뜸, 사당 » 宀 집에서 示 조상신을 모시고 있는
综 모으고 合 합하다

> 从他们两个的综合实力来看，不相上下。
> 그들 두 사람의 종합 실력을 보면, 막상막하이다.

10강 건강, 증상

001 打喷嚏
dǎ pēntì
재채기를 하다

喷 뿜다, 내뿜다 »» 口 입에서 卉 많은 무더기의 흙을 贝 조개가 내뿜어 내는 것 연상
嚏 재채기하다 »» 口 입을 十 많이 冖 덮어도 口 입 안 十 많은 침방울들이 疋 발 아래쪽으로 떨어지는 재채기
打 손을 喷 뿜어지는 쪽으로 가져다 대며 嚏 재채기하다

他打喷嚏的声音很响。
그의 재채기 소리는 매우 크다.

002 传染
chuánrǎn
동 전염하다, 감염하다

传 전하다 »» 亻 사람에게 소식을 专 오로지 전하다
染 물들다 »» 氵 물을 준비해, 천을 九 아홉 번, 木 쪽풀 섞은 물에 담그면 물들일 수 있다
병이 전해지고, 병에 물들다

民众应该戴好口罩，注意个人卫生，防止被传染上流感病毒。
마스크 착용과 개인위생에 만전을 기해 인플루엔자 감염을 막아야 한다.

003 吐
tù
동 토하다

吐 토하다 »» 口 입에 土 흙이 들어가 토하다

小明得了急性肠胃炎，吃了中饭就吐了。
샤오밍은 급성 위장염에 걸려 점심을 먹고 토했다.

004 醉
zuì
동 취하다, 탐닉하다

醉 취하다 »» 酉 술을 너무 먹어서, 卒 졸병들이 취한 모습

小明在庆功宴上喝醉了。
샤오밍은 축하연에서 술에 취했다.

005 发抖
fādǒu
- 동 떨다

抖 떨다, 털다 ≫ 扌손으로 쌀을 퍼올릴 때 斗 말(곡식 단위)을 털어내다
发 쏘듯이 抖 털다

> **全身发抖**
> 온몸을 떨다

006 过敏
guòmǐn
- 형 과민한, 예민한
- 동 알레르기 반응 보이다

敏 민첩하다 ≫ 每 매번 文 글을 쓸 때 민첩해야 한다 /
每 매번 攵 치려면 민첩해야 함
过 = 過 과하다 敏 민첩함이

> **小明对海鲜过敏。**
> 샤오밍은 해산물 알레르기가 있다.

007 痒
yǎng
- 형 가려운, 간지러운

疒 병(뜻부분) + 羊 양(음부분)
羊 양털이 너무 수북해서 疒 병처럼 피부가 가려워졌다고 연상하기

> **被蚊子咬过的地方又痒又肿。**
> 모기 물린 자리가 가렵고 부었다.

008 着凉
zháoliáng
- 동 감기에 걸리다

凉 서늘하다 ≫ 冫차가움을 머금은 京 수도, 서울 - 차도녀, 차도남의 서늘한 이미지 연상
着 어떠한 상태 ≫ 여기서는 zhe가 아닌 zháo로 발음한다는 것에 주의!

> **因为他睡觉的时候没有盖好被子，所以着凉了。**
> 그가 잘 때 이불을 제대로 덮지 않아서 감기에 걸렸다.

009 健身
jiànshēn
- 동 신체를 건강하게 하다

健 굳센, 건강한 ≫ 亻사람이 잘 建 세워져(聿 붓을 잘 廴 가게끔(쓰게끔) 세우다) 있으면 건강하다
健 굳세게 하다 身 몸을

> **每周有规律的健身可以强身健体。**
> 매주 규칙적인 피트니스는 몸을 튼튼하게 할 수 있다.

010 不足
bùzú
형 부족한, 모자란

不 부 足 족

因为应届毕业生的工作经验不足所以很难找到高薪的工作。
졸업 예정자의 경력 부족으로 고임금 일자리를 찾기가 쉽지 않다.

011 失眠
shīmián
동 잠을 이루지 못하다

眠 자다 »» 目 눈(뜻부분) + 民 mián(음부분)
失 잃다 眠 잠을

小明因为工作的压力太大而失眠了。
샤오밍은 업무 스트레스가 너무 커서 잠을 이루지 못했다.

012 晕
yūn
형 어지러운
동 기절하다

晕 어지럽다 »» 日 해를 직방으로 보는 것이 싸워야하는 军 군사들에게는 어지럽다

他因贫血一时晕了过去。
그는 빈혈로 잠시 기절했다.

013 缓解
huǎnjiě
동 완화시키다, 풀어지다, 호전되다

缓 느슨하다, 느리다 »» 纟실을 * 爰 당기면 느슨해진다
* 爰 당기다 »» 爫 할퀴듯 二 두 又 손을 이용해 丿내쪽으로 당기다
解 풀다 »» 角 뿔, 刀 칼, 牛 소 - 소의 뿔을 칼로 해체하다, 풀다

这款感冒药可以有效缓解头晕、鼻塞等症状。
이 감기약은 어지럼증, 코막힘 등의 증상을 완화하는 데 효과적이다.

014 受伤
shòushāng
동 상처입다, 부상당하다

受 받아내다
伤 다치다, 상하다 »» 亻사람의 丿一 머리 부분을 力 힘써 때리면 다친다

小明的肩膀受伤了，最近在家里休息。
샤오밍은 어깨를 다쳐서 요즘 집에서 쉬고 있다.

015 伤害
shānghài

동 손상시키다, 해치다

伤 다치다, 상하다 »» 亻사람의 丿一 머리 부분을 力 힘써 때리면 **다친다**
害 해 »» 宀 집에 丰 많은 口 구멍이 있으면 **해**가 된다

> 如果你无意间伤害了别人，应该主动向对方道歉。
> 만약 당신이 무심코 다른 사람을 다치게 했다면, 먼저 상대방에게 사과해야 한다.

016 救护车
jiùhùchē

명 구급차

救 구원하다 »» * 求 구한 무기로 攵 쳐서 사람을 **구원하다**
* 求 구하다, 모으다 »» 一 하나라도 우물 같은 氺 물 丶 구멍이 있나 **구하다**
护 지키다 »» 扌손으로 户 집을 **지키다**
救 구원해주고 护 지켜주는 车 차

> 那边发生了车祸，请快叫救护车来。
> 저기 차 사고가 났어요, 빨리 구급차를 불러주세요.

017 急诊
jízhěn

명 응급 진료
동 응급 진료하다

诊 진찰하다 »» 讠말을 하면서 人 사람의 彡 털을 살펴보며 **진찰하다**
急 급하게 诊 진찰하다

> 急诊室里挤满了患者。
> 응급실은 환자로 가득 찼다.

018 救
jiù

동 구하다, 구조하다

救 구원하다 »» * 求 구한 무기로 攵 쳐서 사람을 **구원하다**
* 求 구하다, 모으다 »» 一 하나라도 우물 같은 氺 물 丶 구멍이 있나 **구하다**

> 警察很快就救出了人质。
> 경찰은 곧 인질을 구출해냈다.

019 内科
nèikē

명 내과

科 과목, 종류 »» 禾 벼를 斗 말(곡식단위)로 종류별로 **나누다**
内 내 科 과斗

> 这家医院有二十几个内科病房。
> 이 병원에는 20여 개의 내과 병동이 있다.

020 挂号
guàhào

동 접수하다, 수속하다

挂 걸다 ≫ 扌손으로, 土 土 흙들을 매달아서 다른 것의 무게를 걸어 보다
挂 걸다 + 号 호, 표시 – 번호를 걸어서 접수하다

> 去医院看病应该先自助挂号。
> 병원에 가서 진찰을 받으려면 먼저 셀프 접수를 해야 한다.

021 治疗
zhìliáo

동 치료하다

治 다스리다, 고치다 ≫ 氵물, 台(무엇을 받치는 모습) ~대 – 氵물이 台 받쳐 주어(기본이 되어) 병을 고치다
疗 병 고치다 ≫ 疒 병이 了 끝나도록 병을 고치다

> 癌症的治疗方法有很多种。
> 암의 치료 방법에는 여러 가지가 있다.

022 手术
shǒushù

명 수술
동 수술하다

术 재주 ≫ 木 나무를 잘 丶 찍는 재주
手 손으로 术 재주를 부려 수술하다

> 已经为您预约好了手术时间。
> 이미 당신을 위해 수술시간 예약해드렸습니다.

023 诊断
zhěnduàn

동 진단하다

诊 진찰하다 ≫ 讠말을 하면서 人 사람의 彡 털을 살펴보며 진찰하다
断 자르다 ≫ 匚 상자 속, 米 쌀을 꺼내려 斤 도끼로 자르다

> 经过医生的诊断后，他回家了。
> 의사의 진단을 받은 후 그는 집으로 돌아갔다.

024 恢复
huīfù

동 회복하다, 회복되다

恢 넓히다 ≫ 忄마음에 十 많은 火 불, 열정이 생겨서 넓어지다
复 다시, 돌아가다 ≫ 丿 내리 쬐던 一 한 日 태양은 시간이 지나면 夂 걸어가듯 다시 돌아간다.

> 经过医生的治疗后，他恢复了健康。
> 의사의 치료를 거친 후에 그는 건강을 회복했다.

025 **呼吸** hūxī
동 호흡하다

呼 부르다 » 口 입(뜻 부분), 乎 호(음 부분)
吸 마시다, 숨들이쉬다, 빨다 » 口 입에 及 이르게하여 마시다, 빨다

我到山林里呼吸新鲜空气。
나는 산림에 가서 신선한 공기를 마신다.

026 **消化** xiāohuà
동 소화하다

消 사라지다 » 氵 물이, 小 작은 月 몸으로(여기서는 물분자) 분해되어 수증기가 되어 사라지다
消 사라지게 끔 化 변화되다 – 몸에서 소화되다

粗粮吃多了不容易消化。
잡곡을 많이 먹으면 소화가 잘 안된다.

027 **预防** yùfáng
동 예방하다

预 미리 » 予 나 자신은, 页 머리로 항상 미리 예상해 본다
防 막다 » 阝 막다 方 사방을

我们应该注意个人卫生，勤洗手，预防流感。
우리는 개인 위생에 주의하고 손을 자주 씻어서 독감을 예방해야 합니다.

028 **怀孕** huáiyùn
동 임신하다

怀 생각하다, 품다 » 忄 마음은 不 부재한 것, 없는 것을 생각하고 품는다
孕 아이 배다 » 乃 복중에 子 자식을 잉태한 모습을 연상

小明的妻子怀孕了。
샤오밍의 아내는 임신했다.

029 **补充** bǔchōng
동 보충하다, 추가하다 보완하다

补 돕다, 보태다 » 衤 옷의 뜯어진 부분을 丨 바늘로 丶 꿰매 채워 보태다
补 보태다 充 충분하도록

小明每天都会补充维生素C。
샤오밍은 매일 비타민 C를 보충한다.

030 吸收
xīshōu
동 흡수하다, 받아들이다

吸 마시다, 숨들이쉬다, 빨다 » 口 입에 及 이르게하여 **마시다, 빨다**
收 거두다 » 뇌얽힌 것을 잘 攵 쳐서 풀어 **거두다, 모으다**

这款精华的吸收速度非常快。
이 에센스는 흡수 속도가 매우 빠르다.

031 戒
jiè
동 끊다, 중단하다,

戒 경계하다 » 廾 수많은(十 플러스 2개) 戈 창을 든 자가 **경계하며** 국경선을 지키고 있다

戒烟、戒酒、作息规律可以使身体变得更健康。
금연, 금주, 규칙적인 휴식은 몸을 더 건강하게 만들 수 있다.

032 结实
jiēshi
형 튼튼한, 단단한

结 묶다, 맺다 » 糹 실을 吉 길하도록 맺다, 묶는다(아기가 태어 났을 때 금줄 치는 것 연상)
实 튼튼하다, 씨, 열매 » 열매 실 實 - 实 간화

小明的身体非常的结实，因为他每周都进行规律的运动。
샤오밍의 몸은 매주 규칙적인 운동을 하기 때문에 매우 튼튼하다.

033 弱
ruò
형 허약한, 약한

弱 약하다 » 弓 弓 활들이 冫 차가워져서 **약해지다**

他大病痊愈后，身体变得很弱。
그는 큰 병이 완쾌된 후 몸이 많이 약해졌다.

034 病毒
bìngdú
명 바이러스, 병균

病 병 + 毒 독(主 주, 母 모, 주막집 주모는(원래는 酒母) **독해야** 장사를 한다)

这种病毒有一周的潜伏期。
이런 바이러스는 일주일의 잠복기가 있다.

035 杀
shā
동 죽이다, 약화시키다, 제거하다

杀 죽이다 » 乂 베다, 朩 나무를 - 나무를 베어 **죽이다**

他在法庭上承认自己杀了人。
그는 법정에서 자신이 사람을 죽였다고 시인했다.

10강 건강, 증상

036 精神
jīngshén
명 정신

精 정성스런, 찢다, 정제, 우수한
≫ 米 쌀을 青 푸르게, 정성스럽게 키워내 우수하게 하다
精 정 神 신

> 研究员都有一丝不苟的精神。
> 연구원들은 모두 빈틈없는 정신을 가지고 있다.

037 心理
xīnlǐ
명 심리

理 다스리다, 이치, 도리 ≫ 王 왕은 里 마을을 이성적으로 잘 다스려야 한다
心 심 理 리

> 学校为了学生的心理健康开设了专门的心理咨询室。
> 학교에서는 학생들의 정신건강을 위해 별도의 심리상담실을 운영하고 있다.

038 状态
zhuàngtài
명 상태

状 모양, 형상 ≫ 丬 나뭇조각을 물고 있는 犬 개의 모습
态 모습 ≫ 太 큰, 心 심보가 모습에 보인다

> 这个小说是已经完结的状态吗?
> 이 소설은 이미 완결된 상태입니까?

039 寿命
shòumìng
명 수명, 목숨

寿 수명, 목숨 ≫ 나이가 三 층층이 寸 마디마디마다 丿 쌓일 때마다 수명에 가까워진다
命 목숨

> 乌龟的寿命很长。
> 거북이의 수명은 매우 길다.

040 在于
zàiyú
명 ~에 달려 있다

在 있다 + 于 ~에

> 一件事的结果在于你做这件事的态度和决心。
> 한 가지 일의 결과는 네가 이 일을 하는 태도와 결심에 있다.

041 去世
qùshì
동 세상을 떠나다, 사망하다

떠나 去 가다 世 세상을

> 小明的奶奶上周去世了。
> 샤오밍의 할머니는 지난주에 돌아가셨다.

11강 여행, 교통

001 体会
tǐhuì
- 통 추상적인 것을 이해해 체득하다
- 명 체험, 경험

体 몸통(亻사람의 本 근본은 몸) 뼈대를 그려가며, 会 ~할 수 있도록 이해하고, 체득하다

体会思想
사상을 체득하다

没有人能够完全体会到你的心情。
아무도 당신의 마음을 완전히 이해할 수 없습니다.

002 体验
tǐyàn
- 통 행동을 통해 체험하다

体 몸통(亻사람의 本 근본은 몸) 뼈대를 그려 가다
验 시험하다, 검증 ≫ 马 말이 모여 있는 * 亼 모든 사람들 앞에서 검증되다
* 亼 다, 모두 ≫ 人 사람이 一 한곳에 ヽヽヽ 모여 一 일렬로 모두 있다

小明体验了一次过山车后，吓得不轻。
샤오밍은 롤러코스터를 한 번 체험한 후 적잖이 놀랐다.

003 名胜古迹
míngshèng gǔjì
- 명 명승고적

胜 이기다 ≫ 月 몸에서 生 생기가 나 이기다
迹 발자취 ≫ 亦 또, 辶 걸음을 옮기면 발자취가 생긴다
지역에서 名 이름이 다른 곳에 비해 胜 날 정도로 古 오래된 迹 발자취, 흔적이 남아있는 곳

北京的名胜古迹有哪些，你知道吗？
북경의 명승고적에는 어떤 것들이 있는지 너는 알고 있니?

004 位于
wèiyú
- 통 ~에 위치하다

位 위치 ≫ 亻사람이 立 서 있는 위치
于 어조사

那条小溪位于森林深处。
그 시냇물은 삼림 깊숙한 곳에 있다.

005 **游览**
yóulǎn
동 유람하다

游 헤엄치다, 유동하다 ⟫ 氵물에서 方 사방으로, 人 사람과 그 子 자식들이 헤엄치다
览 보다 ⟫ 刂칼로 艹대나무를 잘 잘랐는지 见 보다
물 흘러가듯 유동하면서 보다, 유람하다

> 寒假期间，父母带我游览了万里长城。
> 겨울방학 때, 부모님은 나를 데리고 만리장성을 유람하셨다.

006 **欧洲**
Ōuzhōu
명 유럽

欧 유럽 ⟫ 区 지역, 구역 중에서 欠 입이 벌어질 정도로 아름다운 유럽
洲 주, 섬 ⟫ 주위에 氵물이 둘러싼 * 州 고을
* 州 고을 ⟫ 川 시내 사이사이마다 丶丶丶 점이 찍힌 듯 포진해 있는 고을

> 欧洲的建筑实在是太美了！
> 유럽의 건축물은 정말 아름답습니다!

007 **广场**
guǎngchǎng
명 광장

场 장소 ⟫ 土 토지에 햇살이 昜 날리는, 볕이 드는 곳, 장소
广 집 같이 넓은 场 장소

> 12月31日的最后1分钟，广场上人山人海，大家都在自发的倒计时。
> 12월 31일 마지막 1분. 광장은 인산인해를 이루며, 자발적 카운트다운을 하고 있었다.

008 **胡同**
hútòng
명 골목

胡 수염, 오랑캐 ⟫ 古 오래도록 月 몸에 있는 것 - 수염(옛 사람들은 수염을 자르지 않았다)
胡 수염 길 난 것처럼 同 같이 붙어있는 골목

> 这条胡同太窄了，不能开车进去。
> 이 골목은 너무 좁아서 차를 몰고 들어갈 수 없다.

009 **陌生**
mòshēng
형 생소한, 낯선

陌 두렁, 경계, 길 ⟫ 길가 쪽에 阝막아 놓아 百 백 개의 두렁, 경계를 만들다
陌 경계가 生 난 것처럼 낯선

> 小明到了陌生的环境感到有些不安。
> 샤오밍은 낯선 환경에 이르러 약간 불안함을 느꼈다.

010 冒险
mào xiǎn
- 동 모험하다, 위험을 무릅쓰다
- 형 위험한

冒 무릅쓰다 »» 日 말을 目 눈으로 표현하는 것이 **무릅쓰는** 것 같다

险 험하다 »» ⻖ 막히다 * 佥 모든 것이 – 모든 것이 막힌 것 같은 **위험**

* 佥 다, 모두 »» 人 사람이 一 한곳에 丶丶丶 모여 一 일렬로 **모두** 있다

> 小时候总想着和朋友一起去冒险。
> 어렸을 때 항상 친구와 함께 모험을 떠날 생각을 했습니다.

011 打听
dǎ tīng
- 동 물어보다

打 손으로 하는 모든 행동 + 听 듣다 – 손으로 제스처를 취하며 들으려고 물어보다

> 小明向我打听你的近况。
> 샤오밍(小明)이 나에게 너의 근황을 물었다.

012 纪念
jì niàn
- 동 기념하다, 기념

纪 단서, 벼리(굵은 줄, 뼈대가 되는 것) »» 纟 실의 己 몸에 해당하는 **굵은 줄**

念 기억하다 »» 今 지금처럼 心 마음으로 간직하기 위해 **기억하다**

> 这个礼物就当作我们这段旅程的一个纪念吧。
> 이 선물을 우리의 이 여정의 기념으로 삼자.

013 记忆
jì yì
- 명 기억
- 동 기억하다

记 기억하다 »» 讠 = 言 말하는 것을, 己 몸이 **기억하다**

忆 기억하다 »» 忄 마음속에 乙 새가 둥지에 정착한 것처럼 어떤 것이 들어와 **기억**남

> 小明对这段过往的记忆还记忆犹新。
> 샤오밍은 이 과거의 기억이 아직도 생생하다.

014 风景
fēng jǐng
- 명 풍경, 경치

风 바람이 부는 아름다운 景 배경을(日 해가 京 서울을 비추는 **경치, 배경**) 연상하기

> 小明站在顶楼欣赏城市的风景。
> 샤오밍은 꼭대기 층에 서서 도시의 풍경을 감상합니다.

015 欣赏
xīnshǎng
동 감상하다

欣 기쁘다 ≫ 산신령에게 금 斤 도끼 받고 나무꾼이 欠 하품 하듯(하품 형상) 입 벌리고 기뻐하다
赏 상 주다 ≫ 尚 숭상(丿 八 높이 向 향하는 것을 숭상하다) 할 만해서 贝 재물을 내려 상 주다
아름다운 작품을 감상할 때는 欣 기쁘며, 그 작품을 赏 상 주고 싶어진다

> 我十分欣赏你的才能。
> 저는 당신의 재능을 매우 좋아합니다.

016 赞美
zànměi
동 찬미하다, 찬양하다

赞 돕다, 칭찬하다 ≫ 先先 먼저 贝 재물을 풀어 도와주다, 그런 모습을 칭찬하다
赞 칭찬하고 美 아름다워 하다

> 我们在生活中一定不要吝啬对别人的赞美。
> 우리는 생활 속에서 다른 사람에 대한 칭찬을 아끼지 말아야 한다.

017 鞭炮
biānpào
명 폭죽

鞭 채찍 ≫ 革 가죽으로 만들어져 便 편하게 때리며 명령할 수 있는 채찍
炮 폭죽, 대포 ≫ 火 불같은 탄이 包 싸여져서 대포, 폭죽이 되다
鞭 채찍과 같은 소리가 나는 터지는 炮 폭죽

> 许多人在除夕夜燃放鞭炮。
> 많은 사람들이 섣달 그믐날 밤에 폭죽을 터뜨린다.

018 拍
pāi
동 손바닥이나 납작한 것으로 치다, 사진 찍다, 촬영하다

拍 손으로 두드리다, 치다, 박자 ≫ 扌손으로 白 흰 건반을 두드리며 박자 맞추는 것 연상
拍 사진찍다 ≫ 扌손으로 白 백색의 플래쉬를 터트리며 사진 찍는 것 연상

> 拍照片
> 사진을 찍다

> 拍电影
> 영화를 찍다

019 摄影
shèyǐng
동 촬영하다

摄 당기다, 다스리다 » 扌손으로, 耳 귀, 双 한 쌍을 당겨, 그 사람을 거느리고 다스리다
影 그림자 » 日 해가 京 서울 도시를 비추니, 내리쬔 彡 모양에 그림자가 생긴다

> 这家工作室的老板的摄影技术可好了。
> 이 스튜디오의 사장님의 촬영 기술은 정말 좋다.

020 迎接
yíngjiē
동 맞이하다, 영접하다

迎 맞이하다 » 卬 우러러보는(서 있는 사람과 무릎 꿇고 앉아 있는 사람을 그림) 대상에게 辶 가서 영접하다, 맞이하다
接 접하다 » 扌손으로 妾 첩, 노비는(항시 立 서 있는 女 여자) 항상 많이 쓰며 사람들을 접한다

> 我们在新的一年迎接新的挑战。
> 우리는 새해에 새로운 도전을 맞이합니다.

021 劳驾
láojià
동 죄송합니다, 실례합니다

劳 일하다 » 艹 풀 冖 덮인 곳에서 力 힘써 일하다
驾 운전하다, 조종하다, 제어 » 力 힘을 쓰며 口 입으로 이럇! 하면서 马 말을 조종하는 것 연상
괜히 劳 힘써 驾 제어하시게 해서 죄송합니다

> 劳驾您把这个快递寄给小明。
> 죄송하지만 이 택배를 샤오밍에게 보내 주세요.

022 海关
hǎiguān
명 세관

海 바다를 통해 들어오고 나가는 물건과 关 관련있는 것 – 세관

> 我的快递还在海关呢。
> 내 택배는 아직 세관에 있다.

023 手续
shǒuxù
명 수속, 절차

续 잇다 » 纟실을 卖 팔려면, 길게 이어 만들어야 한다
계속 手 손을 써야하는 续 이어진 절차들

> 买房子要办的手续可多了。
> 집을 살 때 처리해야 할 수속은 정말 많다.

024 出示
chūshì
동 제시하다, 내보이다

出 내 示 보이다

> 麻烦您出示一下您的身份证件。
> 신분증 좀 보여 주세요.

025 朝
cháo
개사 ~을 향하여

朝 아침 뜻 외에 왕조, 조정의 뜻이 있음
朝 아침이 오는 곳을 **바라보고**, **왕조, 조정**을 **향해** 인사하는 것을 연상

> 租房子最好选朝南的。
> 방을 빌리는 것은 남향으로 하는 것이 가장 좋다.

026 往返
wǎngfǎn
동 왕복하다

往 갔다가(彳 걸어가다, 主 주가되어, 스스로) 返 돌아오다(反 반대로 辶 걸어오다) – 왕복의 의미

> 今日去从上海去成都的往返机票有特价。
> 오늘 상하이에서 청두로 가는 왕복 항공권은 특가가 있다.

027 到达
dàodá
동 도착하다, 도달하다

达 도달하다 ≫ 大 큰 보폭으로 성큼성큼 달려 辶 가면 결국 도착선 라인에 **도달하게** 된다
到 이르다, 도달하다 达 도달하다

> 小明下午1点到达了浦东国际机场。
> 샤오밍은 오후 1시에 푸동 국제공항에 도착했다.

028 合影
héyǐng
동 여럿이 함께 사진찍다
명 단체사진

影 그림자 ≫ 日 해가 京 서울 도시를 비추니, 내리쬔 彡 모양에 **그림자**가 생긴다
合 함께 다 같이 影 그림자처럼 모습을 남겨 찍다

> 旅行结束了，我们一起合影吧，可以留作纪念。
> 여행 끝났으니 기념으로 같이 사진 찍자.

029 直
zhí
형 곧은, 수직인

直 (필수 구성요소) 곧다

> 你往前直走100米就到了。
> 앞으로 100미터 직진하시면 됩니다.

030 拐弯
guǎiwān

동 굽이 돌다, 방향을 바꾸다

拐 지팡이 »» 할머니들이 **지팡이**로 일어설 때 扌**손**으로 **지팡이를** 잡고 口 **입**으로 아이고 소리를 내며 力 **힘**을 쓰는 굽은 이미지를 연상
弯 굽다, 활 당기다 »» **亦 또 弓 화살을 당기려면** 활 시위가 **굽혀**져야지
拐 지팡이처럼 굽고, 弯 굽혀 방향을 돌고, 바꾸다

> 你往前直走50米后向左拐弯就能看到那家美食店。
> 그 맛집은 앞으로 50미터 직진하셔서 왼쪽으로 꺾으시면 있습니다.

031 工具
gōngjù

명 수단, 도구

工 장인이 具 갖추어야 하는 것은 도구

> 爸爸在田里种菜让我回家拿一下工具。
> 아버지께서 밭에 채소를 심으시고 집에 가서 도구를 가져오라고 하셨다.

032 列车
lièchē

명 열차

列 벌일 렬, 줄 렬 »» 歹 **죽어** 있는 동물을 刂 **칼**로 **벌려 분리**하다
列 줄처럼 늘여져 있는 车 차 – 열차

> 南昌的列车。
> 남창행 열차

033 车厢
chēxiāng

명 객실, 수화물칸

厢 곁간, 곁채 »» 厂 **울타리** 같은 곳(뜻부분) + 相 **상**(음부분)
车 차 厢 곁간

> 车厢里禁止吸烟。
> 찻간 안에서는 흡연을 금합니다.

034 卡车
kǎchē

명 트럭

卡 카(car발음을 빌림) + 车 차 - 트럭

> 这辆蓝色的卡车该保养了。
> 이 파란색 트럭은 정비해야 합니다.

035 摩托车
mótuōchē
명 오토바이

摩 비비다, 문지르다, 갈다 ≫ 麻 마를 手 손으로 비비고 문지르며 갈다
托 부탁하다, 맡기다 ≫ 扌손으로, 乇 부탁하다(乇 굽신거리듯 부탁하다)
모터의 발음을 따온 것이지만, 오토바이 부릉부릉 할 때, 비비는 것처럼 보인다 연상가능

小明骑着摩托车在道路上狂飙。
샤오밍은 오토바이를 타고 도로에서 폭주했습니다.

036 长途
chángtú
명 장거리, 먼 길
형 먼 거리의

长 긴 途 길, 도로(余 내가 辶 가는 길)

长途电话的收费标准不一样。
장거리 전화의 요금 기준은 다르다.

037 拥挤
yōngjǐ
형 붐비는, 혼잡한
동 한 곳으로 몰리다

拥 끌어안다 ≫ 扌손으로 用 쓸 것들을 끌어안다
挤 밀치다 ≫ 扌손으로 * 齐 가지런한 것들을 밀쳐대다
* 齐 가지런하다 ≫ 文 글의 丿丨 획들을 가지런히 해야 한다

早晚高峰的地铁十分拥挤。
아침저녁으로 러시아워의 지하철은 매우 붐빈다.

038 指挥
zhǐhuī
동 지휘하다

指 가리키다 ≫ 원래 扌손만 의미를 가짐, 옆에 旨 자는 뜻, 맛있다이지만 무시하고 통째로 가리키다라는 뜻으로 외우기
挥 휘두르다 ≫ 扌손으로 军 군사를 휘두르다

在这次消防演练指挥班级的同学。
이번 소방훈련에서 반 학생들을 지휘하다.

039 信号
xìnhào
명 신호, 사인

信 신 号 호

隧道里的信号不好。
터널 안의 신호가 좋지 않다.

040 **行人**
xíngrén
명 행인

걸어 行 다니는 人 사람 – 행인

街上的行人来来往往。
거리의 행인들이 오가다.

041 **驾驶**
jiàshǐ
동 운전하다, 조종하다

驾 운전하다, 조종하다, 제어 ≫ 力 힘을 쓰며 口 입으로 이랏! 하면서 马 말을 조종하는 것 연상

驶 달리다, 뛰다 ≫ 马 말은 史 역사 내내 항상 달려왔다

安全驾驶人人有责。
안전 운전은 모든 사람에게 책임이 있다.

042 **闯**
chuǎng
동 돌진하다, 갑자기 뛰어들다

门 문에 马 말이 갑자기 뛰어들어 돌진하다

小明想毕业后去大城市闯出一番自己事业。
샤오밍은 졸업 후 대도시로 가서 자신의 사업을 개척하고 싶어 한다.

043 **撞**
zhuàng
동 부딪치다, 충돌하다, 우연히 만나다

童 아이들의 扌손은 항상 어딘가 부딪친다

小明放学骑车回家的路上，不小心撞倒了一位老奶奶。
샤오밍은 학교에서 자전거를 타고 집으로 돌아오는 길에 실수로 할머니를 치었다.

12강 자연, 동식물

001 地理
dìlǐ
명 지리

理 다스리다, 이치, 도리 »» 王 왕은 里 마을을 이성적으로 잘 다스려야 한다
地 지 理 리

> 我想成为一名地理学家。
> 저는 지리학자가 되고 싶습니다.

002 陆地
lùdì
명 육지, 땅

陆 육지 »» 둘레가 땅으로 β 막혀 있고 土 흙과 山 산이 있는 육지
陆 육 地 지

> 海豹不可以离开水在陆地上生活。
> 물범은 물을 떠나 육지에서 살 수 없다.

003 土地
tǔdì
명 토지, 땅

土 토 地 지

> 小明家的土地比我家的大。
> 샤오밍 집의 땅은 우리 집 땅보다 크다.

004 洞
dòng
명 동굴, 굴
형 뚫린, 통하는

洞 골, 동굴, 마을 »» 氵물도 同 같이 흐르는 빈, 뚫린, 동굴 등을 연상

> 一只老鼠从洞里探出了头。
> 쥐 한 마리가 구멍에서 머리를 내밀었다.

005 沙漠
shāmò
명 사막

沙 모래, 사막 »» 氵물이 거의 없이 너무 少 적게 있는 사막, 모래
漠 넓다, 쓸쓸한 »» 氵물과 艹 들판(풀)이 日 햇빛 아래 大 크고 드넓게 펼쳐진 쓸쓸한 모습연상

> 一眼望去，沙漠如海洋一般，无边无际。
> 한눈에 바라보니 사막이 바다처럼 끝없이 펼쳐져 있었다.

006 **岛屿**
dǎoyǔ
명 섬,
　　크고 작은 여러 섬들

岛 섬 ⋙ 鸟 새가 날다가 쉬어가려고 山 산 같은 섬에 있는 모습 연상
屿 섬 ⋙ 山 산 처럼 * 与 더불어 솟아있는 섬
* 与 더불어, 함께하다 ⋙ ~와 할 때 쓰이는 与는 본 뜻이 "함께하다"라는 것 기억하기

中国境内分布着许多岛屿。
중국 경내에 많은 섬들이 분포하고 있다.

007 **岸**
àn
명 해안

岸 언덕, 해안 ⋙ 山 산 아래 厂 언덕을 타고 내려가다보면 干 방패처럼 쭉 둘러싸고 있는 해안

河岸边有许多奇形怪状的鹅卵石。
강기슭에는 기괴한 모양의 조약돌이 많이 있다.

008 **池塘**
chítáng
명 못

池 연못, 늪 ⋙ 氵물이 也 역시 많고, 고인 연못
塘 못, 둑 ⋙ 土 흙을 广 집처럼 쌓고 彐 손으로 丨 고정시켜 口 둘러 메워 못, 둑을 만들다

池塘里有好多条红鲤鱼。
연못에 붉은 잉어가 많이 있다.

009 **沙滩**
shātān
명 모래사장, 백사장

沙 모래, 사막 ⋙ 氵물이 거의 없이 너무 少 적게 있는 사막, 모래
滩 모래톱, 개펄 ⋙ 氵물이 又 또 들어왔다 나갔다, 隹 새가 앉아 내려왔다 다시 날라가는 개펄

他懒洋洋地躺在沙滩上晒太阳。
그는 백사장에 나른하게 누워 햇볕을 쬐었다.

010 **大象**
dàxiàng
명 코끼리

大 큰 象 코끼리

大象的躯体十分庞大。
코끼리의 몸은 매우 거대하다.

12강 자연, 동식물

011 狮子
shīzi
명 사자

狮 사자 ≫ 犭 개보다 힘센 * 师 스승 격인 **사자**
* 师 스승 ≫ 帅 장수(刂 칼을 巾 천으로 닦고 있는 장수)보다 一 한 단계 위에 있는 **스승**

斑马看见狮子来了，吓得四处逃窜。
얼룩말은 사자가 오는 것을 보고, 놀라서 사방으로 도망갔다.

012 猪
zhū
명 돼지

犭 개처럼 먹는 것을 밝히는 者 사람은 **돼지** 같다

小猪仔看起来粉粉嫩嫩的，非常可爱。
새끼 돼지는 분홍빛으로 보들보들해 보여서 매우 귀엽다.

013 猴子
hóuzi
명 원숭이

犭 개처럼 친숙하고 亻사람이 좋아 그 꽂혀서, 矢 화살이 꽂힌 것처럼 사람에게 매달려 좋아하는 **원숭이**

猴子是一种非常机灵的动物。
원숭이는 매우 영리한 동물이다.

014 兔子
tùzi
명 토끼

兔 토끼 - 필수동물표

他养了一只雪白的兔子。
그는 새하얀 토끼 한 마리를 길렀다.

015 老鼠
lǎoshǔ
명 쥐

鼠 쥐(마우스) ≫ 쥐의 형상을 본뜸

猫是老鼠的天敌。
고양이는 쥐의 천적이다.

016 蛇
shé
명 뱀

虫 벌레처럼 알을 낳고 사는 宀 집 같은 보금자리에 匕 앉은 듯 또아리를 튼 듯한 **뱀**

蛇是冷血动物。
뱀은 냉혈동물이다.

017 龙
lóng
명 용

龙 용 - 필수동물표

人们认为龙是可以带来好运的神物。
사람들은 용이 행운을 가져다줄 수 있는 신물이라고 생각한다.

018 昆虫
kūnchóng
명 곤충

昆 많다, 많이 ≫ 日 하루 한 날을 比 비교적 많이 살아낸 많이
昆 많다 虫 벌레

> 蝴蝶是最美丽的昆虫。
> 나비는 가장 아름다운 곤충이다.

019 蝴蝶
húdié
명 나비

蝴 나비 ≫ 虫 벌레 + * 胡 수염 같은 아름다운 꼬랑지 무늬가 있는 나비
蝶 나비 ≫ 虫 벌레 + 世 세상 곳곳의 木 나무, 꽃을 돌아다니는 나비
* 胡 수염, 오랑캐 ≫ 古 오래도록 月 몸에 있는 것 - 수염(옛 사람들은 수염을 자르지 않았다)

> 有的蝴蝶停在花上，有的蝴蝶在空中翩翩起舞。
> 어떤 나비는 꽃 위에 멈추었고, 어떤 나비는 공중에서 춤을 추었다.

020 蜜蜂
mìfēng
명 꿀벌

蜜 꿀 ≫ 벌 宀 집이 必 반드시 있어야 虫 벌레(꿀벌)가 꿀을 만들 수 있다
蜂 벌, 꿀벌 ≫ 虫 벌레 + 여러곳을 夂 오가며 채취한 丰 풍부한 꿀을 벌집에 꿰는 벌

> 蜜蜂们一天到晚都在花丛中采蜜。
> 꿀벌들은 하루 종일 꽃밭에서 꿀을 채취한다.

021 尾巴
wěiba
명 꼬리, 끝부분, 추종자

尾 꼬리 ≫ 尸 몸에서 毛 털을 살랑살랑 흔들 수 있는 꼬리
巴 뱀꼬리

> 小狗在门口摇着尾巴欢迎主人回家。
> 강아지가 문 앞에서 꼬리를 흔들며 주인의 귀가를 환영한다.

022 翅膀
chìbǎng
명 날개

翅 날개, 지느러미 ≫ 支 갈라진 羽 깃털들이 있는 날개
膀 어깨 ≫ 月 몸의 상체를 立 세우고, 方 방향을 잡을 수 있는 어깨

> 蝴蝶扑闪着翅膀在花丛中飞舞。
> 나비가 날개를 퍼덕이며 꽃밭에서 춤추다.

12강 자연, 동식물

023 竹子
zhúzi
명 대나무

竹 대나무 + 子 명사화

大熊猫最爱的食物就是竹子。
자이언트 판다가 가장 좋아하는 음식은 대나무입니다.

024 根
gēn
명 뿌리

根 뿌리 ≫ 木 나무가 밑쪽 뿌리는 자라는 것이 艮 멈춘다

他给了我两根绳子。
그는 나에게 밧줄 두 개를 주었다.

025 果实
guǒshí
명 과실, 열매

实 튼튼하다, 씨, 열매 ≫ 열매 실 實 - 实 간화
果 과 实 실

秋天，果园里的果实都成熟了。
가을에 과수원의 열매가 모두 익었다.

026 成熟
chéngshú
형 익은, 성숙한, 여물은

熟 익다, 익숙하다 ≫ * 享 누리다 丸 알을 灬 불에 넣어 익히는 불 활용법이 익숙해지다
* 享 누리다 ≫ 亠 머리가 좋고 口 말을 잘하는 子 자식이 있는 기쁨을 누리다
成 이뤄지다 熟 익도록

他的外表比五年前的他看起来成熟多了。
그의 외모는 5년 전의 그보다 훨씬 성숙해 보인다.

027 农村
nóngcūn
명 농촌

农 농사 ≫ 農 = 农 간화
村 마을 ≫ 木 나무를 심어서 寸 마디마디마다 구역을 구분해 놓은 마을

我的爷爷奶奶在农村里生活。
나의 할아버지와 할머니는 시골에서 생활하신다.

028 农民
nóngmín
명 농민

农 농사, 농업(農 = 农) 종사하는 民 백성

农民伯伯在农田里辛勤劳作。
농민 아저씨는 밭에서 부지런히 일하신다.

029 农业
nóngyè
- 명 농업

农 농 业 업

农业的发展非常有前景。
농업의 발전은 매우 유망하다.

030 当地
dāngdì
- 명 현지, 현장

当 당시의 그 地 장소

当地居民每晚在小区公园里跳健身操。
현지 주민들은 매일 밤 동네 공원에서 에어로빅을 춘다.

031 劳动
láodòng
- 명 노동
- 동 육체노동 하다

劳 일하다 ≫ 艹 풀 冖 덮인 곳에서 力 힘써 일하다
动 움직이다 ≫ 云 구름이 力 힘을 받아 움직이다

小明做了一桌子菜，和家人一起品尝自己的劳动成果。
샤오밍은 한 상을 차리고, 가족과 함께 자신의 노동 성과를 맛보았다.

032 干活儿
gàn huór
- 동 육체노동 하다, 일하다

干 하다, 중요한, 방패
活 살다, 활기찬, 생동적인 ≫ 氵 물 만난듯 舌 혀를 나불대는 모습이 활기차다

你明天能帮我一起干活儿吗？
너 내일 나를 도와 함께 일할 수 있니?

033 恶劣
èliè
- 형 열악한, 아주 나쁜

恶 악, 나쁘다 ≫ 惡 = 恶 간화
劣 못하다, 뒤떨어지다 ≫ 무엇이든지 少 적게 力 힘을 들이고 최선 다하지 않으면 뒤떨어진다

他的行为非常恶劣，将会受到严厉的惩罚。
그의 행동은 매우 나빠서 엄중한 처벌을 받을 것이다.

034 绳子
shéngzi
- 명 밧줄, 노끈

绳 노끈, 줄 ≫ 纟 실을 口 둘러 꼬아 놓으면 电(여기서는 밧줄의 형태로 보기) 노끈이 된다

他把绳子剪断了。
그는 밧줄을 잘랐다.

035 生长
shēngzhǎng
동 자라다, 살다

生 나다 长 길어지다

这个气候对草莓的生长很有利。
이 기후는 딸기의 성장에 매우 유리하다.

036 均匀
jūnyún
형 고른, 균등한

均 고르다, 균일하다 》 土 흙을 勻 감싸서 丶丶 탕탕 두드려 고르게 하다

匀 고르다 》 勹 감싸 놓은 것을 열고 丶丶 탕탕 두드려 고르게 하다

他把糖霜均匀地撒在香草泡芙上。
그는 설탕 크림을 바닐라 퐁 위에 골고루 뿌렸다.

037 浇
jiāo
동 액체 등을 뿌리다, 끼얹다

浇 물 대다, 물 뿌리다 》 氵 물을 * 尧 높이서 뿌리다
* 필수 구성요소표 - 尧 높이 (戈 - 丶 점은 생략, 창 던지는 자세가 兀 우뚝 높다)

家里的花该浇水了。
집에 있는 꽃에 물을 줘야겠다.

038 摘
zhāi
동 따다, 꺾다, 발췌하다

摘 따다 》 扌 손으로 * 啇 밑동 뿌리를 따다
* 啇 밑동, 뿌리 》 꽃의 모습에서, 꽃 부분은 立 서 있고 冂 그 아래는 古 오래된 뿌리 부분 형상

他在果园里摘了一筐新鲜的蓝莓。
그는 과수원에서 신선한 블루베리 한 광주리를 땄다.

039 堆
duī
동 쌓이다, 쟁이다
명 무더기, 더미
양사 무더기, 떼(쌓여 있는 물건 세는 양사)

堆 쌓다, 무더기 》 土 땅에 쌓인 낟알을 먹으려 비둘기 隹 새가 무더기로 있는 것 연상

书房里堆了许多旧书。
서재에 많은 헌책들이 쌓여 있다.

040 **群** qún
- 명 무리, 떼, 군중
- 양사 무리(무리 지어 있는 것을 세는 양사)

群 무리 »» 君 군(음 부분) + 羊 양 떼(뜻 부분)

爷爷的院子里有一群小羊。
할아버지의 뜰에 어린 양떼가 있다.

041 **匹** pǐ
- 양사 마리, 필(비단, 옷감, 말 따위 세는 양사)

양사는 통암기 권장

一匹匹骏马在赛马场上奔驰着。
준마 한 마리가 경마장을 질주하고 있다.

042 **朵** duǒ
- 양사 송이, 조각(꽃, 구름 따위 세는 양사)

양사는 통암기 권장

情人节的时候，我送了女朋友一朵玫瑰花。
밸런타인데이 때, 나는 여자친구에게 장미꽃 한 송이를 선물했다.

13강 환경, 날씨

001 预报
yùbào
명 예보

预 미리 »» 予 나 자신은, 页 머리로 항상 미리 예상해 본다
报 알리다 »» 扌손을 가지런히 하고 卩무릎을 꿇고 又 손에 있는 소식을 전달하고, 알리다

你看过今天的天气预报了吗？
오늘 일기예보 봤어요?

002 温暖
wēnnuǎn
형 온난한, 따뜻한

温 따뜻함 »» 溫 = 温 간화
暖 따뜻하다 »» 日 햇볕이 내쪽으로 * 爰 당겨지면 따뜻하다
* 爰 당기다 »» 爫 할퀴듯 二 두 又 손을 이용해 丿 내쪽으로 당기다

小明温柔的话语就像春日里的一缕阳光温暖着我的心。
샤오밍의 부드러운 말은 봄날의 한 줄기 햇살처럼 내 마음을 따뜻하게 한다.

003 湿润
shīrùn
형 습윤한, 축축한

湿 젖은, 축축한 »» 氵물기가 * 㬎 나타나서 젖다
* 㬎 나타나다, 드러나다 »» 日 해가 뜨자마자 业 일할 것들이 나타난다
润 적시다, 윤이 나다 »» 氵물로 闰 왕이 있는 문을 적셔가며 윤이 나게 닦는 모습

想起过往的种种回忆，他的眼眶湿润了。
지나간 여러 가지 추억을 생각하니 그의 눈시울이 촉촉해졌다.

004 潮湿
cháoshī

형 축축한, 눅눅한

湿 젖은, 축축한 »» 氵 물기가 * 显 나타나서 젖다
* 显 나타나다, 드러나다 »» 日 해가 뜨자마자 业 일할 것들
이 나타난다
潮 흐름, 밀물, 조수 »» 氵 물, 흐르다(뜻 부분) + 朝 아침 조
(음 부분)

> 梅雨季节的时候，空气都变得很潮湿。
> 장마철에는 공기가 매우 습해졌다.

005 干燥
gānzào

형 건조한, 무미건조한

燥 건조하다 »» 火 불이 나서 木 나무 위에 있는 品 물건이
다 타서 물기가 없어, 건조하다
干 gān(음부분) + 燥 건조(단어의 뜻)

> 天气干燥的时候，心情容易烦躁。
> 날씨가 건조할 때, 기분이 쉽게 짜증이 난다.

006 滑
huá

형 반들반들한, 매끈한
동 미끄러지다

氵 물이 몸 骨 뼈대 골을 타고 미끄럽게 흐르는 것 연상

> 冬天的时候，地面结冰后非常的滑。
> 겨울에 땅이 얼면 매우 미끄럽다.

007 飘
piāo

동 바람에 흩날리다, 펄럭이다

飘 바람 부는 모양 »» 票 표(종이 쪼가리)가 风 바람이 불어
서 휘날리는 모양

> 下雪了，雪花在空中轻盈地飘着。
> 눈이 내려 눈송이가 하늘 높이 날리고 있다.

008 地区
dìqū

명 지구, 지역

地 장소 区 구역

> 国家大力扶持贫困地区和边疆地区的发展。
> 국가는 빈곤 지역과 국경 지역의 발전을 적극 지원한다.

009 分布
fēnbù

동 분포하다, 널려 있다

布 펴다 »» 一丿 펴보다, 巾 천 - 천을 펴보는 모습 연상
골고루 分 나뉘어 布 펴지듯 널려 있다

> 中国境内分布着很多岛屿。
> 중국 경계 내에 많은 섬들이 분포하고 있다.

010 平均
píngjūn
형 평균의, 균등한

均 고르다, 균일하다 » 土 흙을 勻 감싸서 丶丶 탕탕 두드려 **고르게 하다**
平 평평 均 균일한

这次数学考试，我们班的平均分是年级第一。
이번 수학 시험에서 우리 반의 평균 점수는 학년 1등이다.

011 天空
tiānkōng
명 하늘

空 비다 » 穴 구멍이 工 만들어져서 비다
天 하늘 텅텅 空 빈

下雨天，天空看起来灰蒙蒙的。
비가 오는 날에는 하늘이 뿌옇게 보인다.

012 彩虹
cǎihóng
명 무지개

彩 색, 모양 » 采 캐온 것을(⺤ 할퀴듯 캐온 木 풀) 참기름을 뿌려 **색**과 彡 **모양**을 내다
虹 무지개 » 비온 뒤, 虫 벌레가 기어나올 때 쯤 工 만들어지는 무지개

雨后的彩虹非常美丽。
비 온 뒤의 무지개는 매우 아름답다.

013 滴
dī
동 한방울씩 떨어지다
명 ~방울
양사 방울(액체방울 세는 양사)

氵물이 뚝뚝 떨어져 * 商 밑동, 뿌리쪽에 **방울방울** 모인 것 연상
* 商 밑동, 뿌리 » 꽃의 모습에서, 꽃 부분은 立 서 있고 冂 그 아래는 古 오래된 뿌리 부분 형상

珍惜水资源人人有责，每一滴水都无比珍贵。
수자원을 소중히 여기는 것은 모든 사람의 책임이며, 매 한 방울도 더없이 소중하다.

014 冻
dòng
동 얼다

冻 얼다 » 冫얼음처럼 차갑게 东 물체가 얼다

他在雪地里站了好久，冻得腿都没有知觉了。
그는 오랫동안 눈밭에 서 있었더니, 얼어서 다리에 감각이 없었다.

015 透明
tòumíng
형 투명한

透 꿰뚫다, 통하다 »» * 秀 빼어난 자들이 辶 가면 통하게 되어 있다
* 秀 빼어나다 »» 禾 벼가 乃 익어 숙인 빼어난 장면의 형상
明 밝다 »» 日 해와 月 달이 있어 **밝다**

> 这块塑料板是透明的。
> 이 플라스틱판은 투명하다.

016 晒
shài
동 햇볕이 내려쬐다, 햇볕에 말리다, 쬐다

동쪽에서 뜬 日 해가 반대편인 西 서쪽을 **내리쬐다**

> 今天出太阳了, 家家户户都在楼顶晒被子。
> 오늘은 해가 나서, 집집마다 옥상에서 이불을 말린다.

017 亮
liàng
형 밝은, 빛나는

亮 밝다 »» 月亮 달 할 때의 亮 - 高 높은 곳에서 几 어떤 밝은 빛이 뿜어져 나오는 것 연상

> 天渐渐暗了下来, 路灯一个接一个亮了起来。
> 날이 점점 어두워지자 가로등이 하나 둘 켜졌다.

018 暗
àn
형 어두운

日 해를 못 보고 音 소리에만 의지하는 시각 장애인의 **어두운** 생활

> 那个房间的采光不好, 所以比较暗。
> 그 방은 채광이 좋지 않아서 비교적 어둡다.

019 影子
yǐngzi
명 그림자

影 그림자 »» 日 해가 京 서울 도시를 비추니, 내리쬔 彡 모양에 **그림자**가 생긴다
影 그림자 + 子 명사화

> 人在阳光之下, 就会有影子。
> 사람은 햇빛 아래 있으면, 그림자가 생긴다.

020 闪电
shǎndiàn
명 번개

闪 번개, 번쩍이다
»» 门 문이 열리네요, 人 그대가 들어오죠~ ♪ (유명 가요 연상) **번쩍하며** 내 눈에 들어오다
闪 번개 + 电 번개(번개가 내리치는 형상)

> 闪电的闪光一瞬间照亮了天空。
> 번개의 섬광이 한순간에 하늘을 환하게 비추었다.

13강 환경, 날씨

021 **雷**
léi
명 천둥, 우레

雷 우레 » 雨 비가 내리며 田 밭으로 우레, 천둥이 치다

外面突然电闪雷鸣，下起了倾盆大雨。
밖에 갑자기 천둥과 번개가 치고 비가 억수같이 쏟아졌다.

022 **雾**
wù
명 안개

雨 비가 휘몰아 치고 夂 간 力 힘이 세서 안개가 생기다

浓雾遮住了太阳。
짙은 안개가 태양을 가렸다.

023 **造成**
zàochéng
동 조성하다, 좋지 않은 상태를 야기하다

造 만들다, 짓다 » 계획대로 告 알려준 대로 일이 진행되어 辶 가게끔 만들다
造 만들어 成 이루다 – 인공적으로 억지로 조성한 것이 좋지 않은 상태를 초래함을 연상

自然灾害会给人类的家园造成很大的损害。
자연재해는 인류의 고향에 큰 피해를 줄 수 있다.

024 **燃烧**
ránshāo
동 연소하다, 타오르다

燃 불타다 » 火 불(뜻부분) + 然 연(음부분)
烧 불사르다, 타다 » 火 불이 尧 높이 타다

老师就像蜡烛，默默燃烧自己，点亮我们未来前进的道路。
선생님은 촛불처럼 묵묵히 자신을 불태우며 우리의 앞으로 나아갈 길을 밝혀주셨다.

025 **着火**
zháohuǒ
동 불이 나다

着 붙다 » 양이 달아날까 羊 양에게서 目 눈을 떼지 않고 착 붙인 모습
着 붙다 火 불이

大楼着火了。
건물에 불이 났다.

026 **火柴**
huǒchái
명 성냥

柴 땔나무 » 此 이 木 나무를 땔나무로 쓰겠다
火 불이 붙는 柴 땔나무 조각 - 성냥

小明在火柴盒上快速地擦了几下火柴就着了。
샤오밍은 성냥갑에 성냥을 몇 번 빠르게 그어 붙였다.

027 破坏 pòhuài
- 동 파괴하다, 훼손시키다, 타파하다

破 깨뜨리다, 부수다 ≫ 石 돌의 皮 껍질 부분을 **깨뜨리다**
坏 나쁘다 ≫ 土 흙이 不 아니 쓰게 될 정도로 **나쁘다**
破 부수다 坏 나쁘게 될 정도로 - 훼손시키다

> 海啸对都市建筑造成了巨大的破坏。
> 쓰나미는 도시 건축에 막대한 피해를 입혔다.

028 存在 cúnzài
- 동 존재하다

存 있다, 존재하다 ≫ 一 한 亻 인간은 누군가의 子 자식으로 **존재한다**
在 있다, 존재하다 ≫ 一 한 亻 인간이 土 땅 위에 **존재하다**

> 任何事物都存在两面性。
> 어떤 사물에도 양면성이 존재한다.

029 必要 bìyào
- 형 필요한, 없어서는 안 되는

必 필 要 요

> 做任何决定之前，思考做了这件事后带来的后果是否能承担是有必要的。
> 어떤 결정을 내리기 전에, 이것을 한 후에 오는 결과를 감당할 수 있는지 생각해 볼 필요가 있다.

030 灾害 zāihài
- 명 재해

灾 재앙 ≫ 宀 집 안에 火 불이 나는 재앙
害 해 ≫ 宀 집에 丰 많은 口 구멍이 있으면 해가 된다

> 地震、海啸、洪水都属于自然灾害。
> 지진, 쓰나미, 홍수는 모두 자연재해에 속한다.

031 地震 dìzhèn
- 명 지진

震 우레, 벼락, 진동 ≫ 雨 비가 辰 별처럼 많이 내리면서 우르릉 쾅 **벼락**과 **진동**이 느껴지다
地 땅의 震 진동

> 强烈的地震使街巷变成一片废墟。
> 강렬한 지진은 거리를 폐허로 만들었다.

032 能源 néngyuán
- 명 에너지원

源 근원 ≫ 氵 물은 많은 것의 原 근원이다
어떠한 것을 能 능히 해줄 수 있게 해주는 源 근원 - 에너지원

> 新能源车既环保又能节约燃油能源。
> 신에너지차는 친환경적일 뿐만 아니라 연료 에너지도 절약할 수 있다.

033 资源
zīyuán
명 자원

资 재물, 밑천, 바탕 »» 次 차례고, 몇 번이고 贝 재물은 가져야 한다
源 근원 »» 氵물은 많은 것의 原 근원이다
资 재물을 만들 수 있게 해주는 源 근원 – 자원

> 目前自然资源中，水资源是最宝贵的。
> 현재 천연 자원 중에서 수자원이 가장 귀중하다.

034 成分
chéngfèn
명 성분, 요소, 출신계급

成 이루어진 것을 分 나누고 있는 성분, 요소

> 这款乳液的主打成分是透明质酸。
> 이 로션의 주요 성분은 히알루론산이다.

035 性质
xìngzhì
명 성질, 성격

质 본질 »» 厂 공장은 十 더한다(만든다) 贝 물질(재물)을 - 공장의 본질
性 성 질 질

> 他的工作性质使得他总是出差。
> 그의 업무 성격은 항상 출장을 가게 한다.

036 物质
wùzhì
명 물질

物 물 质 질

> 这种化学物质对人体有很大的伤害。
> 이런 화학 물질은 인체에 매우 큰 해를 끼친다.

037 煤炭
méitàn
명 석탄

煤 그을음, 석탄 »» 火 불이 나고 某(아무 모) 모종의 그을음이 나다
炭 석탄 »» 山 산 밑에 十 많이 묻힌 火 불타기 쉬운 석탄

> 煤炭是一种主要能源。
> 석탄은 주요 에너지원이다.

038 钢铁
gāngtiě
명 강철

钢 강철 »» 钅쇠인데 冈 그물망처럼 잘 결합이 되는 강철
铁 쇠, 철, 무기 »» 钅철은 본래의 모습을 失 잃고 가공되어 무기 등등으로 쓰였다

> 奶奶家的防盗门是用钢铁制成的。
> 할머니 집의 방범문은 강철로 만들어졌다.

039 **汽油**
qìyóu
명 휘발유, 가솔린

汽 기체로 날아가는 油 기름

最近汽油的价格涨了。
최근에 휘발유 가격이 올랐다.

040 **金属**
jīnshǔ
명 금속

属 무리, 속하다 »» 尸 주검 시체에 丿 한 무리의 虫 벌레들이 冂 둘러싸, 무리를 짓고 있다
金 금, 쇠에 属 속해진 것

金子是金属的一种。
금은 금속의 일종이다.

041 **石头**
shítou
명 돌

石 돌 + 头 양사

小溪边有很多奇形怪状的石头。
개울가에 기괴한 모양의 돌들이 많이 있다.

042 **玻璃**
bōli
명 유리

玻 유리 »» 王 옥의 皮 겉껍질 표면은 유리같다
璃 유리 »» 王 옥(뜻부분) + 离 떠날 리(음부분)
* 离 떠나다 »» 亠 머리에 凶 흉한 内 짐승 발자국 흉터가 있어 떠나다

这款玻璃有隔热功能。
이 유리는 단열 기능이 있다.

043 **木头**
mùtou
명 목재, 나무

木 나무 + 头 명사화

木头会漂浮在水面上。
나무는 물 위에 떠 있을 것이다.

14강 시간

001 日期 rìqī
명 날짜, 기간

日 날 + 期 기간

请在合同下填写今天的日期并签字。
계약서에 오늘 날짜를 기입하고 서명해 주세요.

002 日子 rìzi
명 날짜, 시간, 기간, 생활, 살림

日 날 + 子 명사화

他们两夫妻的日子过得非常幸福美满。
그들 두 부부의 나날은 매우 행복하고 원만하다.

003 如今 rújīn
명 지금, 오늘날

如 ~와 같다 今 지금

如今我也有了自己的一番事业。
이제 나도 내 사업이 있다.

004 目前 mùqián
명 지금, 현재

目 눈 前 앞의 지금

到目前为止，这场比赛还没有分出胜负。
지금까지 이 경기는 아직 승부가 나지 않았다.

005 至今 zhìjīn
부 지금까지, 여태껏

至 이르다 今 지금

至今没有找到当初走失的小猫。
처음에 잃어버린 고양이를 아직 찾지 못했다.

006 平常 píngcháng
명 평소, 평상시
형 평범한, 일반적인

平 평 常 상

你平常看小说吗？
당신은 평소에 소설을 읽습니까?

007 时期
shíqī
명 시기, 때

时 시 期 기

学生时期的我性格非常的内向。
학창시절의 나는 매우 내성적인 성격이었다.

008 期间
qījiān
명 기간

期 기 间 간

暑假期间，我在电影院找了一份兼职。
여름 방학 동안 나는 영화관에서 아르바이트를 구했다.

009 时刻
shíkè
명 시각, 때
부 시시각각, 늘

刻 새기다 》》 亥 돼지고기에 刂 칼로 등급을 새기는 모습 연상
时 시간의 흐름이 刻 새겨진 시각

关键时刻
결정적인 순간

010 日历
rìlì
명 일력(달력)

历 지나다, 경과하다, 세월 보내다
》》 厂 공장에서 力 힘들게 수작업한 세월이 지나가다(기계대체)
日 날이 历 지나감을 보는 일력

撕下一张日历
달력 한 장을 떼다

011 元旦
yuándàn
명 양력 설날

旦 아침 》》 日 해가 一 지평선에서 떠오르는 모습 연상
양력 1월 1일의 아침이니, 元 으뜸인 旦 아침이라고 할 수 있다

元旦是新年的第一天。
설날은 새해 첫날이다.

012 除夕
chúxī
명 섣달 그믐날 밤, 제야

除 없애다 》》 阝 막아서 余 남은 것들을 제거하다
除 없애다 夕 밤 – 음력기준으로 한 해의 마지막 밤=섣달 그믐날

除夕夜，我和朋友一起放了烟花。
섣달 그믐날 밤에 나는 친구와 함께 불꽃놀이를 했다.

013 国庆节
guóqìngjié
명 국경절(개국 기념일)

庆 경사, 축하하다 ≫ 广 집의 大 큰 경사가 생겨 축하하다
节 마디 ≫ ⺾ 풀 마디마디의 형상
国 나라의 庆 경사라서 节 마디처럼 나눠 날로 기리다

> 国庆节是中国的法定节假日之一。
> 국경일은 중국의 법정 공휴일 중의 하나다.

014 中旬
zhōngxún
명 중순

旬 순(한달을 셋으로 나눈 열흘동안) ≫ 日 날을 勹 싸서 열
흘 단위로 하다
한 달 중에서 中 가운데 旬 열흘

> 6月中旬我就要毕业了。
> 6월 중순이면 나는 졸업할 것이다.

015 傍晚
bàngwǎn
명 저녁 무렵, 해질 무렵

傍 접근하다, 곁 ≫ 亻 사람이 立 서서 어느 方 방향으로 가기
위해 접근하다
晚 저녁, 해 저물다 ≫ 日 해가 免 벗어나는 상황 – 저녁

> 我和朋友约好了，傍晚去看电影。
> 나는 저녁에 영화를 보러 가기로 친구와 약속했다.

016 时差
shíchā
명 시차

时 시간의 差 차이

> 我的男朋友在美国读书，他和我有时差。
> 내 남자친구는 미국에서 공부하는데 그와 나는 시차가 있다.

017 夜
yè
명 밤

亠 머리에 갓을 쓴 亻 사람들이 夕 + 夂 - 夕 저녁이 되면 집
으로 夂 걸어간다

> 夜已经深了，家家户户都关上了灯。
> 밤이 이미 깊어, 집집마다 불을 껐다.

018 迟早
chízǎo
부 조만간

迟 더디다, 늦다 ≫ 尸 몸을 乀 구부리고 辶 가면 늦어진다
迟 늦든 早 이르든 조만간

> 这件事迟早会暴露的。
> 이 일은 조만간 폭로될 것이다.

019 始终
shǐzhōng
- 부 한결같이, 줄곧
- 명 처음과 끝, 시종

始 시작, 시초
终 끝내다, 마치다 ›› 糸 실 + 冬 새끼줄 양 끝에 **매듭을 묶어** 줄이 풀리지 않게 일을 마무리해서 **끝내다**, 마치다

他始终沉迷于过去。
그는 시종 과거에 빠진다.

020 日常
rìcháng
- 형 일상의, 일상적인

日 일 常 상

衣服鞋子是我们日常生活的必需品。
옷과 신발은 우리 일상생활의 필수품이다.

021 最初
zuìchū
- 명 최초, 처음

最 최 初 초

感染新冠后，最初的几天会有发烧的现象。
코로나에 감염되면 처음 며칠 동안은 열이 나는 현상이 있다.

022 缩短
suōduǎn
- 동 줄이다, 단축하다

缩 줄어들다 ›› 糸 실이 쓰임이 없고 집에서 * 宿 묵고만 있으면 소득이 **줄어든다**
* 宿 묵다, 숙박하다 ›› 宀 집에서 亻사람이 百 백일간 머무르다
缩 줄어들고 短 짧아지다

我努力学习，希望能缩短和第一名的差距。
나는 열심히 공부해서 1등과의 격차를 줄였으면 좋겠다.

023 持续
chíxù
- 동 지속하다

持 가지다, 잡다 ›› 扌손 + 寺 절(불심)을 가지다
续 잇다 ›› 糸 실을 卖 팔려면, 길게 **이어** 만들어야 한다

他的高烧持续了2天，现在情况还是不太好。
그의 고열은 이틀째 계속되고 있지만, 아직 상황은 좋지 않다.

024 延长
yáncháng
- 동 연장하다

延 끌다, 늘이다 ›› 廴 걷는다 丿 길게 止 발을 늘이며 - 길게 걸으며 늘이듯 하다
延 늘인다 长 길게

我和公司的劳动合同期限又延长了3年。
나는 회사와 근로 계약 기간을 3년 더 연장했다.

025 度过
dùguò
동 보내다, 지내다

어떠한 度 정도, 단위를 过 지나다

我和朋友度过了一个非常开心的一天。
나는 친구와 매우 즐거운 하루를 보냈다.

026 利用
lìyòng
동 이용하다

利 날카롭다, 이익 ≫ 禾 벼를 베려면 刂 칼이 날카로워야 한다, 벼를 많이 베어야 이득이다
利 이익을 위해 用 사용하다

我平时会利用课余时间学习韩语。
나는 평소에 방과 후 시간을 이용하여 한국어를 공부한다.

027 爱惜
àixī
동 소중히 여기다, 아끼다

惜 아끼다 ≫ 忄 마음으로 昔 옛날 추억을 아끼는 모습 연상
爱 사랑하고 惜 아끼다

我们要爱惜粮食。
우리는 식량을 아껴야 한다.

028 珍惜
zhēnxī
동 소중히 여기다, 아끼다

珍 보배, 귀중한 ≫ 王 옥을 人 사람이 彡 털로 먼지를 잘 털어가며 귀중하게 여기다
惜 아끼다 ≫ 忄 마음으로 昔 옛날 추억을 아끼는 모습 연상

我非常珍惜这段感情。
나는 이 감정을 매우 소중히 여긴다.

029 尺子
chǐzi
명 자, 잣대, 척도

尺(척 – 길이단위) + 명사화

可以借我一把尺子吗?
자 좀 빌릴 수 있을까요?

030 阵
zhèn
양사 ~차례, ~바탕

양사는 되도록 예문을 통해 어감으로 외우기

我的肚子一阵一阵痛。
배가 울컥울컥 아프다.

031 自从
zìcóng
개사 ~에서, ~부터

어떠한 自 주체 从 로부터

自从他离开了这家公司后就很少和我联系了。
그는 이 회사를 떠난 이후로 나와 연락을 거의 하지 않았다.

032 趁
chèn
개사 ~을 이용하여, ~을 틈타

趁 쫓다, 따르다 »» 走 달려서 人 사람의 머리 彡 털을 잡으려 쫓다
쫓는 것을 이용하여, 틈타서 ~를 하려고 한다

他趁我不在房间偷偷拿走了我的手机。
그는 내가 방에 없는 틈을 타서 몰래 내 핸드폰을 가져갔다.

033 匆忙
cōngmáng
형 매우 바쁜

匆 바쁜, 급한 »» 자리에 勿 없음을 、 그어서 표시해 바쁨을 나타냄
忙 바쁘다 »» 忄마음이 亡 망할 것같이 바쁘다

他匆忙地跑过来, 气喘吁吁的。
그는 황급히 뛰어와서 헐떡거렸다.

034 急忙
jímáng
부 급히, 바삐

急 급히 忙 바쁜

早上睡过头了, 我急忙打车去了公司。
아침에 늦잠을 자서 나는 급히 택시를 타고 회사에 갔다.

035 连忙
liánmáng
부 재빨리, 얼른

连 잇다 »» 车 차가 굴러 辶 가는 것처럼 잇다
连 이어서 忙 바쁘게

下班时间到了, 我连忙把我的办公桌收拾干净。
퇴근 시간이 되어서 나는 서둘러 내 책상을 깨끗이 치웠다.

036 从此
cóngcǐ
부 이후로, 이로부터

从 ~부터 此 이것, 이

从此以后, 我们要更努力学习。
이제부터 우리는 더 열심히 공부해야 한다.

037 立刻
lìkè

부 즉시, 곧

刻 새기다 » 亥 돼지고기에 刂 칼로 등급을 새기는 모습 연상
바로 立 서서 행동을 절도 있게 칼로 刻 새기듯 즉시

> 他吃了虾以后，因为对虾过敏，脸上立刻红了起来。
> 그는 새우를 먹은 후 알레르기가 있어서 얼굴이 금새 빨개졌다.

038 立即
lìjí

부 곧, 즉시

即 바로, 곧 » 艮 멈춰 卩 꿇은 이것은 바로, 곧 끝날 것이다
바로 立 서서 即 곧

> 饭后立即做运动会对身体造成损伤。
> 식후 바로 운동하면 몸에 손상을 줄 수 있다.

039 赶快
gǎnkuài

부 빨리, 어서

赶 쫓다, 뒤따르다, 서두르다 » 走 달린다 干 방패를 들고 쫓다
　　　　　　　　　　　　　　　(군인들의 서두르는 모습 연상)
快 빠르다

> 大巴马上就要发车了，请大家赶快上车。
> 버스가 곧 출발할 것이니 여러분 빨리 차에 타세요.

040 赶紧
gǎnjǐn

부 서둘러, 재빨리, 황급히

赶 쫓다, 뒤따르다, 서두르다 » 走 달린다 干 방패를 들고 쫓다
　　　　　　　　　　　　　　　(군인들의 서두르는 모습 연상)
紧 팽팽한, 요긴한(꼭 필요한)
» 刂 칼을 又 손에 쥐고 糸 실을 팽팽히 잡고 끊어 요긴하게 쓰다

> 你辛苦工作了一天了，赶紧休息吧。
> 하루 종일 수고하셨으니, 빨리 쉬세요.

041 尽快
jǐnkuài

부 되도록 빨리

尽 다하다, 극에 달하다 » 尸 몸을 乀 구부리고 丶 땀 흘리고 丶 땀 흘려 극에 달하다
尽 극에 달하다 + 快 빨리

> 看到消息后请尽快给我答复。
> 소식 보시고 빠른 답변 부탁드립니다.

042 抓紧
zhuājǐn

동 서둘러하다, 단단히 잡다

抓 꽉 쥐다 》 扌손과 爪 손톱을 이용해 **꽉 쥐다**
紧 팽팽한, 요긴한(꼭 필요한)
》 刂 칼을 又 손에 쥐고 糹 실을 **팽팽히** 잡고 끊어 **요긴하게** 쓰다

> 明天就要考试了，现在必须抓紧时间复习。
> 내일이 시험이라 지금 서둘러서 복습해야 한다.

043 曾经
céngjīng

부 일찍이, 이미

曾 거듭, 일찍이, 이미 》 丶 침 튀기고, 丶 침 튀기고 口 입 丨 사이로 丶丶 침 튀겨가며 같은 말을 **거듭, 일찍이** 曰 **말하다**
经 지나다, 다스리다 》 糹 실이 베틀을 巠 물줄기처럼 **지나는** 모습

> 曾经我和他的关系非常亲密。
> 일찍이 나와 그의 관계는 매우 친밀했다.

044 事先
shìxiān

명 일이 발생하기 전, 미리

事 일의 발생의 先 앞선 것

> 这件事我们俩事先没有商量过。
> 이 일은 우리 둘이 사전에 상의한 적이 없다.

045 从前
cóngqián

명 종전, 이전

从 종 前 전

> 我从前特别不喜欢独处。
> 나는 예전에 혼자 있는 것을 특히 싫어했다.

15강 취업, 고용

001 学历
xuélì
명 학력

历 지나다, 경과하다, 세월 보내다 »» 厂 공장에서 力 힘들게 수작업한 세월이 지나가다(기계대체)
学 배움이 어디까지 历 경과했는지 나타난 학력

> 学历限制
> 학력제한

002 简历
jiǎnlì
명 약력, 이력서

简 대쪽, 간략 »» ⺮ 대나무 间 사이에서 간단히 쪽잠 자는 모습, 簡 = 简 간단할 간 간화
历 지나다, 경과하다, 세월 보내다 »» 厂 공장에서 力 힘들게 수작업한 세월이 지나가다(기계대체)
简 간략하게 历 세월 보낸 것 보여주는 약력

> 他向那家公司投了简历。
> 그는 그 회사에 이력서를 보냈다.

003 证件
zhèngjiàn
명 증명서

证 증명하다, 증거 »» 讠말로 正 바르게 증명하다
证 증거 + 件 접미사

> 请出示您的身份证件。
> 신분증 좀 보여주세요.

004 资格
zīgé
명 자격

资 재물, 밑천, 바탕 »» 次 차례고, 몇 번이고 贝 재물은 가져야 한다
格 격 »» 木 나무는 各 각각 제각기 格 격이 다르다
어느 정도의 资 재물을 받을만한 格 격이 있는지 – 자격

> 他考取了医师资格证书。
> 그는 의사 자격증을 땄다.

005 执照
zhízhào

명 면허증, 허가증, 인가증

执 잡다 ▶ 扌손으로 丸 알을(九 구미호가 丶 점찍은 구슬, 알, 환) **집다**
照 비추다 ▶ 日 해처럼, 刀 칼과, 口(여기서는)**보석**이나 **거울**은 灬 **불**빛 더 받으면 **비출** 수 있다
자격을 执 잡아서, 남들에게 자격이 있음을 照 비출 수 있는 허가증

> 店铺营业前需要有营业执照。
> 가게를 운영하기 전에 사업자등록증이 있어야 한다.

006 推荐
tuījiàn

동 추천하다

推 밀다, 추진시키다 ▶ 扌손을 隹 새를 잡기 위해 밀어 **뻗다, 추진시키다**
荐 추천하다 ▶ 특별한 艹 약초(풀) * 存 있다고 **추천**하다
* 存 있다, 존재하다 ▶ 一 한 亻인간은 누군가의 子 자식으로 **존재한다**

> 可以给我推荐几部最近人气比较高的电视剧吗？
> 요즘 인기 있는 드라마 몇 개 추천해 주시겠어요?

007 青春
qīngchūn

명 청춘, 젊은 나이

青 푸르른 春 봄 – 청춘을 봄날에 비유

> 每个人的青春都是有限的。
> 모든 사람의 청춘은 한계가 있다.

008 明确
míngquè

형 명확한
동 명확하게 하다

明 밝다 ▶ 日 해와 月 달이 있어 **밝다**
确 굳다, 단단하다, 정확한 ▶ 石 돌처럼 角 뿔이 단단하게 굳어 있다

> 明确学习目标
> 학습 목표를 명확하게 하다

009 明显
míngxiǎn

형 뚜렷한, 분명한

明 밝다 ▶ 日 해와 月 달이 있어 **밝다**
显 나타나다, 드러나다 ▶ 日 해가 뜨자마자 业 일할 것들이 **나타난다**

> 他看着她的脸，那满眼的爱意十分明显。
> 그는 그녀의 얼굴을 보고 있는데, 그 온 눈에 사랑이 매우 뚜렷하다.

15강 취업, 고용

010 目标
mùbiāo
명 목표, 표적, 목표물

标 표시하다 ≫ 무슨 종류의 **木** 나무인지 잘 **示** 보이게 표시하다
目 목 标 표

我的下一个目标就是取得英语翻译证书。
나의 다음 목표는 영어 번역 자격증을 따는 것이다.

011 追求
zhuīqiú
동 추구하다, 탐구하다, 구애하다

追 쫓다 ≫ **阜** 언덕을 따라 **쫓아辶** 가다
求 구하다, 모으다 ≫ **一** 하나라도 우물 같은 **氺** 물 **丶** 구멍이 있나 **구하다**

他在努力追求自己喜欢的女孩。
그는 자신이 좋아하는 여자를 따라다니며 구애하고 있다.

012 精力
jīnglì
명 정력

精 우수한, 정성스런, 깨끗한 ≫ **米** 쌀을 **青** 푸르게, **정성**스럽게 키워내 **우수**하게 하다
精 정 力 력

上班实在是太忙了，我实在没有精力顾别的事情。
출근이 너무 바빠서 다른 일을 돌볼 여력이 없다.

013 奋斗
fèndòu
동 분투하다

奋 명성을 널리 드날리다, 떨치다, 힘쓰다
≫ **大** 큰 **田** 밭을 가졌다고 **명성이 자자**하다
奋 분 斗 투

年轻的时候就应该努力奋斗，争取成为一个更好的自己。
젊었을 때는 더 나은 자신이 되기 위해 열심히 분투해야 한다.

014 勇气
yǒngqì
명 용기

勇 날래다, 용감 ≫ **龴丶** 길이, **用** 유용하게 나 있는데 **力** 힘을 써서 **용감**하게 길을 가다
勇 용감한 气 기운

鼓起勇气
용기를 내다

015 尽力
jìnlì
[동] 온 힘을 다하다

尽 다하다, 극에 달하다 »» 尸 몸을 乀 구부리고 丶 땀 흘리고 丶 땀 흘려 **극에 달하다**
尽 다하다 力 힘을

> 他是个十分有责任心的人，任何事情他都会尽心尽力地去完成。
> 그는 매우 책임감이 있는 사람이라 무슨 일이든 최선을 다해 완성할 것이다.

016 发挥
fāhuī
[동] 발휘하다, 충분히 표현하다

挥 휘두르다 »» 扌손으로 军 군사를 **휘두르다**
发 쏘듯이 挥 휘두르다

> 希望你进入公司后，可以发挥你的特长创造价值。
> 입사 후 당신의 특기를 발휘하여 가치를 창출할 수 있기를 바랍니다.

017 盼望
pànwàng
[동] 간절히 바라다

盼 눈이 예쁘다, 바라다 »» 目 눈을 예쁘게하려고 눈꺼풀을 分 나누는 쌍커풀수술을 **바라다**
望 바라다 »» 나라가 亡 망하지 않기 위해 月 달을 보고, 소원을 빌며 **기대하고 바라는** 王 왕

> 我盼望着这一天的到来。
> 나는 이날이 오기를 바라고 있다.

018 刻苦
kèkǔ
[형] 고생을 참아내는, 몹시 애쓰는

刻 새기다 »» 亥 돼지고기에 刂 칼로 등급을 **새기는** 모습 연상
刻 새기다 苦 고통 – 고통을 새겨가며 고생을 참아내고 애쓰는

> 刻苦攻读
> 주경야독

019 愿望
yuànwàng
[명] 희망, 소망

愿 원하다 »» 原 근본적으로 心 마음에서 **원하는** 게 있다
望 바라다 »» 나라가 亡 망하지 않기 위해 月 달을 보고, 소원을 빌며 **기대하고 바라는** 王 왕

> 你的生日愿望是什么？
> 당신의 생일 소원은 무엇입니까?

15강 취업, 고용

020 运气
yùnqi
명 운, 운세

运 돌다, 옮기다, 운반하다 » 云 구름이 하늘에서 옮겨 가듯 돌며 辶 가다
运 돌다 气 기가 – 운, 운세 기운은 항상 돌면서 변한다

> 今天的运气太差了，刚出门就摔了一跤。
> 오늘 운이 너무 나빠서 막 문을 나서자마자 넘어졌다.

021 命运
mìngyùn
명 운명

命 목숨
运 돌다, 옮기다, 운반하다 » 云 구름이 하늘에서 옮겨 가듯 돌며 辶 가다
命 목숨 运 돌다 – 운명은 상황에 따라서 바뀐다

> 没有人能预知自己的命运。
> 자신의 운명을 예지할 수 있는 사람은 없다.

022 幸运
xìngyùn
명 행운

幸 행복
运 돌다, 옮기다, 운반하다 » 云 구름이 하늘에서 옮겨 가듯 돌며 辶 가다

> 他很幸运地抽中了本次活动的一等奖。
> 그는 운 좋게도 이번 행사의 일등상을 뽑았습니다.

023 实现
shíxiàn
동 실현하다, 달성하다

实 실제로 现 나타나도록 실현하다

> 他终于实现了自己想参加一次马拉松的愿望。
> 그는 마침내 마라톤에 한 번 참가하고 싶은 소원을 이루었다.

024 幻想
huànxiǎng
명 환상, 공상

幻 헛보이다 » 幺 작은 망상들만이 ㄱ 걸려 헛보이다
幻 헛보이는 想 생각

> 他幻想自己可以一夜之间成为富豪。
> 그는 하루아침에 부자가 될 수 있다는 환상을 가지고 있다.

025 梦想
mèngxiǎng
명 꿈, 몽상
동 몽상하다, 망상에 빠지다

梦 꿈 » 깊은 林 숲속으로 빠져드는 것처럼 夕 밤에 꾸는 꿈
梦 몽 想 상

> 他的梦想是成为一名数学家。
> 그의 꿈은 수학자가 되는 것이다.

026 未来
wèilái
- 명 미래
- 형 머지않은

未 아직 아니 来 오다 – 오지 않은 미래

> 他希望未来可以拥有一个幸福美满的家庭。
> 그는 미래에 행복하고 원만한 가정을 가질 수 있기를 바란다.

027 前途
qiántú
- 명 앞길, 전망

途 길, 도로 »» 余 내가 辶 가는 길
前 앞에 놓인 途 길 – 앞길

> 他刚步入社会，觉得前途一片暗淡。
> 그는 막 사회에 진출하여 앞길이 암담하다고 느꼈다.

028 因素
yīnsù
- 명 요소, 요인

素 바탕 因 원인, 말미암다

> 这个环节是实验能否成功的决定因素。
> 이 단계는 실험의 성공 여부를 결정하는 요소입니다.

029 本领
běnlǐng
- 명 능력, 재능

领 거느리다 »» 令 명령하는 页 머리 - 우두머리가 거느리다
本 본래 자신이 领 거느릴 수 있는 능력, 재능

> 学生最重要的就是好好学习知识，掌握本领。
> 학생들에게 가장 중요한 것은 지식을 잘 배우고 재능을 습득하는 것이다.

030 优势
yōushì
- 명 우세, 우위

优 우수하다 »» 亻사람이 尤 더욱더 힘을 들이면 잘하게 된다
势 형세, 기세 »» 扌손으로 丸알(九 구미호가 丶 찍어 놓은 구슬)을 잡아, 力 힘이 생기다

> 你觉得你的优势和劣势分别是什么？
> 당신은 당신의 강점과 약점이 각각 무엇이라고 생각합니까?

031 寻找
xúnzhǎo
- 동 찾다, 구하다

彐 찾다 »» 크 오른손으로, 寸 마디마디 구석구석 찾아보다
彐 찾다 找 찾다

> 他一直在寻找一个和自己灵魂契合的伴侣。
> 그는 줄곧 자신의 영혼과 잘 맞는 짝을 찾고 있다.

15강 취업, 고용

032 掌握
zhǎngwò
동 장악하다, 파악하다

掌 손바닥, 손바닥으로 치다 ≫ 尚 숭상 (丶丶 높이 向 향하는 것을 숭상하다) 하는 것을 향해 手 손(바닥)으로 박수치다
握 쥐다 ≫ 扌손으로 내 * 屋 집 마련하기 위해 결심하며 꽉 쥐는 모습 연상
* 屋 집 ≫ 尸 몸이 至 이르러 오는 집

> 我掌握了这个知识点。
> 나는 이 지식을 터득했다.

033 把握
bǎwò
동 장악하다, 잡다

把 잡다 ≫ 扌손으로 巴 뱀 꼬리를 잡다
握 쥐다 ≫ 扌손으로 내 * 屋 집 마련하기 위해 결심하며 꽉 쥐는 모습 연상
* 屋 집 ≫ 尸 몸이 至 이르러 오는 집

> 把握机会
> 기회를 잡다

034 具备
jùbèi
동 갖추다, 구비하다

具 갖추다
备 갖추다 ≫ 夂 걸으며 토양을 연결해, 田 밭의 형태를 갖추다

> 你觉得一个优秀的企业领导人需要具备什么能力？
> 당신은 우수한 기업 지도자가 어떤 능력을 갖추어야 한다고 생각합니까?

035 挑战
tiǎozhàn
명 도전
동 도전하다

挑 파내다, 가리다, 돋우다 ≫ 扌손으로 * 兆 점괘를 보고 미리 가리고 파내다
* 兆 점괘, 조짐 ≫ 兆 거북이 배딱지의 형상으로 점을 치다
战 싸움, 전쟁 ≫ 한 占 지점에 깃발 꽂고 차지하기 위해 戈 창을 들고 싸우는 전쟁

> 我向这一届比赛的冠军发起了挑战。
> 나는 이번 대회의 우승에 도전했다.

036 **提问** tíwèn
동 질문하다

提 제시, 던지다 ≫ 扌손으로 是 맞다고 하는 것 제시하다
提 제시해 问 묻다

> 有任何不懂的问题都可以通过邮件向我提问,
> 我会在空余时间一一回复。
> 모르는 것이 있으면 제게 메일로 질문해 주시면 여유시간에
> 하나씩 답변드리겠습니다.

037 **挣** zhèng
동 필사적으로 애쓰다, 노력하여 얻다

扌손으로 争 싸우듯 필사적으로 애쓰다

> 每个人挣钱都不容易。
> 모든 사람은 돈을 버는 것이 쉽지 않다.

038 **打工** dǎgōng
동 아르바이트하다

打 손으로 하는 모든 행동
打 손을 써서 工 일하는 아르바이트

> 他会在周末的时候去咖啡店打工。
> 그는 주말에 커피숍에 가서 아르바이트를 한다.

039 **实习** shíxí
동 실습하다

实 튼튼하다, 씨, 열매 ≫ 열매 실 實 - 实 간화
习 익힐 습

> 我下周开始就要去公司实习了。
> 나는 다음 주부터 회사에 인턴을 하러 간다.

040 **及格** jígé
동 합격하다

及 이르다
格 격 ≫ 木 나무는 各 각각 제각기 格 격이 다르다
及 이르다, 어떠한 格 격, 자격에 – 합격

> 及格分数
> 합격점수

15강 취업, 고용

041 **录取**
lùqǔ

[동] 채용하다, 고용하다, 뽑다

录 기록하다 ≫ **ㅋ 손, 氺 물** - 염료를 탄 물을 **손**(붓)에 찍어서 **기록하다**

직원 명부에 录 기록하여, 인재를 取 가지다

> 他被北京大学计算机专业录取了。
> 그는 북경대학교 컴퓨터학과에 합격했다.

042 **收获**
shōuhuò

[동] 수확하다, 거두다
[명] 수확, 소득

收 거두다 ≫ **丩 얽힌 것을**(줄이 얽혔다 연상) 잘 **攵 쳐서** 풀어 **거두다, 모으다**

获 얻다, 붙잡다 ≫ **艹 풀밭**에서 놀던 **犭, 犬 개들을 붙잡다**

> 只要付出就会有收获。
> 베풀기만 하면 얻는 것이 있다.

16강 회사, 업무

001 **从事**
cóngshì
동 ~에 종사하다, 일하다

从 좇다, 따르다 ≫ 人人 사람들이 따르는 모습
从 좇다 事 일을 – 종사하다

你是从事什么行业的？
당신은 어떤 업종에 종사하십니까?

002 **业务**
yèwù
명 업무

务 힘쓰다 ≫ 夂 걸으며 力 힘써 일하다
业 일 务 힘쓰다 – 힘써 일해야 하는 업무

他的业务能力非常出色。
그의 업무 능력은 매우 뛰어난다.

003 **担任**
dānrèn
동 담당하다, 맡다

担 메다, 떠맡다, 짐 ≫ 扌손으로 日 날마다 一 한 가지 이상의 짐을 떠맡다
任 맡다 ≫ 亻사람이 壬 짊어져서 맡다

就由他来担任这次文艺汇演的主持人吧！
그가 이번 문예 공연의 사회를 맡도록 합시다!

004 **兼职**
jiānzhí
명 겸직
동 겸직하다

兼 겸하다 ≫ 禾禾 벼 가지 2개를, 크 오른손에 쥐고 있는 모습
职 직분, 벼슬 ≫ 耳 귀와 (口 입을) 只 오로지 회사를 위해 쓰다(다른 회사가 아닌 내 회사)

我找了一份英语家教的兼职。
나는 영어 과외 겸직자리를 구했다.

005 出席
chūxí
동 출석하다

席 자리 » 广 집에서 廿 많은 손님이 앉을 수 있도록 巾 천 쿠션을 깔아 **자리**를 만들다
出 출 席 석

> 希望老师您可以出席我们学校举办的活动。
> 선생님께서는 우리 학교에서 실시하는 행사에 참석해 주시기 바랍니다.

006 报到
bàodào
동 도착보고하다

报 알리다 » 扌손을 가지런히 하고 卩 무릎을 꿇어 又 손에 있는 상소를 전달하고, **알리다**
报 알리다 到 도착했다고

> 请各位同学下周一下午一点来学校报道。
> 학생들은 다음 주 월요일 오후 1시에 학교에 와서 보도해 주세요.

007 报告
bàogào
동 보고하다
명 보고서

报 알리다 » 扌손을 가지런히 하고 卩 무릎을 꿇어 又 손에 있는 상소를 전달하고, **알리다**
报 알리다 告 고하다

> 报告老师，我因为来的路上堵车所以迟到了。
> 보고드립니다 선생님, 제가 오는 길에 차가 막혀서 늦었습니다.

008 转告
zhuǎngào
동 말을 전달하다

转 구르다, 회전하다 » 车 수레는 专 오로지 **구른다**
정보가 转 굴러 가도록 告 고하다

> 麻烦你帮我转告他，明天的聚会我参加不了了。
> 수고스럽지만 내일 모임에 저는 참석하지 못한다고 그에게 전해 주세요.

009 细节
xìjié
명 세부사항

细 가늘다 » 纟실은 실 안에서도 田 밭처럼 **촘촘하게, 가느다랗게** 이루어져 있다
细 가는 节 마디마디

> 他是一位非常注重细节的人。
> 그는 디테일을 매우 중시하는 사람이다.

010 方案
fāng'àn
- 명 방안, 계획

案 책상, 안건 생각 » 安 편안하게 木 나무로 만든 책상 앞에서 안건을 생각하다
方 방 案 안

> 这个项目的方案可执行性高吗？
> 이 프로젝트의 방안은 실행 가능성이 높습니까？

011 资料
zīliào
- 명 자료, 생필품

资 재물, 밑천, 바탕 » 몇 次 차례고, 몇 번이고 贝 재물은 가져야 한다
料 헤아리다 » 米 쌀을 斗 말(곡식 단위)을 이용해 용량을 헤아리다
资 재물처럼 料 헤아려 자료와 생필품은 항시 준비되어야 함

> 他查阅了大量的资料。
> 그는 대량의 자료를 열람했다.

012 文件
wénjiàn
- 명 문건, 문헌

文 글 + 件 물건, 사건, 문서, 서류

> 你可以帮我把桌上的文件拿过来吗？
> 책상 위에 있는 서류 좀 가져다 주시겠어요？

013 夹子
jiāzi
- 명 집게, 클립

夹 끼다 » 양쪽 팔에 무엇을 끼고 있는
夹 낄 수 있는 것 + 子 명사화

> 她用夹子把额前的碎发夹了起来。
> 그녀는 집게로 이마의 잔머리를 집었다.

014 项
xiàng
- 명 항목, 조항

工 일할 것들을 页 머릿속에 항목, 조목별로 담고 있다

> 运动会上这项运动还有同学想报名参加吗？
> 운동회에서 이 운동에 참가하고 싶은 학생이 있습니까？

015 固定
gùdìng
- 형 고정된
- 동 고정시키다

固 굳다 » 古 옛날 것이 口 구멍에 틀어박혀 굳다
固 굳어 定 정해지다 – 고정된

> 他用钉子把挂历固定在墙上。
> 그는 못으로 달력을 벽에 고정시켰다.

016 次要
ciyào
형 부차적인, 다음으로 중요한

次 2번째, 차등으로 要 중요한

> 出去旅游最重要的就是保障自己的人身安全，其他的都是次要的。
> 여행을 떠날 때 가장 중요한 것은 자신의 신변 안전을 보장하는 것이고 다른 것은 모두 부차적인 것이다.

017 效率
xiàolǜ
명 효율, 능률

效 효험, 본받다 ≫ 交 사귀는 사람이 文 = 攵 글문을 잘 깨우치면 **본받아야** 한다
率 거느리다, 비율 ≫ 玄 검은 장정들을 丶丶丶丶 좌우로 十 많이 거느리는 비율이 얼마나 되는지

效 효 率 율

> 他的工作效率很高。
> 그의 업무 효율은 매우 높다.

018 步骤
bùzhòu
명 일의 절차, 순서

骤 달리다, 빠르다 ≫ 马 말이 있는 힘껏 힘을 * 聚 모아 달리다
* 聚 모이다 ≫ 取 가지기 위해서 丿丨 한 곳을 기준으로 丿丿乀丶 여러 곳에서 모이다
일의 진행 속도가 步 걷거나 骤 달리는 부분이 있는 절차, 순서

> 你可以按照说明书的步骤来安装电脑。
> 설명서의 단계에 따라 컴퓨터를 설치할 수 있습니다.

019 递
dì
동 넘겨주다, 건네다
부 차례대로

弟 아우가 형 다음으로, **차례대로** 辶 **가다**, 그 다음 아랫사람 아우에게 순서를 **넘겨주다**

> 你可以把桌上的报告书递给我吗？
> 책상 위에 있는 보고서 좀 건네주시겠어요?

020 催
cuī
동 재촉하다, 독촉하다

돈을 주고 亻사냥꾼(사람)에게 山 산에 가서 隹 새를 잡아오라고 **재촉하다**

> 这个活动还有10分钟就要截止报名了，你去催他快点报名。
> 이 행사는 10분 후에 신청 마감이니, 그에게 빨리 신청하라고 재촉하세요.

021 派
pài
- 동 파견하다
- 명 파벌, 분파

派 갈래, 갈라지다 ≫ 氵물이 瓜 갈래로 나뉜 모습
인원을 갈라서 특정 지역으로 파견

> 部长派我代表公司来参加这次会议。
> 부장님은 회사를 대표해서 저를 이번 회의에 참석하라고 보냈습니다.

022 配合
pèihé
- 동 협력하다, 협동하다, 배합하다

配 짝 ≫ 남녀가 같이 酉 술을 먹으면 己 몸이 서로 섞여 사고를 쳐 짝이 된다
配 짝처럼 合 합해져서 협력하다

> 这份工作需要大家互相配合才能完成。
> 이 일은 모두가 서로 협력해야만 완성할 수 있다.

023 处理
chǔlǐ
- 동 처리하다, 해결하다

処 곳, 처리하다 ≫ 夂 걸어 가다, 깃발로 丨 뚫어 꽂아 丶 찍어 놓은 곳
理 다스리다, 이치, 도리 ≫ 王 왕은 里 마을을 이성적으로 잘 다스려야 한다

> 麻烦你把这些废纸箱处理掉，谢谢。
> 수고스럽지만 이 휴지통들을 처리해 주세요, 감사합니다.

024 调整
tiáozhěng
- 동 조정하다

调 조절하다 ≫ 讠말하면서, 周 두루두루 조절하다
整 가지런히 하다 ≫ 어질러진 것을 束 묶거나 攵 쳐내서 正 바르게 가지런히 하다

> 前段时间总是熬夜加班，最近要好好调整一下作息了。
> 그동안 밤샘 야근을 많이 했는데 요즘은 일과 휴식을 잘 조절해야겠다.

025 紧急
jǐnjí
- 형 긴급한, 절박한

紧 팽팽하다, 요긴한(꼭 필요한) ≫ 刂칼을 又 손에 쥐고 纟실을 팽팽히 잡고 끊어 요긴하게 쓰다
紧 팽팽하게 急 급한

> 这个病人的情况十分紧急，必须立即手术。
> 이 환자의 상황은 매우 급박해서 반드시 즉시 수술을 해야 한다.

026 妨碍
fáng'ài
동 방해하다, 지장을 주다

妨 방해하다 » 女 여자가 미인계로 方 사방에서 방해하다
碍 방해하다, 지장을 주다 » 石 돌덩이가 日 매일 一 일정하게 寸 마디마디마다 박혀 방해하다

> 上课的时候大声喧哗会妨碍其他人听课。
> 수업 중에 큰 소리로 떠드는 것은 다른 사람들이 수업을 듣는 데 방해가 된다.

027 应付
yìngfù
동 대응하다, 대처하다

付 주다, 부탁하다 » 亻사람에게 가까운 寸 촌수일수록 주고 부탁한다
서로 应 응하고 付 부탁하면서 대응, 대처하다

> 我们应该努力学习而不是为了应付父母和老师。
> 우리는 열심히 공부해야 하는데, 부모님과 선생님을 상대하기 위해서여야 하는 것은 아니다.

028 咨询
zīxún
동 자문하다, 의견 구하다

咨 묻다, 상의하다 » 次 차례대로 질문을 口 입으로 묻다
询 묻다 » 질문 할 讠말을 잘 勹 포장해서(싸서) 日 해가 뜨자마자 묻다

> 如果你想要起诉他，你可以找律师咨询一下应该准备哪些材料。
> 만약 당신이 그를 고소하고 싶다면, 당신은 변호사와 어떤 서류를 준비해야 하는지 상담할 수 있다.

029 询问
xúnwèn
동 알아보다, 문의하다

询 묻다 » 질문 할 讠말을 잘 勹 포장해서(싸서) 日 해가 뜨자마자 묻다
问 묻다

> 他向客服询问了这款产品的功效有哪些。
> 그는 고객 서비스 센터에 이 제품의 효능에 대해 문의했다.

030 **请求**
qǐngqiú
동 요청하다, 부탁하다

求 구하다, 모으다 » 一 하나라도 우물 같은 氺 물 、 구멍
이 있나 **구하다**
请 청하다 求 구하고자 하는 것을 – 요청

> 他是不会答应你这种不合理的请求的。
> 그는 너의 이런 불합리한 요구에 응하지 않을 것이다.

031 **忽视**
hūshì
동 소홀히 하다, 경시하다

忽 소홀히 하다 » 勿 없다 心 마음에 - 마음에 없을 정도로
소홀히 하다
视 보다 » 示 = 礻 보고, 见 보인다 혹은 礻 신은 항상 우리를
见 보고 있다고 연상

> 你想想这个案子里你是不是忽视了一些细节？
> 생각해 봐, 이 사건에서 네가 세부 사항을 무시한 게 아니야?

032 **退步**
tuìbù
동 퇴보하다, 나빠지다, 양보하다

退 물러나다 » 辶 가다가 길이 없어 艮 그치게 되어 **물러나다**
退 물러서서 步 걷다 – 퇴보하다

> 他功课退步了许多。
> 그는 학업이 많이 퇴보했다.

033 **耽误**
dānwu
동 일을 그르치다, 지체하다

耽 즐기다 » 헤드셋으로 耳 귀를 一 덮고 丿 휘이 乚 휘이
저으며 음악을 즐기는 모습 연상
误 그르치다, 잘못하다 » 讠말을 口 입이 天 하늘 무서운지
모르고 큰소리치면 **일 그르친다**
너무 耽 즐기다보면 误 일을 그르칠 수 있다

> 他因为演出排练已经耽误了三节主课了。
> 그는 공연 리허설 때문에 이미 세 시간의 메인 수업을 놓쳤다.

034 责备
zébèi
동 책망하다, 꾸짖다

责 책임, 꾸짖다 »» 갚아야 할 三 | 쌓인 贝 돈이 누구의 **책임**인지 **꾸짖다**
备 갖추다 »» 夂 걸어가다 田 밭쪽으로 - 밭쪽으로 걸어가 밭 농사 준비를 **갖추다**
责 책임 좀 备 갖추라며 꾸짖다

> 这件事出了问题大家都有责任，请你不要再责备他了。
> 이 일에 문제가 생기면 모두 책임이 있으니 더 이상 그를 나무라지 마세요.

035 吸取
xīqǔ
동 받아들이다, 흡수하다

吸 숨 들이쉬다, 마시다 »» 口 입에 공기가 及 이르도록 하다
공기를 吸 들이 쉬어서 取 취하다

> 失败没有关系，吸取教训后下次避免同样的事情发生就可以了。
> 실패는 상관없고, 교훈을 얻은 후에 다음에 같은 일이 일어나지 않도록 하면 된다.

036 评价
píngjià
동 평가하다
명 평가

评 평하다 »» 讠말로, 平 공평하게 평해야 한다
价 값 »» 亻사람 介 사이의 오고 가는 **값, 가치**
评 평하다 价 값을 - 평가하다

> 请你来评价一下这几道菜的优缺点。
> 이 몇 가지 요리의 장단점을 평가해 주세요.

037 称赞
chēngzàn
동 칭찬하다

称 일컫다, 부르다, 무게 달다 »» 禾 벼의 **무게**가 어느 정도라고 尔 = 你 너에게 **불러 주다**
赞 돕다, 칭찬하다 »» 先先 먼저 贝 재물을 풀어 **도와주다**, 그런 모습을 **칭찬하다**
称 부른다 赞 칭찬으로

> 称赞别人也会令自己变得快乐。
> 남을 칭찬하는 것도 자신을 즐겁게 한다.

038 **能干**
nénggàn
형 유능한, 일을 잘하는

能 능력 + 干 중요한 - 유능한

我的上司精明能干，工作能力很强。
나의 상사는 똑똑하고 유능하며 업무 능력이 매우 강하다.

039 **熟练**
shúliàn
형 숙련된, 능숙한

熟 익다, 익히다 》 亠 머리 속에 온통 口 입으로 먹을 것을 찾는 子 자식을 위해서 丸 알을 灬 불에 넣고 **익히다**

练 익히다, 연습하다 》 纟 실을 잘 * 柬 가려내고 골라내는 **연습**을 하다

* 柬 편지, 가려내다 》 木 목판 위에 글을 써 口 둘러 묶어 봉니 진흙 같은 것(**점 두 개**)으로 봉해 편지를 보냈다. 봉니는 누군가에 의해 편지가 읽혀졌는지 **가려냄**

변형자 예시 참고 东=柬 과 같다

你能熟练地使用办公软件吗？
당신은 사무용 소프트웨어를 능숙하게 사용할 수 있습니까?

040 **出色**
chūsè
형 대단히 뛰어난, 특별히 훌륭한

특출 出 나다 色 색이 – 특별히 훌륭

他出色地完成了这次演出。
그는 이번 공연을 훌륭히 완성했다.

041 **教训**
jiàoxun
명 교훈
동 가르치고 타이르다

训 가르치다, 타이르다 》 讠 말을 川 시냇물 흘러가듯 속사포처럼 **가르치다**

教 가르치다 训 가르치다

这次教训让我铭记一生。
이번 교훈은 평생 명심하게 한다.

16강 회사, 업무

17강 회사, 경영

001 经营
jīngyíng
동 경영하다

经 지나다, 다스리다 »» 纟 실이 베틀을 巠 물줄기처럼 지나는 모습
营 다스리다 »» ⺾ 풀로 冖 덮은 초가집에서 口 작은 식구 口 큰 식구를 다스리다

> 能够经营公司的人都能力非常强。
> 회사를 운영할 수 있는 사람은 모두 능력이 매우 강하다.

002 商业
shāngyè
명 상업

商 장사, 상업 + 业 업, 업무

> 商业竞争是激烈的，千变万化的。
> 상업 경쟁은 치열하고 변화무쌍하다.

003 商务
shāngwù
명 상무, 상업상 용무

务 힘쓰다 »» 攵 걸으며 力 힘써 일하다
商 상 务 무

> 在商务谈判中是非常需要注意礼仪的。
> 비즈니스 협상에서 예의를 지켜야 합니다.

004 营业
yíngyè
동 영업하다

营 다스리다 »» ⺾ 풀로 冖 덮은 초가집에서 口 작은 식구 口 큰 식구를 다스리다
营 다스리다 业 업무

> 这家餐厅的营业时间是几点？
> 이 식당의 영업시간은 몇 시입니까?

005 经商
jīngshāng
동 장사하다

经 지나다, 다스리다 »» 纟 실이 베틀을 巠 물줄기처럼 지나는 모습
商 장사, 상업

> 他的爸爸是经商的。
> 그의 아버지는 장사를 하십니다.

006 生产
shēngchǎn
동 생산하다

产 생산하다 ››› 产 = 産 간화
生 생 产 산

> 我今天参观了生产牛奶的全过程。
> 나는 오늘 우유 생산의 전 과정을 참관했다.

007 产生
chǎnshēng
동 발생하다, 낳다, 생기다

产 생산하다 ››› 产 = 産 간화
生 나다, 생기다

> 和别人聊天的时候不注意言行可能会产生误会。
> 다른 사람과 이야기할 때 언행에 주의하지 않으면 오해가 생길 수 있습니다.

008 制造
zhìzào
동 제조하다, 만들다, 부정적 분위기를 조장하다

制 절제하다, 법, 규정 ››› 牛 소를 市 시장에다 내다 팔 때 刂 칼로 자른다 법도, 규정에 맞춰서
造 제조하다, 짓다

> 这个工厂是研究制造面膜的。
> 이 공장은 마스크팩을 제조하는 것을 연구합니다.

009 销售
xiāoshòu
동 팔다, 판매하다

销 녹이다, 팔다 ››› 钅쇠의 小 작은 月 몸조각(여기서 몸이란, 쇳조각까지) 녹여 버리다
* 销 여기서는 팔다, 판매, 소비의 뜻이 쓰였다(쇠를 녹여 제품을 만들어야 팔 수 있다)
售 팔다 ››› 隹 새가 口 입으로 지저귀는 것처럼 솔깃하게 물건 설명을 하며 팔다

> 你们组这个季度的销售业绩怎么样？
> 당신 팀의 이번 분기 판매 실적은 어떻습니까?

010 反映
fǎnyìng
동 반영하다, 보고하다, 전달하다

映 비치다, 반사하다 ››› 日 해같은 조명, 스포트라이트가 央 가운데로 와 비치다
反 반 映 영

> 一个人言行举止能反映出他的教养。
> 한 사람의 언행과 행동은 그의 교양을 반영할 수 있다.

011 改革
gǎigé
동 개혁하다

改 고치다, 바꾸다 »» 己 자기 자신을 엄하게 攵 쳐가면서 고치다
革 가죽 혁
다 뜯어 改 고칠 때는 革 가죽, 즉, 겉표면까지 싹 다 바꿔야 개혁이다

> 韩国语能力考试改革后难度降低了许多。
> 한국어능력시험이 개편되면서 난이도가 많이 낮아졌다.

012 促进
cùjìn
동 촉진시키다

促 재촉하다 »» 亻사람이 足 발 벗고 나서며 재촉하다
进 나아가다 »» 井 우물 물 마시러 밖으로 辶 나아가다
* 또 다른 뜻 * 进 들여놓다 »» 井 우물에 辶 가서 퍼온 물을 안으로 들여놓다

> 改革开放促进了经济的发展。
> 개혁 개방은 경제 발전을 촉진했다.

013 促使
cùshǐ
동 ~하도록하다, ~하게하다

促 재촉하다 »» 亻사람이 足 발 벗고 나서며 재촉하다
使 ~하게 하다

> 你是因为什么理由去促使他这样做？
> 너는 무슨 이유로 그가 이렇게 하도록 부추겼니?

014 迅速
xùnsù
형 신속한, 재빠른

迅 신속하다, 빠르다 »» 卂 빨리 날듯(飞 나는 속도가 十 더해져) 辶 가다
速 빠르다 »» 머리카락을 * 束 묶어 빠르게 달려 辶 가는 것 연상
* 束 묶다, 모으다 »» 木 나무를 口 둘러 묶다

> 随着旅游业发展迅速，越来越多的人投入旅游行业。
> 관광업이 빠르게 발전함에 따라, 점점 더 많은 사람들이 관광업에 뛰어들고 있다.

015 召开
zhàokāi
동 회의를 열다

召 부르다 » 刀 큰 칼 밑에 깔려 口 입으로 도와달라 **부르는** 모습 연상
召 불러서 开 열다

> 学校召开了评优大会。
> 학교에서 우수 평가 대회를 열었다.

016 宣布
xuānbù
동 선포하다, 공표하다

宣 베풀다, 널리 펴다, 떨치다 » 어려운 宀 집 一 하나하나를 日 해와 같은 따뜻한 마음으로 一 일정하게 베풀듯이 은혜를 **떨치다**
布 펴다 » 一丿 펴보다, 巾 천 - 천을 **펴보는** 모습

> 华为公司宣布将会在下周推出新款手机。
> 화웨이는 다음 주에 새로운 휴대폰을 출시할 것이라고 선포했다.

017 公布
gōngbù
동 공표하다, 공포하다

布 펴다 » 一丿 펴보다, 巾 천 - 천을 **펴보는** 모습
公 대중에게 布 펴듯 공포하다

> 学校公布了这次期末考试全校前十名的名单。
> 학교에서 이번 기말고사 전교 10등 이내의 명단을 공표했다.

018 日程
rìchéng
명 일정

程 정도, 정해진 것 » 禾 벼, 口 꾸러미를, 壬 짊어진 정도가 어느 **정도**인지 헤아리다
日 하루의 程 정해진 일정

> 会议日程已经确定下来了。
> 회의 일정이 이미 확정되었다.

019 成果
chéngguǒ
명 성과

成 이룬 果 결과 – 성과

> 这次顺利完成项目的成果是大家一起努力得来的。
> 이번에 순조롭게 완성한 프로젝트 성과는 모두가 함께 노력해서 얻은 것이다.

17강 회사, 경영

020 成就
chéngjiù
- 명 성취, 성과
- 동 이루어내다

成 이루다 就 바로, 완성하다, 나아가다

> 他想要在科学研究上有一定的成就。
> 그는 과학 연구에서 일정한 성과를 거두기를 원한다.

021 达到
dádào
- 동 달성하다, 도달하다

到 이르다, 도달하다
达 도달하다 »» 大 큰 보폭으로 성큼성큼 달려 辶 가면 결국 도착선 라인에 도달하게 된다

> 达到标准
> 기준에 도달하다

022 相关
xiāngguān
- 동 상관되다, 관련되다

相 상 关 관

> 他学习了许多心理学相关的知识。
> 그는 심리학에 관한 많은 지식을 배웠다.

023 采取
cǎiqǔ
- 동 취하다, 채택하다, 채취하다

采 캐다 »» 爫 손톱으로 할퀴듯 木 나무 풀 캐다
采 캐서 取 취하다

> 医院立即给病人采取了急救措施。
> 병원은 즉시 환자에게 응급조치를 취했다.

024 照常
zhàocháng
- 동 평소대로 하다

照 비추다 »» 日 해처럼, 刀 칼과, 口 (여기서는)보석이나 거울은 灬 불빛 더 받으면 비출 수 있다.
照 비추다 常 일상적으로 – 평소대로 하다

> 明天学校不放假，照常上课。
> 내일 학교는 휴교하지 않고 평소대로 수업을 한다.

025 轮流
lúnliú
- 동 돌아가면서 하다, 교대로 하다

轮 바퀴 »» 车 车 + 仑 생각(사람이 앉아 생각한다고 연상) 생각이 바퀴 굴러가듯 잘 돌아가다
轮 바퀴 流 흐르다 – 바퀴 굴러가듯 돌아가면서 흐르게 하다

> 每个小组按照表格轮流做值日。
> 각 조는 표에 따라 돌아가며 당번을 선다.

026 伙伴
huǒbàn

명 동료, 짝, 동반자

伙 무리, 패거리 » 亻사람 무리가 火 불 주위에 **모여 있는**
伴 짝, 반려 » 내 半 반쪽이 될 亻사람

他是我最好的伙伴。
그는 나의 가장 좋은 친구이다.

027 信任
xìnrèn

동 신임하다

任 맡다 » 亻사람이 壬 짊어져서 맡다
信 믿고 任 맡기다

你认为你最信任的人是谁？
너는 네가 가장 믿는 사람이 누구라고 생각하나요?

028 合作
hézuò

동 합작하다, 협력하다

合 함께 作 짓다 – 협력하다

明天的实验需要小组合作完成。
내일 실험은 팀워크가 필요하다.

029 期待
qīdài

동 기대하다

期 기 待 대

我非常期待下周日的签名会。
저는 다음 주 일요일 사인회가 매우 기대됩니다.

030 办理
bànlǐ

동 처리하다, 해결하다, 수속을 밟다

办 힘들이다, 처리하다 » 力 힘써 丶땀 흘리고 丶땀 흘려 **처리하다**
理 다스리다, 이치, 도리 » 王 왕은 里 마을을 이성적으로 잘 **다스려야** 한다

我想办理一张新的身份证。
신분증을 새로 발급받고 싶습니다.

031 占
zhàn

동 차지하다, 점령하다

한 占 지점에 깃발 꽂고 점령했음을 나타내다

明天你去自习室的时候可以帮我占个位置吗？
내일 자습실에 갈 때 자리 좀 맡아 주시겠어요?

032 签
qiān

동 사인하다, 서명하다

⺮ 죽간에 서명하기 위해 亼 다, 모두(人 사람이 — 한곳에 、、、모두 모여 — 일렬로 있다) 모여 있다

我现在房屋中介公司签租房合同。
나는 지금 주택 중개 회사에서 임대 계약을 하고 있다.

033 合同
hétong

명 계약서

合 함께 同 같이 ~하기로 한 것 계약서로 정하다

帮我这份合同放进档案盒里吧。
이 계약서를 서류함에 넣어주세요.

034 批
pī

동 허가하다, 비평하다
양사 더미, 무더기

扌손으로 比 비교해 가며 비평하다

批评
비평하다

035 批准
pīzhǔn

동 허가하다, 비준하다

批 비평, 평하다 ⟫ 扌손으로 比 비교해 가며 비평하다
准 본보기로 삼다, 정확한
⟫ 冫차가운 곳인지 알려면 隹 새가 그곳에 서식하는지를 기준으로 의거해 정확성을 보고 기준으로 삼는다

批准出口
수출을 허가하다

036 后果
hòuguǒ

명 부정적 결과

后 뒤따라오는 果 결과

如果犯了错误，就要承担后果。
만약 잘못을 저질렀다면, 그 결과를 책임져야 한다.

037 避免
bìmiǎn

동 피하다, 모면하다

避 피하다 ⟫ 辟 피해서(尸 몸과, 口 입은, 辛 고생과 매운 것을 피하려고 한다) 辶 가다
免 면하다

希望你可以从这次的经历里得到教训，避免类似的事情再次发生。
이번 경험에서 교훈을 얻어, 다시는 이런 일이 일어나지 않기를 바랍니다.

038 面临
miànlín
동 직면하다, 당면하다

临 임하다 »» 刂 칼로 竹 = ⺮ 대나무를 口, ㅣ 반으로 나누기
위해 임하다
어떠한 面 면을 맞대고 临 임하다

这家公司面临着财务危机。
이 회사는 재정 위기에 직면해 있다.

039 导致
dǎozhì
동 (어떤 사태를) 야기하다, 초래하다

导 인도하다 »» 巳 뱀을 손 寸 마디로 가리켜, 사람에게 피하
라고 인도하다
致 이르다 = 至 이르다

由于他的经营管理不善导致公司破产了。
그의 경영 관리가 부실하여 회사가 파산했다.

040 上当
shàngdàng
동 속임수에 걸리다, 사기를 당하다

上 빠지다, 걸리다의 의미도 있다는 것 주의
当 당하다

不要贪图小便宜，容易上当。
작은 이익을 탐내지 마라, 쉽게 속는다.

041 关闭
guānbì
동 닫다, 파산하다

关 닫다
闭 닫다 »» 閉 닫을 폐 - 闭 간화

他关闭了家中所有的门窗。
그는 집안의 모든 문과 창문을 닫았다.

042 破产
pòchǎn
동 파산하다, 도산하다

破 깨뜨리다, 부수다 »» 石 돌의 皮 껍질 부분을 깨뜨리다
破 부서지다 产 생산한 것, 자산 등이

这家公司破产了。
이 회사는 파산했다.

043 **繁荣**
fánróng

- 형 번창한
- 동 번영시키다

繁 번성하다 ≫ 베를 짤 때, **每** 매번 정성을 다해 **攵** 쳐서 **糸** 실을 짜야 **많이 만들어 낼** 수 있다

荣 무성하다 ≫ **艹** 풀이 **冖** 덮어진 것이 너무 **무성해서 木** 나무 같아 보일 정도로 **무성**하다

> 上海真繁荣啊!
> 상하이는 정말 번창해요!

044 **完善**
wánshàn

- 형 완벽한
- 동 완벽하게 하다

善 선하다, 잘하다, 좋다 ≫ 선하게 생긴 **羊** 양이 **艹** 풀을 **口** 입으로 아주 잘 뜯어먹는 것 연상

善 선하다는 뜻 외에 잘한다는 뜻이 있다는 것 참고하여 **完** 완전히 **善** 잘하다

> 请您完善一下简历里的个人信息。
> 프로필에 있는 개인정보를 보완해 주세요.

18강 회사, 조직

001 成立 chénglì
동 (조직, 기구 따위) 창립하다, 세우다, 이론이 성립되다

成 이뤄 立 세우다

这个集团成立于1980年。
이 그룹은 1980년에 설립되었다.

002 建立 jiànlì
동 건립하다, 세우다, 형성하다

建 세우다 »» 聿 붓이 잘 廴 가게끔(쓰게끔) 세우다
建 세우다 + 立 서다

公司建立了一支实力超群的精英团队。
회사는 실력이 뛰어난 엘리트 팀을 설립했습니다.

003 建设 jiànshè
동 건설하다, 세우다

建 세우다 »» 聿 붓이 잘 廴 가게끔(쓰게끔) 세우다
设 진열하다 »» 讠말로 명령을 하여, 殳 몽둥이, 창 같은 무기들을 제대로 진열하도록 하다

国家的建设需要一大批人才。
국가 건설에는 많은 인재가 필요하다.

004 组织 zǔzhī
동 조직하다, 구성하다
명 조직

组 베를 짜다 »» 纟실을 且 또 짜고 또 엮고 하면서 베를 짜다
织 짜다, 방직하다 »» 纟실만을 只 오직 이용해 방직하다

学校组织了春游的活动。
학교에서 봄나들이 활동을 조직하였다.

005 组成 zǔchéng
동 구성하다, 조직하다

组 베를 짜다 »» 纟실을 且 또 짜고 또 엮고 하면서 베를 짜다
组 짜서 成 이루다

这所大学是由5个学院组成的。
이 대학은 5개의 단과대학으로 이루어져 있다.

006 属于
shǔyú
동 ~에 속하다

属 무리 » 尸 주검 시체에 ノ 한 무리의 虫 벌레들이 冂 둘러싸다
属 무리 + 于 어조사

> 海啸属于自然灾害。
> 쓰나미는 자연재해에 속한다.

007 注册
zhùcè
동 어떤 조직 등에 등록하다

注 물 대다, 흐르다 » 氵물(의미), 主(음 부분)
내 이름이 注 흐르다, 조직의 册 문서 명부 리스트에

> 他注册了一家新公司。
> 그는 새 회사에 등록했다.

008 大型
dàxíng
형 대형의

型 모형 » 干干 방패들과 刂 칼을 똑같이 만들기 위해 土 흙으로 거푸집, 틀 만들다
大 큰 型 틀

> 下周学校要举办一场大型文艺汇演。
> 다음 주에 학교에서 대형 문예 합동 공연을 개최할 것이다.

009 企业
qǐyè
명 기업

企 꾀하다, 계획하다 » 人 사람이 止 멈춰 계획을 짜다
企 꾀하다 业 업을 – 일을 계획하는 곳

> 每家公司的企业文化都是不一样的。
> 회사마다 기업 문화가 다르다.

010 工业
gōngyè
명 공업

工 공 业 업

> 这个城市的工业水平非常先进。
> 이 도시의 공업 수준은 매우 선진적이다.

011 结构
jiégòu
명 구조, 구성

结 묶다, 맺다 » 纟실을 吉 길하도록 맺다, 묶는다(아기가 태어났을 때 금줄 치는 것 연상)
构 얽다 » 木 나무가 勹 싸듯이 굽어져서 厶 사사롭게 무엇인가가 얽혀 있다

> 这个房子的结构很简单。
> 이 집의 구조는 매우 간단하다.

012 **部门**
bùmén
명 부, 부문

部 부 门 문

财务部的部长是谁？
재무부의 부장은 누구입니까?

013 **核心**
héxīn
명 핵심, 씨

核 씨, 핵, 핵심 »» 木 식물에서 亥 돼지(재산가치 있는 식량)
같이 **중요한** 것은 **씨**

核 핵 心 심

他是我们团队的核心成员。
그는 우리 팀의 핵심 구성원이다.

014 **本质**
běnzhì
명 본질, 본성

本 본 质 질

我们做事情要透过现象看本质。
우리는 일을 할 때 현상을 통해 본질을 보아야 한다.

015 **范围**
fànwéi
명 범위

范 모범, 틀 »» 艹 풀과, 氵 물 주위에서 㔾 기대어 쉬는 것은
힐링의 **모범적인** 케이스다
围 에워싸다 »» 韦 가죽옷을 囗 둘러싸다

老师公布了考试范围。
선생님이 시험 범위를 발표했다.

016 **行业**
hángyè
명 직업, 업종

行 행하다 + 业 업, 일

每个行业的竞争都很激烈。
모든 산업의 경쟁은 매우 치열하다.

017 **单位**
dānwèi
명 단위, 업체, 회사, 조직

单 홑, 하나 + 位 위치(亻사람이 立 서 있는 위치)
우뚝 单 홀로 位 위치한 조직 단위

我们单位的人才很多。
우리 부서의 인재는 매우 많다.

18강 회사, 조직

159

018 地位
dìwèi

[명] 사회적 지위, ~가 차지한 자리

位 위치 » 亻사람이 立 서 있는 위치
地 지 位 위

> 他能有今天的地位，完全是靠他自己努力拼搏而来。
> 그가 오늘의 지위를 가질 수 있었던 것은 전적으로 그의 노력 덕분이다.

019 整个
zhěnggè

[형] 전체의
[부] 온통, 완전히

整 가지런히 하다 » 어질러진 것을 束 묶거나 攵 쳐내서 正 바르게 가지런히 하다
整은 완전한, 온전한 의미도 있다는 것 주의

> 整个下午外面一直下着大雪。
> 오후 내내 밖에는 큰눈이 내리고 있었다.

020 集体
jítǐ

[명] 집단, 단체

集 모으다 » 隹 새들이 木 나무에 모여 있다
体 물체, 몸 » 亻사람의 本 근본

> 我们班的同学要有集体荣誉感。
> 우리 반 학생들은 집단적인 명예감을 가져야 한다.

021 整体
zhěngtǐ

[명] 전체, 전부

整 가지런히 하다 » 어질러진 것을 束 묶거나 攵 쳐내서 正 바르게 가지런히 하다
整은 완전한, 온전한 의미도 있다는 것 주의
体 물체, 몸 » 亻사람의 本 근본

> 我们组是一个团结的整体。
> 우리 팀은 단결된 단체입니다.

022 升
shēng

[동] 오르다, 올리다, 진급하다

丿위를 향해 廾 많이 오르다

> 他是公司的年度销售冠军，所以老板给他升职加薪了。
> 그는 회사의 연간 판매 챔피언이기 때문에 사장은 그의 승진과 월급을 올려주었다.

023 人事
rénshì
명 인사관계, 인간사, 세상물정

人 인 事 사

有任何工作，薪资上的问题，你都可以问人事。
어떤 직업이나 급여상의 문제가 있으면, 당신은 인사쪽에 물어볼 수 있다.

024 名片
míngpiàn
명 명함

名 이름이 새겨진 片 조각, 판

可以给我一张你的名片吗？
명함 한 장 주시겠어요?

025 领导
lǐngdǎo
명 지도자
동 지도하다, 이끌다

领 거느리다 » 令 명령하는 页 머리 - 우두머리가 거느리다
导 인도하다 » 巳 뱀을 손 寸 마디로 가리켜, 사람에게 피하라고 **인도하다**

我的领导是一位雷厉风行的人。
나의 지도자는 매우 기세등등한 사람이다.

026 总裁
zǒngcái
명 기업의 총수, 총재

总 모으다, 다, 모두 » 한 곳으로 ヽヽ 모이다, 뱉는 口 말과, 쓰는 心 마음 모두가
裁 자르다 » 衣 옷감을 戈 창으로(土 부분까지 戈와 연결해 한 글자로 보고) **끊는다**고 생각
모든 것을 고려해 总 모아서, 한 방에 裁 자르듯 결정하는 총수

公司认为需要招聘一位新的总裁。
회사는 새로운 사장을 초빙해야 한다고 생각한다.

027 代表
dàibiǎo
명 대표
동 대표하다, 대신하다

代 대신해서 表 겉, 바깥으로 나가, 대표하다

他是我们公司医药销售部的代表。
그는 우리 회사의 의약 판매부의 대표이다.

18강 회사, 조직

028 **老板**
lǎobǎn
명 주인, 사장

板 널빤지, 판자 ≫ 木 목재(뜻부분) + 反 (음부분)
뜻과 단어가 연상으로 매치되지 않음으로, 老板 음을 빌려 왔다고 생각하기

> 我的老板是个赏罚分明的人。
> 나의 사장은 상벌이 분명한 사람이다.

029 **秘书**
mìshū
명 비서

秘 숨기다, 비밀의, 알지 않는 ≫ **禾 벼**를 **必 반드시 숨겨야** 한다(벼가 당시의 재물이기 때문)
秘 비밀스런 书 문서를 다루는 비서

> 秘书长
> 비서장, 사무총장

030 **人员**
rényuán
명 인원, 멤버

人 사람 + 员 사람, 인원

> 这是运动会参赛人员的名单。
> 이것은 운동회 참가자 명단이다.

031 **主任**
zhǔrèn
명 주임

任 맡다 ≫ **亻사람**이 **壬 짊어**져서 **맡다**
主 주가 되어 任 맡다

> 他是行政管理部的主任。
> 그는 행정 관리부의 주임이다.

032 **工人**
gōngrén
명 노동자

工 일하는 人 자

> 工人们顶着太阳在工地上努力工作着。
> 근로자들은 태양을 무릅쓰고 공사장에서 열심히 일하고 있다.

033 员工
yuángōng
명 직원

员 사람, 인원 + 工 일

这家公司的规模特别大，员工超过了5000人。
이 회사의 규모는 특히 커서 직원이 5,000명을 넘었다.

034 工厂
gōngchǎng
명 공장

工 공　厂 장

这家工厂是研究生产面膜的。
이 공장은 마스크팩을 연구 생산합니다.

035 培训
péixùn
동 양성하다, 훈련하다

培 북돋우다, 불리다 » 土 흙은 모든 것을 立 서게 하고, 口 먹여 살리며 북돋고 번성시킨다

训 가르치다, 타이르다 » 讠말을 川 시냇물 흘러가듯 속사포처럼 가르치다

入职前需要参加一个月的新人培训。
입사하기 전에 한 달 동안 신입사원 교육에 참여해야 한다.

036 人才
réncái
명 인재

人 인　才 재

他的确是一个难得的人才。
그는 확실히 얻기 힘든 인재이다.

037 待遇
dàiyù
명 대우, 취급

遇 만나다 » 禺 원숭이를 辶 가서 만나다 (손오공을 보면 알듯이, 중국 문화에서 원숭이는 신성한 존재)
待 대하다 遇 만날 때 – 만날 때, 어떻게 대하는지에 대한 대우

这家公司的福利待遇很不错。
이 회사의 복리후생 대우는 매우 좋습니다.

038 鼓舞
gǔwǔ
동 격려하다, 북돋우다, 고무하다

鼓 북, 휘두르다, 연주하다 » 壴 북을 支 지탱할 수 있는 곳에서 연주해야 한다
舞 춤추다 » 상형자이지만, 無 없을 무, 음을 나타냄, 舛 발이 어그러진 모습을 그린 것
전쟁에서 북을 치고 춤을 추면서 군사들을 격려했던 모습 연상

他的话语鼓舞着每个人的心。
그의 말은 모든 사람의 마음을 고무시키고 있다.

18강　회사, 조직

039 **指导**
zhǐdǎo
동 지도하다

指 가리키다 ≫ 원래 扌손만 의미를 가짐, 옆에 旨 자 뜻은, 맛있다이지만 무시하고 통째로 가리키다라는 뜻으로 외우기
导 인도하다 ≫ 巳 뱀을 손 寸 마디로 가리켜, 사람에게 피하라고 **인도하다**

老师应该加强对学生的英语阅读指导。
선생님은 반드시 학생들의 영어 읽기 지도를 강화해야 한다.

040 **辞职**
cízhí
동 사직하다

辞 말씀, 알리다, 사퇴하다, 고별하다 ≫ **사퇴하는** 자가 舌 혀로 서로 辛 고생하셨다며 **고별하다**
职 직분, 벼슬 ≫ 耳 귀와 (口 입을) 只 오로지 회사를 위해 쓰다(다른 회사가 아닌 내 회사)

他觉得个人发展前景不明朗所以辞职了。
그는 개인의 발전 전망이 불투명하다고 생각하여 사직했다.

041 **退休**
tuìxiū
동 퇴직하다

退 물러나다 ≫ 辶 가다가 길이 없어 艮 그치게 되어 **물러나다**
休 쉬다 ≫ 亻 사람이 木 나무에 기대어 **쉬다**

他的爸妈都到了退休的年纪。
그의 부모는 모두 은퇴할 나이가 되었다.

042 **甲**
jiǎ
명 갑, 첫째
형 으뜸인

这家公司是合同里的甲方。
이 회사는 계약상의 갑이다.

043 **乙**
yǐ
명 을, 두 번째

这家公司是合同里的乙方。
이 회사는 계약상의 을이다.

19강 인테리어, 집

001 装修 zhuāngxiū
- 동 인테리어하다, 수리하다

装 꾸미다 » * 壯 장한 선비가 衣 옷을 입고 꾸미다
* 壯 장하다, 굳세다 - 爿 = 丬 나뭇조각(각목)이라도 들고 공부만 하던 士 선비가 전쟁에서 싸우는 것을 보면 장하고 대견하고 굳세어 보인다
修 닦다 » 亻 사람이 丨 뚫듯이, 攵 = 文 학문을 닦고 彡 털을 가다듬으며 품행을 닦다

他最近在忙着装修新房。
그는 요즘 새 집을 인테리어하느라 바쁘다.

002 设计 shèjì
- 동 설계하다, 구상하다, 계책꾸미다

设 진열하다 » 讠 말로 명령을 하여, 殳 몽둥이, 창 같은 무기들을 제대로 진열하도록 하다
计 셈하다, 계산하다 » 讠 말로 十 더하면서 셈하다

请你帮我设计一下这张海报吧。
이 포스터 디자인 좀 부탁드릴게요.

003 实践 shíjiàn
- 동 실천하다, 실행하다
- 명 실천

践 밟다 » 足 발을 어디에 戋 쌓듯이 디디다
实 실제로 践 밟아 행하다

他在长期的商务谈判实践中积累了很多经验。
그는 오랜 비즈니스 협상 과정 중 많은 경험을 쌓았다.

004 舒适 shūshì
- 형 편안한, 쾌적한

舒 펴다, 퍼지다, 느긋하게 있다 » 舍 집에서 予 나는 느긋하게 퍼져있다
适 알맞다 » 舌 혀가 자유자재로 이리저리 잘 辶 가고 움직여서 말하기에 알맞다

她的性格非常随和，和她相处起来感觉很舒适。
그녀의 성격은 매우 편해서 그녀와 지내면서 편안함을 느꼈다.

005 豪华
háohuá
형 호화로운

豪 호걸, 빼어나다 ≫ 高 높은 + 豕 돼지 - 높이 자라난 **큰 돼지**의 **빼어난, 대장** 모습을 연상
华 빛나다 ≫ 華 빛날 화 = 华 간화

> 这个房间的装潢设计风格很豪华。
> 이 방의 장황 디자인 스타일이 고급스럽다.

006 规模
guīmó
명 규모

规 법, 규칙 ≫ 남자가 하늘이던 시절 **夫 지아비**가 **见 보는** 것이 곧 **법**이었다
模 틀, 본보기 ≫ **木 나무**로 어떤 * **莫 막**을 만들다
* 莫 가리다, 막, 저물다, 없다 ≫ **艹 풀**로 **日 해**를 가리기 위한 **막**을 **大 크게** 만들다

> 这场演唱会的规模非常大。
> 이번 콘서트의 규모는 매우 크다.

007 面积
miànjī
명 면적

积 쌓다, 부피 ≫ **禾 벼**를 **只 단지**, 오직 **쌓을** 뿐이다
닿는 面 면의 积 부피

> 这个房子的面积是多少？
> 이 집의 면적은 얼마입니까?

008 空间
kōngjiān
명 공간

空 비다 ≫ **穴 구멍**이 **工 만들어**져서 **비어** 버리다
空 빈 间 간격

> 他喜欢独处，所以非常需要私人空间。
> 그는 혼자 있는 것을 좋아하기 때문에 사적인 공간이 매우 필요하다.

009 厘米
límǐ
양사 센티미터

양사는 되도록 연상법 암기하지 않고 그대로 외우기

> 请你画一条7厘米的直线。
> 7cm의 직선을 그려주세요.

010 平方
píngfāng
양사 제곱, 평방

平 평 方 방

> 这个地段的房子每平方米是4万块钱。
> 이 지역의 집은 평방미터당 4만 위안이다.

011 套
tào

양사 세트, 벌, 집(집을 세는)

套 덮개, 겹치다, 씌우다 ≫ 씌우려면 **大** 크고 **镸** 긴 덮개로 **씌워야** 한다
세트, 묶음, 큰 것을 나눌 때 덮개로 씌워서 나눈다고 연상

你的名下有几套房呢？
당신 명의로 된 집은 몇 채입니까?

012 单元
dānyuán

명 단원, 아파트 라인 호

단위는 되도록 연상법이 아닌 통째로 암기 추천

你家是6号楼的几单元呀？
당신의 집은 6번 건물의 몇 단지입니까?

013 公寓
gōngyù

명 아파트, 단체 기숙사

寓 거주하다, 임시로 살다
≫ **禺 원숭이**는 인간을 가장 닮은 동물, 《이솝우화》의 '우'도 寓자가 쓰이고, 집에서 동물들이 사람처럼 거주하고 있음. **宀 집**에서 사람과 비슷하게 **禺 원숭이**가 **임시로 거주**한다고 연상하기
公 대중이 寓 거주하는 곳

可以给我这个公寓的详细地址吗？
이 아파트 자세한 주소를 주시겠어요?

014 位置
wèizhì

명 위치

位 위치 ≫ **亻사람**이 **立 서있는 위치**
置 두다, 배치하다 ≫ **罒 그물**을 **直 똑바로 배치**하다

这家奶茶店的位置在商业步行街。
이 밀크티 가게의 위치는 상업용 보행로에 있다.

015 内部
nèibù

명 내부

内 안쪽 部 부분

这份文件是公司的内部文件。
이 문서는 회사의 내부 파일이다.

016 屋子
wūzi

명 방

屋 집 ≫ **尸 몸**이 **至 이르러** 오는 **집**
屋 집 + 子 명사화 – 집은 여러 개의 방으로 이루어져있다

这间屋子被他打扫得干干净净。
이 방은 그에 의해 깨끗하게 청소되었다.

19강 인테리어, 집

017 阳台
yángtái
명 베란다, 발코니

阳 태양 ≫ 阝가려진 사이로 보이는 日 태양
阳 태양 빛이 台 받쳐지는 곳 – 베란다

妈妈在阳台上晒被子。
어머니는 베란다에서 이불을 말리신다.

018 卧室
wòshì
명 침실

卧 눕다, 엎드리다 ≫ 臣 신하가 | 하루동안 일하다가 丶 턱 하고 누워버리다
卧 누울 수 있는 室 집 안 공간 – 침실

这间卧室的朝向是朝南的。
이 침실의 방향은 남향이다.

019 被子
bèizi
명 이불

被 입다, 당하다 ≫ 衤옷 + 皮 가죽, 껍데기를 걸치다, 입다
被 입다, 덮다 + 子 명사화 – 덮을 수 있는 이불

被太阳晒过的被子又松软又暖和。
햇볕에 쬐인 이불이 푹신푹신하고 따뜻하다.

020 地毯
dìtǎn
명 카펫, 양탄자

毯 담요, 모포 ≫ 毛 털로 만들어진 火火 불을 지핀 것처럼 따뜻하게 보온해주는 담요
地 땅에 까는 毯 담요 같은 카펫, 양탄자

麦田就像一块巨大的金黄色的地毯。
밀밭은 거대한 황금빛 카펫과 같다.

021 窗帘
chuānglián
명 커튼, 블라인드

窗 창문 ≫ 穴 구멍이 丶 턱 하고 난 口 네모난 창문에서 夂 걸어가는 자들을 볼 수 있다
帘 커튼 ≫ 穴 구멍을 巾 천으로 가리는 커튼

他每次睡前都会把窗帘拉上。
그는 잠을 자기 전에 커튼을 닫는다.

022 书架
shūjià
명 책꽂이, 책장

架 물건 놓는 선반 틀 ≫ 加 더하다 木 나무 - 나무를 더해서 선반 틀을 만들다
书 책 놓는 架 선반

他的书架上摆满了心理学相关的书籍。
그의 책꽂이는 심리학 관련 책들로 가득 차 있다.

023 抽屉
chōuti
명 서랍

抽 뽑아내다 » 扌손 * 由 ~로부터 ~을 뽑아내다
* 由 원인, 말미암다, ~로부터 » 등잔의 초가 타는 모양, 등잔**으로부터** 초가 탄다

她在床头柜的抽屉里翻找她的耳饰。
그녀는 침대의 머릿장 서랍에서 그녀의 귀걸이를 뒤졌다.

024 墙
qiáng
명 벽, 담장

土 흙으로 만들어진 来 오고 (来 부분이 잘림) 다시 回 돌아가는 주위를 빙 둘러 담장을 만들다

因为公寓的墙壁不是实心的墙，所以隔音效果很差。
아파트 벽이 꽉 찬 벽이 아니라서 방음이 잘 안 된다.

025 台阶
táijiē
명 계단

阶 층계 » 阝 막아서 사이사이마다 층계를 介 끼워 넣다
台 받치는 阶 층계 - 계단

她坐在台阶上让朋友给她拍照。
그녀는 계단에 앉아 친구에게 사진을 찍으라고 했다.

026 盆
pén
명 화분, 대야

分 나눠 담을 수 있는 皿 그릇

小明的家里有3盆吊兰。
샤오밍의 집에는 조란 세 화분이 있다.

027 车库
chēkù
명 차고

库 곳집, 창고 » 广 집같이 생긴 车 차, 수레를 넣는 곳
车 차를 넣는 库 창고 - 차고

这个小区的地下车库里已经没有停车位了。
이 지역 지하 차고에 이미 주차 공간이 없다.

028 管子
guǎnzi
명 관, 파이프

管 피리, 관, 대롱 » 竹 대나무로 (뜻부분) 만들어진 + 官 관 (음부분)
管 대롱, 관 + 子 명사화

这个管子已经严重老化了，不能再用了。
이 튜브는 이미 심하게 늙어서 더 이상 쓸 수 없다.

19강 인테리어, 집

029 铃
líng
명 방울, 종

钅쇠로 만들어진, 令 명령을 내릴 때 종을 울려 알렸다고 연상하기

上课铃响后，同学们都安静下来认真听老师讲课了。
수업 종이 울리자 학생들은 모두 조용해져서 선생님의 수업을 열심히 들었다.

030 锁
suǒ
명 쇠사슬, 자물쇠
동 잠그다

钅쇠를 小 작은 贝 조개 목걸이 엮듯이 엮어 쇠사슬 만들다

他不小心把小猫锁在了房间里。
그는 부주의로 어린 고양이를 방에 가두었다.

031 斜
xié
형 기울은, 비스듬한
동 기울이다

쌀독에서 余 남은 쌀을 덜어내려고 斗 말을 기울이다

他斜坐在沙发上玩手机。
그는 소파에 비스듬히 앉아 핸드폰을 하고 있다.

032 平
píng
형 평평한

他说话的语调非常平，没有什么起伏。
그는 그의 말투가 매우 평평하고 기복이 없다.

033 漏
lòu
동 틈으로 새다, 빠지다

빗 氵물이 尸 집(여기서만 户 집 호로 보기) 안쪽으로 雨 빗물이 새는 모습 연상

这个房子太破旧了，下雨的时候房顶好多处都会漏雨。
이 집은 너무 낡아서 비가 올 때 지붕 여러 곳에서 비가 샌다.

034 灰尘
huīchén
명 먼지

灰 재, 먼지 » 十 많이 火 불 땔 때마다 재, 먼지가 생긴다
尘 티끌, 먼지 » 小 작은 土 흙 위로 날리는 티끌, 먼지

这个房子太久没有人打扫卫生了，家具上到处都是灰尘。
이 집은 오랫동안 청소하는 사람이 없어서, 가구 곳곳에 먼지가 가득하다.

035 **拆**
chāi
동 뜯다, 떼다

扌 손을 사용해 斤 도끼로 ㇔ 찍으며 뜯다, 떼다

小明把空调的外壳拆下来了。
샤오밍은 에어컨의 외관을 뜯어냈다.

036 **移动**
yídòng
동 이동하다, 옮기다

移 옮기다 » 禾 벼가 多 많아지면 옮겨야 한다
动 움직이다 » 云 구름이 力 힘을 받아 움직이다

春节的时候广场上人山人海，大家想要移动都很困难。
춘절에는 광장이 인산인해여서, 이동하려는 모두가 이동하기 어렵다.

037 **碎**
suì
동 부서지다, 깨지다

石 돌을 卒 졸병들처럼 작은 단위로 부수다

他不小心把玻璃杯摔碎了。
그는 부주의로 유리잔을 깨뜨렸다.

038 **吵**
chǎo
형 시끄러운, 떠들썩한

口 입으로 떠드는 것이 나이가 少 적을수록 시끄럽다

楼上房子装修的声音很吵。
위층 집 인테리어 소리가 매우 시끄럽다.

039 **窄**
zhǎi
형 폭이 좁은, 협소한, 마음이 옹졸한

잔고에 穴 구멍이, 乍 갑자기 생겨 여유가 없어지다

这条小巷的路很窄。
이 골목의 길은 매우 좁다.

040 **宽**
kuān
형 폭이 넓은, 드넓은, 마음이 관대한

宀 집의, 艹 화초들을 돌보듯, 일들을 见 보는 사람은 너그럽다

大城市的马路非常宽。
대도시의 길은 매우 넓다.

19강 인테리어, 집

041 当心
dāngxīn
동 조심하다, 주의하다

当 당시가 되었을 때 心 마음을 쓰다 – 주의하다

你晚上那么迟回家要当心，注意安全。
저녁에 그렇게 늦게 집에 갈 때는 조심하고 안전 주의하세요.

042 包裹
bāoguǒ
동 싸다, 포장하다
명 소포, 보따리

包 싸다(필수구성요소표)
裹 싸다 »» 衣 옷같은(衣가 위아래로 분리됨) 보자기로 果 열매를 싸다

麻烦您把我的包裹寄存在酒店吧。
죄송하지만 제 소포를 호텔에 맡겨주세요.

043 艰巨
jiānjù
형 어렵고 막중한, 어렵고 힘든

艰 어렵다 »» 又 또 艮 멈추니까 어려워지다
艰 어렵고 巨 크다

这周的工作任务非常艰巨。
이번 주 작업 임무는 매우 어렵다.

044 中介
zhōngjiè
명 중개, 매개

中 중간에 介 끼다

带我看房子的中介非常热情，服务态度也很好。
집을 내게 보여 준 중개인은 매우 친절하고 서비스 태도도 좋다.

045 押金
yājīn
명 보증금, 담보금

押 누르다, 압박하다 »» 扌손으로 甲 갑인 자가 누르다
押 압박하는 金 돈 – 담보금

租这套房子要交多少押金呢？
이 집을 임대하려면 보증금을 얼마나 내야 합니까?

 예술

001 **主题**
zhǔtí
명 주제

題 표제, 제목 ≫ 是 맞는 页 머리(제목) 달아 주다
主 주 題 표제

这篇作文的主题是什么？
이 작문의 주제는 무엇입니까?

002 **领域**
lǐngyù
명 영역, 분야

领 거느리다 ≫ 令 명령하는 页 머리 - 우두머리가 거느리다
域 구역, 지역, 국가 ≫ 土 토지의 口 성과, 一 땅을, 빼앗길까
戈 창으로 구역을 지키다
어떤 특정한 주제가 领 거느리는 域 영역 – 분야

这是我不擅长的领域。
이것은 내가 잘 못하는 분야다.

003 **文学**
wénxué
명 문학

文 문 学 학

你的主修是汉语言文学吗？
당신의 전공은 중국어 문학입니까?

004 **哲学**
zhéxué
명 철학

哲 밝은, 슬기로운 ≫ 扌 손으로 斤 도끼 들고 내려치듯 시원
스레 口 말하는 것이 슬기롭다
哲 슬기롭고 밝은 学 학문

他对哲学产生了浓厚的兴趣。
그는 철학에 대해 깊은 흥미를 느꼈다.

005 **文字**
wénzi
명 문자, 문장, 글

文 문 字 자

这段文字写得非常生动细致。
이 단락은 매우 생동감 있고 섬세하게 쓰여졌다.

006 诗
shī
명 시

讠 말인데 寺 절에서 쓸 것만 같은 말이나 글 - 시

他每天都会背一首诗。
그는 매일 시 한 수를 외운다.

007 经典
jīngdiǎn
명 경전
형 전형적이고 영향력이 비교적 큰

经 지나다, 다스리다 » 纟 실이 베틀을 쪼 물줄기처럼 지나는 모습
经 다스리다 典 법, 법전 – 법처럼 인생을 다스리는 성현의 말이나 행실 엮은 글

这首经典音乐让人陶醉其中。
이 고전 음악은 사람을 그 속에 도취하게 한다.

008 古典
gǔdiǎn
형 고전적인

古 고 典 전

他今天去听了古典音乐会。
그는 오늘 클래식 음악회에 갔다.

009 想象
xiǎngxiàng
동 상상하다
명 상상

想 생각하다 象 상, 형상을

小朋友的想象力都很丰富。
어린이의 상상력은 매우 풍부하다.

010 感想
gǎnxiǎng
명 감상, 느낌

感 느끼고 想 생각한 것

你看完这本小说后有什么感想吗？
당신은 이 소설을 읽은 후 어떤 느낌이 있습니까?

011 作品
zuòpǐn
명 작품

作 작 品 품

这位作家的作品销量都很高。
이 작가의 작품 판매량은 모두 매우 높다.

012 价值
jiàzhí
명 가치

价 값 » 亻 사람 介 사이의 오고 가는 값, 가치
值 가치, 값 » 亻 사람이 直 곧으면 그만한 값을 한다

这幅画很有价值。
이 그림은 아주 가치가 있다.

013 **幅** fú
- 양사 옷감이나 종이 따위 세는 단위 - 폭
- 명 옷감의 폭, 너비

巾 천이 얼마나 * 畐 가득 차는지 - 폭, 너비
* 畐 가득하다 ≫ 田 밭이 口 一 넘쳐 가득하다

这一幅幅油画都是出自他手。
이 한 폭의 유화는 모두 그의 손에서 나온 것이다.

014 **形象** xíngxiàng
- 명 형상, 이미지
- 형 생생한, 구체적인

形 모양, 형상 + 象 상, 형상

新来的秘书形象非常不错。
새로 온 비서의 이미지가 매우 좋다.

015 **形状** xíngzhuàng
- 명 형상, 물체의 외관

状 모양, 형상 ≫ 爿 나뭇조각을 물고 있는 犬 개의 모습
形 모양, 형상 + 状 형상

魔方的形状有很多种。
큐브의 모양은 여러 가지가 있다.

016 **突出** tūchū
- 형 두드러지는, 뚜렷한
- 동 돌파하다, 뚫다

突 갑자기, 부딪치다 ≫ 穴 구멍에 犬 개가 갑자기 돌진하더니 부딪치다
突 부딪치듯 出 나오다

这篇文章突出了什么中心思想？
이 문장은 어떤 중심 사상을 부각시켰습니까?

017 **特征** tèzhēng
- 명 특징

征 치다, 정벌하다(彳 걸어가서 正 정확히 쳐야 정벌할 수 있다) - 이 단어에서는 음만 빌려옴
特 특 征 징

你可以描述一下嫌疑人的面貌特征吗？
용의자의 용모 특징을 묘사할 수 있습니까?

018 **特色** tèsè
- 명 특색, 특징
- 형 특별한, 독특한

特 특 色 색

这是我们城市的特色美食。
이것은 우리 도시의 특색 있는 음식이다.

019 风格
fēnggé
명 풍격, 품격, 기품

格 격 »» 木 나무는 各 각각 제각기 격이 다르다
风 풍 格 격

因为审美不同，每个人的穿衣风格都不一样。
심미가 다르기 때문에 사람마다 옷 스타일이 다르다.

020 形式
xíngshì
명 형식, 형태

形 모양 + 式 양식

形式主义是不必要的。
형식주의는 불필요한 것이다.

021 表达
biǎodá
동 생각이나 감정을 나타내다

达 도달하다 »» 大 큰 보폭으로 성큼성큼 辶 달려가면 결국 도착선 라인에 도달하게 된다
表 겉으로 达 도달되게끔 하다 – 표현하다

我们应该敢于表达自己内心的真实想法。
우리는 반드시 용감하게 자신 내면의 진실한 생각을 표현해야 한다.

022 体现
tǐxiàn
동 구현하다, 구체적으로 드러내다

体 물체, 몸 »» 亻사람의 本 근본
体 물체가 现 나타나도록 구현하다

这件事体现了他是个斤斤计较的人。
이 일은 그가 시시콜콜 따지는 사람이라는 것을 보여준다.

023 标志
biāozhì
명 상징, 표지
동 나타내다, 상징하다

标 표시하다 »» 무슨 종류의 木 나무인지 잘 示 보이게 표시하다
志 뜻 »» 士 선비의 心 마음엔 항상 뜻이 있다

这个房间里有禁止吸烟的标志。
이 방에는 흡연 금지 표지판이 있다.

024 运用
yùnyòng
동 운용하다, 활용하다

运 돌다, 옮기다, 운반하다 »» 云 구름이 하늘에서 옮겨 가듯 돌며 辶 가다
运 움직여 用 사용하다

运用数学公式来解题。
수학 공식을 활용하여 문제를 풀다.

025 抽象
chōuxiàng
형 추상적인

抽 뽑아내다 » 扌손 * 由 ~로부터 ~을 뽑아내다
* 由 원인, 말미암다, ~로부터 » 등잔의 초가 타는 모양, 등잔으로부터 초가 탄다
여러가지 사물이나 개념에서 특성이나 속성따위를 抽 뽑아내 象 형상화

> 这幅画十分抽象。
> 이 그림은 매우 추상적이다.

026 理论
lǐlùn
명 이론

理 다스리다, 이치, 도리 » 王 왕은 里 마을을 이성적으로 잘 다스려야 한다
论 논하다 » 讠말하면서 仑 생각하며(사람이 앉아 생각하는 모습) 논하다

> 理论和实践完全不一样。
> 이론과 실천이 완전히 다르다.

027 形容
xíngróng
동 형용하다, 묘사하다

容 얼굴 » 宀 (여기서는 머리 부분), 儿 할아버지 수염, 人 口 입의 굴곡진 얼굴
形 모양, 형상화하다 + 容 얼굴처럼 – 묘사하다

> 你可以形容一下自己现在的心情吗？
> 당신은 자신의 현재 심정을 묘사할 수 있습니까?

028 模仿
mófǎng
동 모방하다, 흉내내다

模 틀, 본보기 » 木 나무로 어떤 * 莫 막을 만들다
* 莫 가리다, 막, 저물다, 없다 » 艹 풀로 日 해를 가리기 위한 막을 大 크게 만들다
仿 본뜨다, 모방하다 » 다른 亻사람이 하는 方 방향대로 따라서 모방하다

> 他喜欢模仿各种动物的声音。
> 그는 각종 동물의 소리를 모방하는 것을 좋아한다.

029 描写
miáoxiě
동 묘사하다

描 그리다 » 扌손으로 艹 풀 田 밭을 그리다
描 그리다 写 쓰다 – 묘사

> 这段文字描写的是人物的神态。
> 이 단락이 묘사하는 것은 인물의 표정과 태도이다.

030 意义
yìyì
명 뜻, 의미, 의의

义 옳은 ››› 넥타이나, 도복을 잘 차려입은, **예절 있고 의롭고 옳게** 차려입은 듯한 모습
意 의 义 의

你应该努力去做你认为有意义的事情。
너는 너가 의미 있다고 생각하는 일을 열심히 해야 한다.

031 生动
shēngdòng
형 생동감 있는, 생생한

动 움직이다 ››› **云 구름**이 **力 힘**을 받아 **움직이다**
生 생생히 动 움직이는

生动地描写
생생하게 묘사하다

032 巧妙
qiǎomiào
형 교묘한

巧 솜씨 있는 ››› **工 만들** 때, **丂 잘 구부러지게**, 융통성 있게 만들어 **솜씨가 있다**
妙 예쁜, 오묘한 ››› **女 여자**가 나이가 **少 적은** 젊은 여자라면 **오묘하게** 예쁘다

他的回答非常巧妙。
그의 대답은 매우 교묘하다.

033 相似
xiāngsì
형 비슷한, 닮은

似 닮다, 비슷하다 ››› **亻사람**이 **以 이렇게 닮을** 수가 있나? 以(특별한 뜻이 없다)
相 서로 似 닮은

宇宙和海洋目前对人类来说是神秘的。
우주와 바다는 현재 인류에게 신비롭다.

034 讽刺
fěngcì
동 풍자하다

讽 풍자하다 ››› **讠말**에 **风 바람**같은 비웃음을 넣어 **풍자하다**
刺 찌르다, 가시 ››› * **朿 가시**는 **刂칼**처럼 뾰족해서 잘 **찌른다**
* 朿 가시 ››› **가시**나무는 **木 나무**가 가시로 **冂 둘러져** 있다.

面对别人的讽刺，他丝毫不在意。
다른 사람의 풍자에 직면해도, 그는 조금도 개의치 않는다.

035 结合
jiéhé
동 결합하다, 결부하다

结 맺다, 마치다 »» 纟 실을 吉 길하도록 맺다, 묶는다(아기가 태어났을 때 금줄 치는 것 연상)
结 맺다 合 합하다

> 结合能
> 결합에너지

036 包含
bāohán
동 포함하다

包 싸다, 감싸다
含 포함하다, 머금다 »» 今 지금도 口 입에 머금고 있다

> 这项服务里包含了多少服务项目？
> 이 서비스에는 얼마나 많은 서비스 항목이 포함되어 있습니까?

037 组合
zǔhé
동 조합하다, 짜 맞추다

组 베를 짜다 »» 纟 실을 且 또 짜고 또 엮고 하면서 베를 짜다
组 짜서 合 합치다

> 这个男团是由两个中国人三个韩国人组合的。
> 이 남자 그룹은 중국인 2명, 한국인 3명으로 구성됐다.

038 缺乏
quēfá
동 모자라다, 결핍되다

缺 모자라다 »» 缶 그릇, 夬 나누다, 가르다 - 그릇을 갈라 버리면 결함이 있게 된다
乏 모자라다 »» 丿 기울게 之 걸어가면 모자라 보인다

> 他缺乏独立思考的能力。
> 그는 독립적으로 사고하는 능력이 부족하다.

039 省略
shěnglüè
동 생략하다

省 살피다, 줄이다 »» 少 적게 目 눈대중으로 살펴 가며 줄이다
略 약탈하다, 간략하다 »» 田 밭을 各 각자 가지기 위해 약탈하다
省 줄이다 略 약탈하듯 빼버리다

> 这段文字我就省略不说了，因为你们都看过了。
> 이 단락의 글은 당신들이 다 보았기 때문에, 생략하고 말하지 않겠습니다.

040 **单纯** dānchún
형 단순한

纯 순수한 »» 纟 실타래처럼 屯 새순이(새순이 올라오는 모양) 올라오는 순수한 모습
单 단 纯 순

> 她是个单纯的女生。
> 그녀는 단순한 여자다.

041 **搞** gǎo
동 하다, 처리하다, 손에 넣다

扌손을 高 높이 들어 올려서 일을 처리하다

> 搞两张火车票。
> 기차표 두 장을 손에 넣다.

042 **完美** wánměi
형 매우 훌륭한, 완전무결한, 완미한

完 완벽히 美 아름다운 형태인

> 她在这部电影里的演技近乎完美。
> 그녀의 이 영화에서의 연기는 완벽에 가깝다.

043 **完整** wánzhěng
형 완전한, 완전무결한

整 가지런히 하다 »» 어질러진 것을 束 묶거나 攵 쳐내서 正 바르게 가지런히 하다
完 완전히 整 가지런하게 완전무결한

> 我们是一个完整的团队。
> 우리는 완전한 팀이다.

044 **神秘** shénmì
형 신비한

秘 숨기다, 알리지 않는, 신비한 »» 禾 벼를 必 반드시 숨겨야 한다(벼가 그 당시 재물이기 때문)
神 신령같은 秘 신비한

> 神秘主义
> 신비주의

21강 취미, 경기

001 业余
yèyú
[형] 여가의, 업무 외의

业 업무 + 余 나, 남다, 나머지 - 업무 외의

这个比赛有分业余组和专业组的。
이 시합은 아마추어 조와 프로 조로 나뉜다.

002 娱乐
yúlè
[동] 오락하다
[명] 오락, 즐거움

娱 즐기다 ≫ 女 여자가 口 입으로 수다 떠는 것을 天 하늘에 닿을 정도로 **즐기다**
乐 = 樂 즐겁다

小明每天都会抽出一个小时的时间用于娱乐。
샤오밍은 매일 한 시간씩 시간을 내서 오락에 쓴다.

003 空闲
kòngxián
[형] 비어 있는, 한가한

空 비다 ≫ 穴 구멍이 工 만들어져서 **비어** 버리다
闲 한가하다 ≫ 门 문에 사람이 드나들지 않고 木 나무가 자랄 정도로 **한가하다**

小明利用自己空闲的时间写了一本小说。
샤오밍은 자신의 여가 시간을 이용하여 소설을 한 권 썼다.

004 休闲
xiūxián
[동] 한가롭게 보내다, (경작지를)묵히다

休 쉬다 ≫ 亻사람이 木 나무에 기대어 **쉬다**
闲 한가하다 ≫ 门 문에 사람이 드나들지 않고 木 나무가 자랄 정도로 **한가하다**

炎炎夏日，避暑山庄可是休闲度假的好地方。
무더운 여름, 피서 산장은 레저와 휴가를 즐기기에 좋은 곳이다.

005 歇
xiē
[동] 휴식하다, 멈추다

日 태양을 보며 人 사람이 몸을 勹 + ㄴ 감싸면서 欠 하품을 하며 **휴식하다**

老奶奶每走一段路就会坐下歇一会儿。
할머니는 길을 걸을 때마다 앉아서 좀 쉰다.

006 俱乐部
jùlèbù

명 동호회, 클럽

俱 함께, 갖추다 »» 具(필수구성요소 - 갖추다) 具 = 俱 같은 글자라고 생각하면 된다
乐 = 樂 즐겁다
部 떼, 마을, 부 »» 立 서 있는 집의 口 문들을 기준으로 묶어 阝 막아서 마을, 부분을 이루다
俱 함께 乐 즐겁게 노는 部 부

> 小明在搏击俱乐部学习了不少搏击的知识。
> 샤오밍은 이종격투기 클럽에서 많은 이종격투기 지식을 배웠다.

007 展览
zhǎnlǎn

동 전시하다, 전람하다
명 전람회

展 펴다, 전람회의 "전"
览 보다 »» 刂 칼로 艹 대나무를 잘 잘랐는지 见 보다

> 博物馆里展览出许多名贵字画。
> 박물관에 많은 진귀한 서화가 전시되어 있다.

008 表现
biǎoxiàn

동 표현하다, 나타내다
명 태도, 품행, 표현

表 겉 »» 一一丨 겹쳐 입은 衣 옷은 사람 몸의 겉 부분에 있다
表 겉으로 现 나타나게 하다

> 表现形式
> 표현형식

009 美术
měishù

명 미술, 그림

美 아름다움과 관련
术 재주 »» 木 나무를 잘 丶 골라내는 재주

> 小明从小学习美术。
> 샤오밍은 어릴 때부터 미술을 공부했다.

010 类型
lèixíng

명 유형

类 무리, 종류 »» 米 쌀 大 크게 무리로 분류하다
型 모형 »» 干干 방패들과 刂 칼을 똑같이 만들기 위해 土 흙으로 틀, 거푸집 만들다

> 你喜欢的女生的类型是什么样的？
> 당신이 좋아하는 여자 유형은 무엇입니까?

011 乐器
yuèqì
명 악기

乐 = 樂 즐겁다
器 그릇 » 犬 개는 자기의 ㅁㅁㅁㅁ 밥그릇들을 아주 잘 지킨다

> 小提琴是一种弦乐器。
> 바이올린은 현악기의 일종이다.

012 首
shǒu
양사 (노래, 시 등 따위의 양사) 수

首 머리 – 한 놈, 두 놈 셀 때 머리 숫자 세는 것처럼, 노래, 시 등을 세는 양사로 생각

> 小明每天都要朗诵一首诗。
> 샤오밍은 매일 한 편의 시를 낭송한다.

013 动画片
dònghuàpiàn
명 만화영화

动 움직이다 » 云 구름이 力 힘을 받아 움직이다
动 움직이는 画 그림 片 조각들 – 만화영화

> 小明喜欢看动画片，不喜欢看电视剧。
> 샤오밍은 애니메이션 보는 것을 좋아하지만 드라마는 아니다.

014 玩具
wánjù
명 완구, 장난감

玩 놀다 » 王 왕은 놀 때도 * 元 최고로 갖춰서 잘 논다.
　　　　(* 元 위안화 돈은 항상 최고 으뜸)
玩 놀 때, 具 갖춰야 하는 것 – 장난감

> 生日会上，爸爸送了我满满一箱的玩具。
> 생일 파티에서 아버지는 나에게 가득 찬 장난감 상자를 주셨다.

015 失去
shīqù
동 잃다

失 잃어 去 가 버리다 – 잃다

> 有些东西失去了就再也找不回来了。
> 어떤 것들은 잃어버리면 다시 찾을 수 없다.

016 热烈
rèliè
형 열렬한

热 뜨겁다, 열 » 扌 손으로 丸 알을(九 구미호가 丶 찍은 구슬, 알) 灬 불에 넣어 뜨거워지다
烈 굳세다 » 歹 죽을 각오를 하고, 刂 칼을 들고, 灬 불구덩이에, 굳세게 뛰어드는 모습

> 这样热烈的欢迎场面出乎我意料。
> 이런 열렬한 환영 장면은 나의 예상 밖이었다.

017 **象棋**
xiàngqí
- 명 중국 장기

棋 바둑, 말 »» 木 나무로 만들어진, 말판에서 其 그 역할을 해주는 말
象 코끼리 상아로 만든 棋 말

> 象棋是一种非常好的策略游戏。
> 장기는 매우 좋은 전략 게임이다.

018 **刺激**
cìjī
- 동 자극하다, 북돋우다, 고무하다
- 명 자극, 충격

刺 찌르다, 가시 »» 朿 가시는 刂 칼처럼 뾰족해서 잘 찌른다
激 격하다, 부딪쳐 흐르다 »» 氵물이 白 흰 거품을 만들어 方 사방에서 찰싹찰싹 攵 쳐대다

> 这是一场紧张又刺激的篮球比赛。
> 이것은 긴장되고 짜릿한 농구 경기이다.

019 **连续**
liánxù
- 동 연속하다, 계속하다

连 잇다 »» 车 차가 굴러 辶 가는 것처럼 잇다
续 잇다 »» 纟실을 卖 팔려면, 길게 이어 만들어야 한다

> 小明连续两年得了全年级第一得好成绩。
> 샤오밍은 2년 연속 전 학년 1위의 좋은 성적을 받았다.

020 **钓**
diào
- 동 낚시질하다, 낚아채다

钅금속 바늘에다가 미끼를 勺 묶는다 연상 – 낚시질

> 我钓到一条大鱼。
> 나는 큰 물고기를 한 마리 잡았다.

021 **熬夜**
áoyè
- 동 밤새다

熬 달이다, 끓이다 »» 串 꼬치를 물에 넣어 * 放 놓고 灬 불로 끓이다
* 放 놓다 »» 方 방향을 정해 탁 攵 쳐서 놓다
夜 밤 »» 亠 머리에 갓을 쓴 亻사람들이 夕 + 攵 - 夕 저녁이 되면 집으로 攵 걸어가는 시각

> 熬夜对人体的伤害是非常大的。
> 밤을 새워 인체에 미치는 피해는 매우 크다.

022 **使劲儿**
shǐjìnr
- 동 힘을 쓰다, 힘껏 도와주다

劲 굳센 »» 巠 물줄기처럼 마르지 않는 굳센 力 힘
使 하게끔 하다 劲 굳세게

> 小明笑得前仰后翻，使劲儿拍着沙发。
> 샤오밍은 몸을 앞뒤로 흔들며 웃고, 소파를 힘껏 두드렸다.

023 **气氛**
qìfēn
명 분위기

气 기 + 氛 기운(气 기 + 分 분 - 음부분)

这家公司员工的气氛非常融洽。
이 회사 직원들의 분위기는 매우 화기애애하다.

024 **射击**
shèjī
동 사격하다, 쏘다

射 쏘다 ≫ 身 몸 寸 마디마디가 화살을 쏘기 위해 신경이 가 있는 모습 연상
击 치다, 공격하다 ≫ 당태종이 고구려 안시성을 정복하려 土, 山 토산을 쌓아서 공격하려 했다

他举起手枪就对犯人射击。
그는 권총을 들어 범인을 향해 사격했다.

025 **武术**
wǔshù
명 무술

武 무인, 무사들이 쓰는 术 재주(木 나무를 잘 ヽ 골라찍는 재주)

小明最近在学习武术的基本功。
샤오밍은 요즘 무술의 기본기를 배우고 있다.

026 **太极拳**
tàijíquán
명 태극권

极 극, 다하다 ≫ 木 나무는 끝까지 어디든 及(이를 급) 이르러, 제 몫을 다한다
拳 주먹 ≫ 잘 뜯어보면 3개의 手 손을, 한 글자로 표현한 것 / 头 - 手 손 2개를 합쳐 놓음
太 크게 크게, 원을 极 끝까지 다, 그리며 拳 주먹, 손을 쓰는 태극권 연상

花园里爷爷正在和自己的朋友一起打太极拳。
화원에서 할아버지는 친구와 함께 태극권을 하고 있다.

027 **项目**
xiàngmù
명 항목, 종목

项 항목, 조목 ≫ 工 일할 것들을 页 머릿속에 항목, 조목별로 담고 있다
项 항목을 目 눈으로 훑으며 보는 것 연상

这个项目的可执行性非常高。
이 프로젝트의 실행 가능성은 매우 높다.

028 届
jiè
양사 (정기적 회의, 졸업 연차 따위에 쓰임)
회, 기, 차

届 양사는 연상법 되도록 쓰지 않는 것이 좋음, 통째로 외우는 것 추천

> 小明是这届学生中成绩最优秀的。
> 샤오밍은 이번 학생 중에서 성적이 가장 우수하다.

029 操场
cāochǎng
명 운동장

操 잡다 »» 扌손으로 木 나무 위에 있는 品 물건을 잡다
멀리 있지 않은, 손에 가까이 操 잡히는 场 장소 – 운동장

> 学校的操场上正在举办一年一次的秋季运动会。
> 학교 운동장에서는 1년에 한 번 열리는 가을 운동회가 열리고 있다.

030 球迷
qiúmí
명 축구팬, 구기 마니아

迷 미혹하다 »» 米 쌀이 있는 곳에 辶 가게 되다, 쌀이 귀해서 쌀을 주는 곳에 미혹되다
球 공과 관련된 것에 迷 미혹된 자 – 구기 마니아

> 我的爸爸是个球迷。
> 우리 아버지는 축구팬이다.

031 训练
xùnliàn
동 훈련하다

训 가르치다, 타이르다 »» 讠말을 川 시냇물 흘러가듯 속사포처럼 가르치다
练 익히다 »» 纟실을 잘 * 柬 분간해 가려내려면 열심히 익혀 연습해야 한다
* 柬 편지, 가려내다 »» 木 목판 위에 글을 써 口 둘러 묶어 봉니 진흙 같은 것(점 두 개)으로 봉해 편지를 보냈다. 봉니는 누군가에 의해 편지가 읽혀졌는지 가려냄
변형자 예시 참고 东=柬 과 같다

> 为了在游泳比赛得第一名，小明每天都参加游泳训练。
> 샤오밍은 수영 대회에서 1등을 하기 위해 매일 수영 훈련에 참가한다.

032 **教练** jiàoliàn
- 동 조련하다, 지도하다
- 명 코치, 감독

练 익히다 》 纟 실을 잘 柬 분간해 가려내려면 열심히 **익혀 연습해야** 한다
教 가르치고 练 익히게 하다

小明是一位健身教练。
샤오밍은 헬스 트레이너이다.

033 **参与** cānyù
- 동 (활동에)참여하다 (조직을 목적어로 쓰지 않는다)

参 참여하다, 뒤섞이다
》 厶 사사로운 大 큰 파티 참여한 사람들의 彡 머릿수(본 뜻은 머리털)를 세며 빽빽하게 뒤섞인 사람들의 **참석**을 체크하다
与 더불어, 함께하다 》 ~와 할 때 쓰이는 与는 본 뜻이 "함께하다"라는 것 기억하기

小明积极参与各种课外活动。
샤오밍은 각종 과외 활동에 적극적으로 참여한다.

034 **开幕式** kāimùshì
- 명 개막식

幕 장막 》 * 莫 막 + 巾 천(뜻을 더 강화)
* 莫 가리다, 막, 저물다, 없다 》 艹 풀로 日 해를 가리기 위한 **막**을 大 크게 만들다
开 열다 + 幕 막, 장막 + 式 양식, 법 – 개막식

学校邀请了优秀学生的家长作为文艺汇演开幕式的嘉宾。
학교에서 우수한 학생의 학부모를 문예 공연 개막식의 게스트로 초청하였다.

035 **决赛** juésài
- 명 결승전

赛 시합 》 宀 집에 一一 丨丨一 쌓아 丿乀 올린 贝 재물 이 얼마나 많나 집집마다 **내기**해 보다
决 결정이 나는 赛 시합

今天是游泳比赛决赛的日子。
오늘은 수영 경기 결승전이 있는 날이다.

036 **对手** duìshǒu
- 명 상대, 적수

对 상대가 되는 적수(手)

中国乒乓球队的比分超过了所有对手。
중국 탁구팀의 점수는 모든 상대를 앞질렀다.

037 胜利
shènglì

명 승리
동 승리하다, 성과 거두다

胜 이기다 ≫ 月 몸에서 生 생기가 나 이기다
利 날카롭다, 이익 ≫ 禾 벼를 베려면 刂 칼이 날카로워야 한다, 벼를 수확을 해 이익 내다

> 我校篮球队胜利的消息传遍了整个校园。
> 우리 학교 농구팀의 승리 소식이 온 캠퍼스에 퍼졌다.

038 冠军
guànjūn

명 우승, 1등, 1등팀, 챔피언

冠 갓, 우두머리, 으뜸 ≫ 冖 덮어 씀으로써 元 으뜸이라는 寸 마디를 나타내는 것 – 갓
冠 으뜸인 军 군사, 무리 – 으뜸인 무리

> 他每天都努力练习下棋只为了在这次象棋比赛中获得冠军。
> 그는 이번 장기 대회에서 우승하기 위해서 매일 바둑을 열심히 연습한다.

039 善于
shànyú

동 ~에 능숙하다, ~에 뛰어나다

善 선하다, 잘하다, 좋다 ≫ 선하게 생긴 羊 양이 艹 풀을 口 입으로 아주 잘 뜯어먹는 것 연상
善 선하다는 뜻 외에 잘한다는 뜻이 있다는 것 참고하여, 善 잘하다 + 于 어조사

> 小明的性格活泼，非常善于交朋友。
> 샤오밍의 성격은 활발하고 친구를 잘 사귄다.

040 充分
chōngfèn

형 충분한
부 충분히

充 충 分 분

> 做任何事之前都要做好充分的准备和计划。
> 어떤 일을 하기 전에 충분한 준비와 계획을 세워야 한다.

041 力量
lìliang

명 힘, 능력, 역량

量 양, 헤아리다 ≫ 日 해가, 一 한, 里 마을에 내리쬐는 일조량이 얼마나 되나 헤아리다
力 힘의 量 양

> 知识就是力量。
> 지식은 힘이다.

042 **非**
fēi
동 ~이 아니다, 부정을 나타냄

필수부수 – 부정의 의미

你都发烧了，非去医院不可了。
너는 열이 났으니, 병원에 가지 않으면 안된다.

043 **怪不得**
guàibude
부 어쩐지

怪 괴이하다 »» 忄 마음에 又 손으로 土 흙칠을 한 것처럼 괴이하다
怪 괴이 + 不得 부득 – 어쩐지

小明总是上课开小差，怪不得数学期末考试成绩没及格。
샤오밍은 항상 수업을 빼먹더니, 어쩐지 수학 기말고사 성적이 불합격했다.

044 **了不起**
liǎobuqǐ
형 보통이 아닌, 뛰어난

了 끝내지 不起 못 할 정도로 보통이 아닌

妈妈是这个世界上最伟大最了不起的人。
엄마는 이 세상에서 가장 위대하고 대단한 사람이다.

21강 취미, 경기

22강 감정, 느낌

001 情绪
qíngxù
명 기분, 마음

情 감정 ≫ 어떤 형태의 忄 감정이어도 青 푸르른 것처럼 순수한 상태의 것이 감정
绪 실마리, 단서 ≫ 纟 실타래처럼 얽힌 것을 어떤 者 자가 풀어가며 단서를 얻다

> 他的奶奶昨天去世了，所以他今天的情绪很不稳定。
> 그의 할머니가 어제 돌아가셔서 오늘 그의 기분이 매우 불안정하다.

002 语气
yǔqì
명 말투, 어투

语 말의 气 기운

> 她说话的语气非常柔和。
> 그녀의 말투는 매우 부드럽다.

003 自觉
zìjué
동 자각하다, 스스로 느끼다

觉 감각, 깨닫다 ≫ (丶 + 丶 + 丶 + 一) 머리에 총기가 쌓여, 무엇이든 잘 见 보여 감각 발달하다
自 스스로 觉 깨닫다

> 自觉自愿
> 자각하여 스스로 원하다

004 自豪
zìháo
형 스스로 긍지를 느끼는, 자부심을 느끼는

豪 호걸, 빼어나다 ≫ 高 높은 + 豕 돼지 - 높이 자라난 큰 돼지의 빼어난, 대장 모습을 연상
自 스스로를 豪 빼어나다고 느끼는

> 这次期末考试我考了全校第一，我十分自豪。
> 이번 기말고사에서 나는 전교 1등을 해서 매우 자랑스럽다.

005 满足
mǎnzú
[동] 만족시키다, 만족하다

满 가득 차다 ≫ 氵 물을 듬뿍 가득 차도록 艹 화초의 两 양쪽 변에 다 가득 차게 준다
满 만 足 족

> 他总是会在能力范围之内满足我的需求。
> 그는 항상 능력 범위 내에서 나의 요구를 만족시킬 것이다.

006 感激
gǎnjī
[동] 감격하다

激 격하다, 부딪쳐 흐르다 ≫ 氵 물이 白 흰 거품을 만들어 方 사방에서 찰싹찰싹 攵 쳐대다
感 감정이 激 격하게 흐르다

> 邻居在我出差的这段时间，帮我喂养了我的猫，我十分感激他。
> 이웃이 내가 출장 가는 동안 나의 고양이를 키워줘서 나는 정말 감격했다.

007 佩服
pèifú
[동] 탄복하다, 감탄하다

佩 지니다, 탄복하다 ≫ 亻 사람이 几 어떤 높은 단수를 나타내는 一 하나의 巾 띠를 두르며 펄럭이면서 지니고 다니자 사람들이 탄복해 하다
服 옷, 복종, 항복 ≫ 月 몸을 卩 꿇고 又 손을 가지런하게 하는 항복과 복종의 모습을 연상
佩 탄복하다 服 복종 할만큼

> 她高超的演奏水平让我十分佩服。
> 그녀의 수준급 연주 실력은 나를 매우 감탄하게 했다.

008 忍不住
rěn bu zhù
참을 수 없다, 견딜 수 없다

忍 참다 ≫ 刃 칼날을 心 마음속에 숨기고 참다
忍 참는 것을 不住 못하다

> 她在公车上看到了家人去世的消息，忍不住大哭起来。
> 그녀는 버스에서 가족이 죽었다는 소식을 보고 참지 못하고 펑펑 울음을 터뜨렸다.

009 不耐烦
búnàifán

형 귀찮은, 성가신

耐 견디다, 참다 »» 긴 연설 而 말이 이어지고 寸 마디마디가 계속 늘어나도 견디고 참아야 한다
烦 번거롭다, 성가시다 »» 火 불 붙은 것처럼 页 머릿속이 번거롭다
不 못한다 耐 참을 수가 烦 번거로운 것을

> 做服务行业应该耐心一些，不能不耐烦。
> 서비스업을 하려면 인내심을 가져야지, 조급해해서는 안 됩니다.

010 过分
guòfèn

동 말이나 행동이 지나치다

过 지나다 分 분수를

> 我觉得这件事情你做的有些过分了。
> 이 일은 네가 한 것이 좀 지나치다고 생각한다.

011 流泪
liúlèi

동 눈물을 흘리다

泪 눈물 »» 氵 물이 目 눈에서 나오다
流 흐르다 泪 눈물

> 她一边流泪一边给大家讲述自己悲惨的人生故事。
> 그녀는 눈물을 흘리면서 모두에게 자신의 비참한 인생 이야기를 들려주었다.

012 平静
píngjìng

형 평온한, 차분한

静 고요하다 »» 青 푸르다 + 争 싸움 - 싸움의 상태가 격렬한 빨강이 아닌 푸른색 - 소강상태, 싸움이 끝나서 고요한 상태
平 평안하고 静 고요한

> 平静的水面上没有一丝波澜。
> 잔잔한 수면에는 일말의 파도도 없다.

013 平安
píng'ān

형 무사한, 평안한

平 평 安 안

> 人最重要的就是身体健康，平安就是最大的福气。
> 사람에게 가장 중요한 것은 신체 건강이고, 평안은 가장 큰 복이다.

014 不安
bù ān
형 불안한

不 불 安 안

这次考试的成绩非常差，我害怕父母也怪我，回家的路上就一直忐忑不安。
이번 시험의 성적이 매우 나빠서, 부모님이 나를 탓하실까 두려워 집으로 돌아오는 내내 조마조마했다.

015 慌张
huāngzhāng
형 당황한, 허둥대는

慌 당황하다 ≫ ↑ 감정이 * 荒 거칠어져 당황하다
* 荒 거칠다, 황량하다 ≫ ⺾ 풀이, 亡 망해 죽고, 川 시내만 흐르는 모습은 황량하고 거칠다
张 넓히다 ≫ 弓 활을 长 길게 해 넓히다
慌 당황함이 张 넓어지다

他神色慌张，十分可疑。
그는 당황한 기색이 매우 수상하다.

016 不得了
bùdéliǎo
형 큰일났다, 야단났다, 정도가 심한

이러한 단어 형태는 연상이 아닌 예문을 통해서 감을 익히기

不得了了！王奶奶的贵重物品被小偷偷走了。
큰일났다! 왕 할머니의 귀중품을 도둑이 훔쳐갔다.

017 倒霉
dǎoméi
형 운이 없는, 재수 없는

倒 넘어지다, 뒤집다, 망하다 ≫ 亻사람에게 至 이르다 刂 칼이
- 사람이 칼에 맞아 넘어지다
霉 곰팡이 ≫ 雨 비가 오면 每 매번 곰팡이가 핀다
倒 넘어지다 霉 곰팡이 쪽으로 – 재수 없는

最近他总是遇到倒霉的事。
요즘 그는 항상 재수 없는 일을 당한다.

018 操心
cāoxīn
동 걱정하다, 신경쓰다, 마음을 쓰다

操 잡다 ≫ 扌손으로 木 나무 위에 있는 品 물건을 잡다
操 잡다 心 마음을 – 마음을 어딘가에 쓰다

妈妈总是家庭里最操心的人。
엄마는 항상 가정에서 가장 걱정하시는 분이다.

019 发愁
fāchóu

동 근심하다, 걱정하다

愁 근심하다 ≫ *秋 가을에는 心 마음이 심란해지며 괜히 근심한다(가을 타는 남녀)
*秋 가을 ≫ 禾 벼가 火 따뜻하게 잘 익어 수확하는 계절인 가을
发 쏘듯이 愁 근심하다

> 不要为一些还没发生的事情发愁。
> 아직 일어나지 않은 일로 걱정하지 마세요.

020 在乎
zàihū

동 마음에 두다, 신경쓰다, ~에 달려있다

在 두다 + 乎 어조사

> 因为喜欢你，所以才会在乎你。
> 당신이 좋으니까 신경 쓰는 거예요.

021 遗憾
yíhàn

형 유감스러운

遗 남기다 ≫ *贵 귀한 물건은 어디를 辶 갈 때 남겨 놓고 간다
*贵 귀하다 ≫ 中 중앙 一 한 가운데에 모셔놓는 贝 재물은 귀하다
憾 섭섭하다 ≫ 忄 감정(뜻부분) + 感 감(음부분)

> 我很遗憾没能在他出国前见他一面。
> 나는 그가 출국하기 전에 그를 만나지 못해서 매우 유감이다.

022 灰心
huīxīn

동 낙담하다, 의기소침하다

灰 재, 먼지 ≫ 十 많이 火 불 땔 때마다 재, 먼지가 생긴다
灰 재가 된 듯한 心 마음

> 失败了也不要灰心，汲取经验后下次不再犯就可以了。
> 실패해도 낙심하지 말고 경험을 쌓아서 다음에 다시 저지르지 않으면 된다.

023 委屈
wěiqu

형 억울한
동 억울하게 하다, 섭섭하게 하다

委 맡기다 ≫ 禾 벼를 女 아내가 관리하도록 맡기다
屈 굽히다 ≫ 尸 몸이 출구를 出 나갈 때 굽는다
재산을 委 맡기면서 屈 굽히기까지 해야 하니 억울하다

> 他感到十分委屈，因为朋友误会了他。
> 그는 친구가 그를 오해했기 때문에 매우 억울함을 느꼈다.

024 惭愧
cánkuì
- 형 부끄러운, 송구스러운

惭 부끄러워하다 »» ↑ 감정의 흑역사들을 车 차에 태워 斤 도끼로 찍고 싶을 만큼 **부끄러운**

愧 부끄럽다 »» ↑ 마음에 양심적으로 찔리는 것이 있어 鬼 귀신한테도 **부끄럽다**

> 他很惭愧，因为刚才他对大家说了谎。
> 그는 방금 모두에게 거짓말을 했기 때문에 매우 부끄럽다.

025 寂寞
jìmò
- 형 쓸쓸한, 적막한, 외로운

寂 쓸쓸하다 »» 宀 집에, 叔 아재만(손 上 위 小 작은 又 또 다른 숙부) 있어 **쓸쓸하고 고요하다**

寞 고요하다 »» 宀 집에 * 莫 막이 드리워진 듯 **고요하다**

* 莫 가리다, 막, 저물다, 없다 »» 艹 풀로 日 해를 가리기 위한 **막**을 大 크게 만들다

> 她家里有一只小猫，所以她每天下班回家后一点也不寂寞。
> 그녀의 집에는 고양이 한 마리가 있어서, 매일 퇴근하고 집에 돌아온 후에 조금도 외롭지 않다.

026 想念
xiǎngniàn
- 동 그리워하다

念 기억하다 »» 今 지금처럼 心 마음으로 간직하기 위해 **기억하다**

想 생각하고 念 기억하며 그리워하다

> 我想念我的朋友。
> 나는 나의 친구가 그립다.

027 怀念
huáiniàn
- 동 그리워하다, 회상하다

怀 생각하다, 품다 »» ↑ 마음은 不 부재한 것, **없는** 것을 **생각**하고 품는다

念 기억하다 »» 今 지금처럼 心 마음으로 간직하기 위해 **기억하다**

> 我很怀念那段过往幸福的时光。
> 나는 행복했던 그 지난 시절이 그립다.

028 恨
hèn
- 동 원망하다, 증오하다
- 명 한, 원망

↑ 마음에서 어떤 일을 艮 그치고 못하게 되면 한이 생긴다

> 他恨那个杀了他父亲的人。
> 그는 아버지를 죽인 그 사람을 미워했다.

22강 감정, 느낌

029 抱怨
bàoyuàn
[동] 원망하다

抱 안다, 품다 ≫ 扌손으로 包 싸듯이 품다
怨 원망하다 ≫ 夕 밤마다 㔾 몸 구부리며 心 마음에 원망이 가득
抱 품다 怨 원망을

> 抱怨是最没有意义的事情。
> 원망은 가장 무의미한 일이다.

030 好奇
hàoqí
[형] 호기심이 많은

奇 기이하다 ≫ 의심 없이 大 크게 可 허락하는 것이 기이하다
好 좋아한다 奇 기이한 것을 - 호기심이 많은

> 她总是对什么事情都很好奇。
> 그녀는 항상 무슨 일이든 궁금해한다.

031 充满
chōngmǎn
[동] 충만하다, 넘치다

满 가득 차다 ≫ 氵물을 듬뿍 가득 차도록 艹화초의 两 양쪽 변에 다 가득 차게 준다
充 충 满 만

> 他是在一个充满爱的大家庭里长大的。
> 그는 사랑이 넘치는 대가족에서 자랐다.

032 感受
gǎnshòu
[동] 영향받다, 감수하다

感 느끼고 受 받다

> 看着小说里细致的描写，仿佛我也能感受到主人公的心情。
> 소설 속 세밀한 묘사를 보면 주인공의 심정이 나도 느껴지는 것 같아요.

033 承受
chéngshòu
[동] 견뎌내다, 받아들이다

承 받들다, 계승하다 ≫ 子 남자아이를(대를 이을) 낳아 양손으로 받들고 있다고 연상
承 받아들이다 受 받다

> 他的心理承受能力很弱。
> 그의 심리적 저항력은 매우 약하다.

034 疲劳
píláo

형 피로한, 지친

疲 피곤하다 » 너무 **피로**해서 疒 병 걸린 것처럼, 皮 가죽만 남은 것 같은 피로
劳 일하다 » 艹 풀 冖 덮인 곳에서 力 힘써 일하다

> 他在田里干了一天的活，感到十分疲劳。
> 그는 밭에서 하루 종일 일을 했더니 매우 피곤함을 느꼈다.

035 艰苦
jiānkǔ

형 어렵고 고달픈

艰 어렵다 » 又 또 艮 멈추니까 **어려워**지다
苦 쓰다 » 艹 풀을 古 오래 씹으면 쓰다

> 贫困地区的人们的生活条件是十分艰苦的。
> 빈곤 지역 사람들의 생활 여건은 매우 고달프다.

036 痛苦
tòngkǔ

형 고통스러운
명 고통, 아픔

痛 아프다 » 疒 병으로 가는 * 甬 길은 **아프다**
* 甬 길 » 丆 丶 길이, 用 유용하게 나있다
苦 쓰다 » 艹 풀을 古 오래 씹으면 쓰다

> 每天凌晨4点就要起床去上班，他感到十分痛苦。
> 매일 새벽 4시에 일어나 출근해야 하는 그는 괴로웠다.

037 安慰
ānwèi

동 위로하다
형 위로가 되는

慰 위로하다 » 尸 시체를 示 보게 된 사람들의 寸 마디마디가 오싹해진 心 마음을 **위로해** 주다
安 안정 + 慰 위로

> 小明安慰着正在哭泣的同桌。
> 샤오밍은 울고 있는 짝꿍을 위로하고 있다.

038 吓
xià

동 놀라다, 무서워하다

口 입이 下 아래로 떨어지며 **놀라다**

> 你突然从门后窜出来吓了我一跳。
> 네가 갑자기 문 뒤에서 뛰어나와서 깜짝 놀랐다.

039 可怕
kěpà
형 무서운, 두려운

怕 두려워하다 » ↑ 감정이 白 백지 상태가 되며 두려워지다
可 강조 + 怕 두려움

失败并不可怕，可怕的是没有爬起来的勇气。
실패는 결코 두렵지 않으나, 두려운 것은 일어설 용기가 없다는 것이다.

040 呆
dāi
형 멍한, 어리둥절한, 멍청한

口 입을 벌리고 木 나무 위에 있는 행동은 어리석은 짓

他呆呆地看着窗外的风景。
그는 멍하니 창밖의 풍경을 보고 있다.

041 哈
hā
의성어 하하

의성어이니, 口 입이 들어감

她被喜剧电影中的情节逗得哈哈大笑。
그녀는 코미디 영화 속 줄거리에 깔깔 웃었다.

042 唉
āi
감탄사 아이고

의성어이니, 口 입이 들어감

唉，这次考试又没及格。
아이고, 이번 시험에 또 합격하지 못했구나.

043 哎
āi
감탄사 어!, 야!

의성어이니, 口 입이 들어감

哎，你等等我，我们一起去食堂呀。
야, 기다려, 우리 같이 식당에 가자.

044 嗯
èng
감탄사 응, 그래

口 뜻부분(감탄사) + 恩 음부분

嗯，好的。
응, 좋아.

 의견

001 **观点**
guāndiǎn
명 관점, 입장

观 보다 »» 又 또 見 = 见 보다
观 보는 点 점

> 提出观点
> 관점을 제시하다

002 **观念**
guānniàn
명 관념, 생각

观 보다 »» 又 또 見 = 见 보다
念 기억하다 »» 今 지금처럼 心 마음으로 간직하기 위해 기억하다

> 老一辈人的观念和年轻人完全不同。
> 기성세대의 관념은 젊은이들과 완전히 다르다.

003 **概念**
gàiniàn
명 개념

概 개 念 념

> 他这个人对时间没有概念。
> 그는 시간에 대한 개념이 없다.

004 **道理**
dàolǐ
명 도리, 이치

理 다스리다, 이치, 도리 »» 王 왕은 里 마을을 이성적으로 잘 다스려야 한다
道 도 理 리

> 和他讲道理简直是对牛弹琴。
> 그와 이치를 따지는 것은 소 귀에 경 읽기이다.

005 逻辑
luójí
명 로직, 논리

逻 순찰, 순행하다 »» 물건 못 훔치게 罒 그물을 夕 저녁에 덮고 돌고, 순찰하러 辶 가는 것 연상
辑 모으다, 편집하다 »» 车 차를 끌고 다니며 口 입과 耳 귀를 열어 이야기를 모으고 편집하다
세상을 逻 순행하며 들은 것들을 辑 모아서 로직을 완성하다

> 逻辑思维
> 논리적 사고

006 角度
jiǎodù
명 각도, 관점

角 각 度 도

> 每个人看待事情的角度都不一样。
> 모든 사람은 일을 보는 관점이 다르다.

007 理由
lǐyóu
명 이유, 까닭

理 이 由 유

> 你昨天没有来参加会议的理由是什么？
> 당신이 어제 회의에 참가하지 않은 이유는 무엇입니까？

008 结论
jiélùn
명 결론

结 묶다, 맺다 »» 纟실을 吉 길하도록 맺다, 묶는다(아기가 태어 났을 때 금줄 치는 것 연상)
论 논하다 »» 讠말하면서 仑 생각하며(사람이 앉아 생각하는 모습) 논하다

> 这个结论没有事实依据，不能成立。
> 이 결론은 사실적 근거가 없어 성립할 수 없다.

009 实话
shíhuà
명 실화, 참말

实 실제의 话 말

> 你跟我说实话，你昨晚是不是没有去上晚自习？
> 솔직히 말해, 어젯밤에 야간 자율학습 안 갔지?

010 客观
kèguān
형 객관적인

客 손님, 고객 »» 宀 집에 온 各 각각의 손님
观 보다 »» 又 또 见 = 見 보다
客 제 3자의 입장으로 观 보는

> 你应该用客观的角度去看待分析这件事。
> 너는 객관적인 각도로 이 일을 보고 분석해야 한다.

011 **主观** zhǔguān
형 주관적인

观 보다 » 又 또 見 = 见 보다
자신이 主 주가 되어 观 보는

主观意识
주관의식

012 **思考** sīkǎo
동 사고하다, 사색하다

思 사 考 고

我们遇事应该反复思考利弊，小心谨慎一些。
우리는 일에 부딪히면 반드시 이해득실을 반복해서 생각하고, 좀 더 신중해야 한다.

013 **参考** cānkǎo
동 참고하다, 참조하다

参 참여하다, 뒤섞이다 » 厶 사사로운 大 큰 파티 참여한 사람들의 彡 머릿수(본 뜻은 머리털)를 세며 빽빽하게 뒤섞인 사람들의 **참석**을 체크하다

参 참 考 고

为了写毕业论文，我参考了很多书籍。
졸업 논문을 쓰기 위해 나는 많은 서적을 참고했다.

014 **观察** guānchá
동 관찰하다

观 보다 » 又 또 見 = 见 보다
察 살피다 » 宀 집에서 祭 제사가(月 고기를 又 손으로 示 신에게 바치며 제사 지내다) 잘 진행되는지 **살피다**

他这两天的病情才刚刚好转，还是要在病房里观察两天。
그의 병세는 요 며칠 막 호전되었지만, 아직 병실에서 이틀 동안 관찰해야 한다.

015 **归纳** guīnà
동 귀납하다

归 돌아가다 » 刂 칼을 彐 손에 꽉 쥐고 결심을 하며 **돌아가다**
纳 들이다, 받아들이다 » 짠 纟 직물을, 內 안으로 **들이다**
특정한 사실이나 원리로 归 돌아가서 보편적인 법칙을 유도해내어 纳 받아들이다

归纳出来的结论
귀납해서 나온 결론

016 展开
zhǎnkāi
동 펴다, 전개하다

展 전 开 개

你能不能把你昨天经历的事情展开来详细说说？
당신은 어제 겪은 일을 전개하여 자세히 말해 줄 수 있습니까?

017 据说
jùshuō
동 들은 바에 의하다

据 의지, 의거하다 »» 扌손을 居 살고있는(尸 몸이 古 오래 머무르며 살다) 곳에 기대고 있다
据 의거하다 说 말한 것에

据说他小时候参演过一部电视剧。
들은바로는, 그는 어릴 때 드라마에 출연한 적이 있다고 한다.

018 征求
zhēngqiú
동 서면이나 구두로 널리 구하다

征 치다, 정벌하다 »» 彳걸어가서 正 정확히 쳐야 정벌할 수 있다
求 구하다, 모으다 »» 一 하나라도 우물 같은 氺 물 、 구멍이 있나 구하다
征 정벌하기 위해서 사람들을 징집해 求 구하는 것 연상

针对这次新项目的计划书，想征求一下同事们的意见。
이번 신규 프로젝트 계획서에 대해 동료들의 의견을 구하고 싶습니다.

019 疑问
yíwèn
명 의문

疑 의심하다 »» 匕 비수와 矢 화살을 ㄱ 끌고, 、 찍으면서 疋 발로 걸어오면 의심해 봐야 한다
疑 의 问 문

如果您有任何疑问，欢迎随时来办公室咨询。
궁금하신 점 있으시면 언제든지 사무실로 문의주세요.

020 确定
quèdìng
동 확정하다
형 확정적인

确 굳다, 단단하다, 정확한 »» 石 돌처럼 角 뿔이 단단하게 굳어 있다
确 굳게 定 정해지다

确定不移
확고부동하다

021 假设
jiǎshè
- 동 가정하다
- 명 가설

假 거짓 ≫ 통으로 외우는 것을 추천
设 진열하다 ≫ 讠 말로 명령을 하여 殳 몽둥이, 창 같은 무기들을 제대로 진열하도록 하다
假 가정해서 设 늘어놓다

> 假设你可以去旅游一个月，你最想去哪里？
> 당신이 한 달 동안 여행을 갈 수 있다고 가정할 때, 가장 가고 싶은 곳은 어디입니까?

022 强调
qiángdiào
- 동 강조하다

强 강하다 ≫ 弓 활로 虫 벌레의 口 입을 꿰뚫어 쏠 수 있을 정도로 강하다
调 조절하다 ≫ 讠 말하면서, 周 두루두루 조절하다

> 高考前，老师一再强调同学们要仔细审题。
> 대학 입학시험 전, 선생님은 학생들이 문제를 자세히 검토해야 한다고 거듭 강조했다.

023 显然
xiǎnrán
- 형 명백한, 분명한

显 나타나다, 드러나다 ≫ 日 해가 뜨자마자 业 일할 것들이 나타난다
显 나타나다 然 그러하다 - 분명한

> 这显然是不一样的。
> 이것은 분명히 같은 것이 아니다.

024 片面
piànmiàn
- 형 일방적인, 단편적인

片 조각 같은, 단편적인 面 면

> 他对这个领域的认知非常片面。
> 그의 이 분야에 대한 인지는 매우 단편적이다.

025 全面
quánmiàn
- 형 전면적인, 전반적인

全 전체의 面 면

> 学生们应该德智体美全面发展。
> 학생들은 지덕체미를 전면적으로 발전시켜야 한다.

026 相对
xiāngduì
- 형 상대적인
- 부 상대적으로, 비교적
- 동 상대하다

相 상 对 대

> 两个相对而行的人是走不到最后的。
> 마주보고 가는 두 사람은 끝까지 갈 수 없다.

027 单独
dāndú
- 부 단독으로, 혼자서

独 홀로, 외로운 ≫ 犭 개에게 虫 벌레가 생길 정도로 돌봐줄 사람이 없이 홀로 있다
单 한 개체가 独 홀로

> 昨晚我单独看了电影。
> 어젯밤에 나는 혼자서 영화를 보았다.

028 独立
dúlì
- 동 독립하다, 혼자의 힘으로 하다

独 홀로, 외로운 ≫ 犭 개에게 虫 벌레가 생길 정도로 돌봐줄 사람이 없이 홀로 있다
独 홀로 立 서다

> 我从家里搬了出来想要独立生活。
> 나는 집에서 나와 독립해서 살고 싶다.

029 推辞
tuīcí
- 동 거절하다, 사양하다

推 밀다, 추진시키다 ≫ 扌손을 佳 새를 잡기 위해 밀어 뻗다, 추진시키다
辞 말씀, 알리다, 사퇴하다, 고별하다
≫ 사퇴하는 자가 舌 혀로 서로 辛 고생하셨다며 고별하다
推 추진하다 辞 멀어짐을

> 他推辞了几句，还是收下了别人给他的礼物。
> 그는 몇 마디 사양했지만 결국 다른 사람이 준 선물을 받았다.

030 彻底
chèdǐ
- 형 철저한

彻 관통하다, 꿰뚫다 ≫ 인생의 길을 彳 걸을 때 ＊切 절실히 하면 하늘 감동시켜 꿰뚫을 수 있다
＊切 절실하다, 끊다 ≫ 七 일곱 번씩이나 刀 칼로 끊어 내는 연습을 하는 것은 절실한 것
底 밑, 바닥 ≫ 广 집의 제일 氐 낮은 부분인 바닥
彻 꿰뚫다 底 바닥까지 - 철저하다

> 这件事彻底没有了回旋的余地。
> 이 일은 완전히 돌이킬 여지가 없어졌다.

031 模糊
móhu
형 모호한

模 틀, 본보기 »» 木 나무로 어떤 * 莫 막을 만들다
* 莫 가리다, 막, 저물다, 없다 »» 艹 풀로 日 해를 가리기 위한 막을 大 크게 만들다
糊 죽 먹다, 죽, 흐릿하다 »» 米 쌀로 죽을 만들어 먹는데 * 胡 수염에 흐릿하게 묻은 모습 연상
* 胡 수염 »» 古 오래도록 月 몸에 있는 것 - 수염
模 틀이 糊 흐릿한

> 我对小时候的记忆已经模糊了。
> 저는 어렸을 때의 기억이 이미 희미해졌습니다.

032 至于
zhìyú
개사 ~로 말하면, ~에 관해
동 ~의 정도에 이르다

이러한 개사는 연상법이 아닌 무조건 예문으로 감을 익히고 외워야 함

> 我现在有要紧的工作要办，至于那件事就以后再说吧。
> 저는 지금 해야 할 중요한 일이 있으니, 그 일에 대해서는 나중에 다시 이야기합시다.

033 难怪
nánguài
부 어쩐지, 과연

难 어렵다 »» 又 또 隹 새를 잡기가 어렵다
怪 괴이하다 »» 忄 마음에 又 손으로 土 흙칠을 한 것처럼 괴이하다
难 어렵고 怪 괴이한 것이 어쩐지, 과연

> 难怪他出门带了伞，原来下了这么大的雨。
> 어쩐지 그가 우산을 가지고 나왔더라니 이렇게 비가 많이 왔구나.

034 果然
guǒrán
부 과연, 생각한대로

果 과 然 연

> 我果然没猜错，他真的有事情瞒着我。
> 역시 내 추측이 틀리지 않았어, 그는 정말 나에게 숨기는 일이 있어.

035 多亏
duōkuī

[동] 은혜를 입다, 덕택이다

이러한 형태는 무조건 예문으로 감을 익히고 외워야 함

多亏了你的帮忙我才能把这个项目做成。
당신의 도움 덕분에 저는 이 프로젝트를 완성할 수 있었습니다.

036 似乎
sìhū

[부] 마치 (~인 것 같다)

似 닮다, 비슷하다 »» 亻사람이 以 이렇게 닮을 수가 있나?
以(특별한 뜻이 없다)

似 비슷하다 + 乎 어조사

空中乌云密布，似乎马上就要下起大雨。
하늘에 먹구름이 잔뜩 끼어서 마치 금방이라도 큰 비가 쏟아질 것 같다.

037 似的
shìde

[조사] ~와 같다, ~와 비슷하다

似 닮다, 비슷하다 »» 亻사람이 以 이렇게 닮을 수가 있나?
以(특별한 뜻이 없다)

她美得像个仙女似的。
그녀는 마치 선녀처럼 아름답다.

038 仿佛
fǎngfú

[부] 마치 (~인 듯하다)
[동] 비슷하다

仿 본뜨다, 모방하다 »» 다른 亻사람이 하는 方 방향대로 따라서 **모방하다**

佛 부처, 비슷하다 »» 亻사람이 아직 성불을 하지 弗 아니하다 – **부처**가 되기 전 **비슷한 상태**

雨后的空气变得更加清新了，仿佛还带着泥土清香。
비가 온 후의 공기는 더욱 상쾌해져서, 마치 여전히 흙의 맑은 향기를 띠고 있는 것 같다.

039 说不定
shuōbudìng

[부] 아마, 대개

이러한 형태는 무조건 예문으로 감을 익히고 외워야 함

不要否定自己，说不定你能够做得很好。
자신을 부정하지 마세요, 아마 잘 할 수 있을거에요.

040 **或许**
huòxǔ
부 혹시, 아마

或 혹시 »» **혹시**라도, **口** 성과, **一** 땅을, 빼앗길까 **戈** 창으로 지키다
许 허락 »» **讠** 말로 **午** 말을 들여도 된다고 **허락**

> 或许只要我们再坚持坚持，结果就会更好呢？
> 혹시 우리가 조금만 더 버티면 결과가 더 좋아질까요?

041 **不见得**
bújiàndé
부 반드시 ~라고는 할 수 없다

이러한 형태는 무조건 예문으로 감을 익히고 외워야 함

> 这场聚会，他不见得会来。
> 이번 모임에 그가 올 것 같지는 않다.

042 **未必**
wèibì
부 반드시 ~한 것은 아니다

未 아니다 必 반드시 그런 건

> 眼见未必是真实的。
> 눈에 보이는 것이 반드시 진실이라고 할 수는 없다.

23강 의견　　　　207

24강 토론, 발표

001 话题 huàtí
- 명 화제

题 표제, 제목, 문제 ≫ 是 맞는 页 머리(제목) 달아 주다
话 화 题 제

> 我们两个因为长期没有共同话题而分手了。
> 우리 둘은 오랫동안 공통의 화제가 없어서 헤어졌다.

002 发言 fāyán
- 동 발언하다, 발표하다
- 명 발언

发 발 言 언

> 下面有请校长上台发言。
> 다음은 교장선생님을 단상에 모시고 발언하겠습니다.

003 演讲 yǎnjiǎng
- 동 연설하다
- 명 강연, 연설

演 펼치다, 행하다 ≫ 氵 물 만난 고기처럼, 뜻을 **펼치고**
　　　　　　　　＊寅 깊게 나아가게 하다
＊寅 나아가다, 깊다 ≫ 宀 집의, 一 한 田 과녁판에 화살이
　　　　　　　　　　나아가 깊게 | 뚫고 나와, 八 화살
　　　　　　　　　　꼬리 두 갈래가 밑을 향한다고 연상
讲 외우다, 설명하다 ≫ 讠 말로 설명을 井 우물처럼 깊이있게
　　　　　　　　　　하다, **설명할** 정도로 **외우다**
演 펼치다 讲 설명을

> 他在这次英语演讲大赛上获得了冠军。
> 그는 이번 영어 말하기 대회에서 우승을 차지했습니다.

004 争论 zhēnglùn
- 동 쟁론하다, 논쟁하다

论 논하다 ≫ 讠 말하면서 仑 생각하며(사람이 앉아 생각하는
　　　　　　　　　　　모습) **논하다**
争 싸우며 论 논하다

> 意见不统一的情况下不要争论。
> 의견이 통일되지 않은 경우에는 논쟁하지 말아라.

005 辩论
biànlùn

동 변론하다, 논쟁하다

辩 말 잘하다 ≫ 辛 힘들고 辛 힘든 讠말을 잘 해내다
论 논하다 ≫ 讠말하면서 仑 생각하며(사람이 앉아 생각하는 모습) 논하다

> 这场辩论赛他是最佳辩手。
> 이번 변론 시합에서 그는 최고의 변론자이다.

006 议论
yìlùn

동 의논하다
명 의론, 논의

议 의견, 주장 ≫ 讠말로 * 义 옳다고 하는 것을 주장
* 义 옳은 ≫ 넥타이나, 도복을 잘 차려입은, 예절 있고 의롭고 옳게 차려입은 듯한 모습
论 논하다 ≫ 讠말하면서 仑 생각하며(사람이 앉아 생각하는 모습) 논하다

> 不要在背后议论这件事。
> 뒤에서 이것을 의논하지 마세요.

007 主张
zhǔzhāng

동 주장하다
명 주장, 견해

张 넓히다 ≫ 弓 활을 长 길게 해 넓히다
主 주관을 张 넓혀 가다

> 他为自己的主张进行了辩护。
> 그는 자신의 주장을 위해 변호했다

008 夸张
kuāzhāng

형 과장된

夸 과장하다 ≫ 亏 모자란 점을 덮으려고 그 위에 大 크게 자랑하다
张 넓히다 ≫ 弓 활을 长 길게 해 넓히다

> 我毫不夸张地告诉你，昨天的足球比赛真的非常精彩，你不看是你的损失。
> 나는 조금도 과장하지 않고 너에게 말하는데, 어제 축구 경기 정말 재밌었어.

009 谈判
tánpàn

동 담판하다, 협상하다

谈 말씀, 이야기하다 ≫ 讠말을 火火 열불이 날 정도로 하다
判 판단하다 ≫ 半 반을 정확히 刂칼로 잘라 냈는지 판단
谈 말하면서 어떻게 할지 判 판단하다

> 谈判专家
> 협상전문가

010 说服
shuōfú

[동] 설복하다, 설득하다, 납득시키다

服 복종, 항복, 옷 » 月 몸을 卩 꿇고 又 손을 가지런하게 하는 항복과 복종의 모습을 연상
说 말하면서 服 따르게 끔 하다

> 每个人都是独立的个体，想要说服对方是一件不容易的事。
> 사람은 각자 독립된 개체로, 상대방을 설득하는 것은 쉽지 않은 일이다.

011 赞成
zànchéng

[동] 찬성하다, 찬동하다

赞 돕다, 칭찬하다 » 先先 먼저 贝 재물을 풀어 도와주다, 그런 모습을 칭찬하다
赞 찬 成 성

> 妈妈十分赞成我去学习唱歌。
> 엄마는 내가 노래를 배우러 가는 것을 매우 찬성하신다.

012 叙述
xùshù

[동] 서술하다, 기술하다

叙 말하다, 서술하다, 펴다 » 余 내가 又 손을 써가며 말하다
述 서술하다, 말하다 » 朮 재주가 (木 나무를 잘 丶 찍는 재주) 잘 굴러 辶 가듯 말을 하다

> 他把今天发生的事情的经过叙述了一遍。
> 그는 오늘 발생한 일의 경과를 한 번 서술했다.

013 承认
chéngrèn

[동] 승인하다, 인정하다

承 받들다, 계승하다 » 子 남자아이를(대를 이을) 낳아 양손으로 받들고 있다고 연상
认 인정하다, 인식하다 » 讠 말하는 것을 보고 人 사람이라는 것을 인식하다

> 如果你做错了事情就应该勇于承认错误。
> 만약 네가 일을 잘못했다면 용감히 잘못을 인정해야 한다.

014 否认
fǒurèn

[동] 부인하다, 부정하다

否 부정하다, 아니다 » 不 아니라고 口 입으로 말하다
认 인정하다, 인식하다 » 讠 말하는 것을 보고 人 사람이라는 것을 인식하다

> 被告人在法庭上否认了原告的控诉。
> 피고인은 법정에서 원고의 고소를 부인하였다.

015 否定
fǒudìng
동 부정하다

否 부정하다, 아니다 »» 不 아니라고 口 입으로 **말하다**
否 아니라고 定 정하다

他非常没有自信，总是否定自己。
그는 자신이 없어 늘 자신을 부정한다.

016 确认
quèrèn
동 확인하다

确 굳다, 단단하다, 정확한 »» 石 돌처럼 角 뿔이 **단단하게 굳어** 있다
认 인정하다, 인식하다 »» 讠 말하는 것을 보고 人 사람이라는 것을 **인식하다**

你写完这份策划书后给我确认一下。
이 기획서를 다 쓴 후에 저에게 확인해 주세요.

017 交换
jiāohuàn
동 교환하다

交 바꾸다
换 바꾸다 »» 扌 손으로 人 사람이 央(중앙 앙) 중앙에 서서 **바꾸기** 위해 있는 모습

儿童节的时候班里的同学互相交换了礼物。
어린이날에 반 친구들이 서로 선물을 교환했다.

018 毛病
máobìng
명 결점, 흠, 고장, 병

毛 털(탈모 등등)의 상태, 病 병(각종 병)은 그 사람의 결점이나 병의 상태를 적나라하게 보여 준다

他始终改不了遇事就选择逃避的毛病。
그는 일에 부딪히면 도피하는 결점을 끝내 고치지 못했다.

019 沉默
chénmò
동 침묵하다

沉 가라앉다 »» 氵 물에 冖 덮여 있다, 几 무엇인가가 - 물에 무엇인가가 **가라앉은** 것
默 잠잠하다, 묵묵하다 »» 黑 검은색은 튀지 않고 차분 + 犬 개는 **묵묵하게** 주인의 곁을 지킨다

他每次和女朋友闹矛盾的时候就会沉默不语，拒绝沟通。
그는 여자친구와 갈등이 생길 때마다 침묵하고 소통을 거부한다.

020 一致
yízhì
- 형 일치한
- 부 같이, 함께

一 일 致 치

经过一个小时的争论，最终双方达成了一致。
한 시간 동안 논쟁을 벌인 끝에 결국 쌍방은 합의에 도달했다.

021 记录
jìlù
- 동 기록하다
- 명 기록, 서기

记 기억하다 » 讠 = 言 말하는 것을, 己 몸이 **기억하다**
录 기록하다 » 크 손, 氺 물 - 염료를 탄 물을 손(붓)에 찍어서 **기록하다**

我把会议中的要点都记录了下来。
저는 회의 중의 요점을 모두 기록했습니다.

022 证据
zhèngjù
- 명 증거, 근거

证 증명하다, 증거 » 讠 말로 正 바르게 **증명**하다
据 의거하다, 증거 » 扌손을 居 살고 있는(尸 몸이 古 오래 머무르며 살다) 곳에 **기대고** 있다

这就是他犯罪的证据。
이것이 바로 그가 범죄를 저질렀다는 증거이다.

023 等于
děngyú
- 동 ~와 같다, ~나 다름없다

等 같다 + 于 어조사

年龄的增长并不等于你变成熟了。
나이가 든다고 해서 네가 성숙해지는 것과 같은 것은 아니다.

024 集合
jíhé
- 동 집합하다, 모이다

集 모이다 » 隹 새가 木 나무 위에 **모이다**
集 모여 合 합해지다

每周一早上全校师生都要在操场上集合。
매주 월요일 아침 전교생과 교사는 운동장에 모여야 한다.

025 强烈
qiángliè
- 형 강렬한, 뚜렷한

强 강하다 » 弓 활로 虫 벌레 의 口 입을 꿰뚫어 쏠 수 있을 정도로 **강하다**
烈 굳세다 » 歹 죽을 각오를 하고, 刂 칼을 들고, 灬 불구덩이에, **굳세게** 뛰어드는 모습

这个案件造成了强烈的社会恐慌。
이 사건은 강력한 사회 공황을 야기했다.

026 深刻
shēnkè

형 핵심을 찌르는, 깊이가 있는

深 깊다 ≫ 氵 물이 冖 덮은 정도가 木 나무의 丶丶 위까지 덮을 정도라 물이 아주 **깊다**
刻 새기다 ≫ 亥 돼지고기에 刂 칼로 등급을 **새기는** 모습 연상

这件事的教训太深刻了。
이 일의 교훈은 너무 깊다.

027 个别
gèbié

형 개개의, 일부의, 극소수의

个 개 别 별

有个别同学在课堂上窃窃私语。
어떤 일부의 학생이 수업중에 속삭였다.

028 各自
gèzì

대명사 각자, 제각기

各 각 自 자

他们两在家里各自做着自己的事情。
그들 두 사람은 집에서 각자 자기 일을 하고 있다.

029 双方
shuāngfāng

명 쌍방

双 쌍 ≫ 又 또 2개나 쓰여 쌍
双 쌍 方 방

双方几经交涉，最终达成一致。
양측은 몇 차례 교섭을 거쳐 최종적으로 합의를 보았다.

030 对方
duìfāng

명 상대방

对 상대 方 쪽

在人际交往的过程中，我们应该多为对方着想。
대인관계 과정에서 우리는 상대방을 위해 더 많이 생각해야 한다.

031 彼此
bǐcǐ

대명사 피차, 서로

彼 피 此 차

彼此彼此
피차일반이다

24강 토론, 발표

032 **正**
zhèng
부 바로, 딱, 꼭

예문으로 어감 익히기

妈妈正在做饭。
어머니는 밥을 짓고 계신다.

033 **劝**
quàn
동 권하다, 타이르다

又 손에 力 힘을 실어 권하고 타이르다

我们都劝她别吃。
우리 모두 그녀에게 먹지 말라고 권했다.

034 **答应**
dāying
동 승낙하다, 응답하다, 동의하다

答 답해서 应 응하다

我答应下周三陪她去逛街。
나는 다음 주 수요일에 그녀와 함께 쇼핑을 가기로 했다.

035 **毕竟**
bìjìng
부 필경, 결국, 어쨌든

毕 마치다 + 竟 마침내, 다하다(다했다고 音 소리를 내며 儿 사람을 부르다)
毕 필 竟 경 – 예문으로 어감익히기

我们毕竟是学生，还是应该以学习为主。
우리는 어쨌든 학생이기 때문에 공부 위주로 해야 한다.

036 **其余**
qíyú
대명사 나머지, 남은 것

其 그 + 余 남다, 나머지

其余的问题明天再继续解决吧。
나머지 문제는 내일 계속 해결합시다.

037 **多余**
duōyú
형 여분의, 쓸데없는, 불필요한

多 많다 余 남은 것이

你为他做的再多，在他看来也都是多余的。
그를 위해 한 일이 아무리 많아도, 그가 보기에 모두 쓸데없는 짓이다.

038 反复
fǎnfù

- 동 반복하다
- 부 반복적으로, 거듭

反 반 复 복

经过反复的研究调查，我发现了不一样的结果。
반복적인 연구 조사를 거쳐 나는 다른 결과를 발견했다.

039 废话
fèihuà

- 명 쓸데없는 말, 헛소리
- 동 쓸데없는 말을 하다

废 폐하다, 버리다 ≫ 广 집이 포탄 发 쏘아 맞은 듯이 **엉망이 되어, 못 쓰게** 되어 버리다
废 버리는 话 말 – 헛소리

你能不能说点有用的信息？不要一直说废话。
유용한 정보 좀 말해주시겠어요? 계속 쓸데없는 소리 하지 말고.

040 胡说
húshuō

- 동 헛소리하다, 함부로 지껄이다
- 명 터무니없는 말

胡 수염, 오랑캐 ≫ 古 오래도록 月 몸에 있는 것 - 수염(옛 사람들은 수염을 자르지 않았다
오랑캐들은 TV에서 항상 특이한 수염을 가진 모습으로 나오는 것 연상 – 수염, 오랑캐 연관 짓기
胡 오랑캐들이나 하는 说 말 – 터무니없는 말

你胡说，你昨天明明没有来上课。
말도 안 되는 소리, 어제 분명히 수업에 안 왔잖아.

041 糟糕
zāogāo

- 형 엉망이 된, 형편없는

糟 술 찌꺼기 ≫ 米 쌀의 * 曹 무리 즉, 술 만들고 남은 **쌀찌꺼기**가 뭉쳐져 있는 것
* 曹 무리 ≫ 一 하나의 무리들은 다 曲 굽이굽이 무리를 지어 曰 말하고 있다
糕 떡 ≫ 米 쌀을 * 羊 곱고 아름답게 빻아 灬 불에 쪄서 떡을 만들다
* 羊 양은 원래 아름답다는 의미를 가진다. 그래서 美 아름다울 미에도 양이 쓰인다
糟 술 찌꺼기 + 糕 떡 – 찌꺼기와 떡이 뭉쳐 으깨진 엉망이 된 모습 연상

糟糕，我今天出门的时候忘记锁门了。
망했다, 나는 오늘 외출할 때 문 잠그는 것을 잊었다.

042 纷纷
fēnfēn

부 잇달아, 연달아, 끊임없이

纷 어지럽다, 엉클어지다 » 纟 실이 여러 갈래로 分 나뉘어져 어지럽게 엉켜 있다
纷 어지럽고 纷 어지럽게 엉클어져 연달아 있는 모습 연상

> **针对这个问题大家纷纷议论了起来。**
> 이 문제에 대해 모두들 의논하기 시작했다.

043 轻易
qīngyì

형 함부로 하는, 경솔한, 용이한
부 함부로

轻 가볍다 » 车 차의 무게가 줄 물줄기처럼 가볍다
轻 가볍고 易 쉬운듯이 함부로 하는

> **不要轻易相信别人，要有自己的判断。**
> 다른 사람을 쉽게 믿지 말고, 자신의 판단이 있어야 한다.

 # 연결어

본 강의 아래 단어들은 연결어 역할을 하는 경우, 문장 속에서 감을 표현해 주는 경우, 혹은 강조 형태로 쓰이는 경우이기 때문에 본뜻과 연상 매치가 의미가 없다. 따라서 연상법을 통한 암기가 무의미하므로, 예문을 통해 단어 쓰임새를 느끼면서 암기해야 한다.

---

001 **如何**
rúhé
[대명사] 어떻게, 왜

예문으로 어감 익히기

他面对这件事不知如何是好。
그는 이 일에 직면하여 어떻게 해야 할지 몰랐다.

---

002 **何况**
hékuàng
[접] 하물며, 더군다나

他这么害羞的一个人，在我们面前都说话细声细语的，何况要到讲台上去说。
그는 이렇게 수줍어 하는 사람으로, 우리 앞에서도 속삭이는데, 하물며 강단에 가서 말해야 한다.

---

003 **何必**
hébì
[부] 구태여 ~할 필요 있는가

这个计划短期之内的可行性不高，你何必这么为难自己呢？
이 계획은 단기간 내 실현 가능성이 높지 않은데, 당신은 왜 이렇게 자신을 난처하게 합니까?

---

004 **哪怕**
nǎpà
[접] 설령 ~라 해도

哪怕受再多的苦我也要坚持下去。
아무리 고생을 많이 해도 나는 견뎌낼 것이다.

---

005 **除非**
chúfēi
[접] 오직 ~하여야, ~한다면 몰라도

除非你好好努力备考，才有希望考上理想的学校。
너가 열심히 시험 준비를 해야만, 원하는 학교에 합격할 수 있을 거야.

---

006 **宁可**
nìngkě
[부] 차라리 ~할지언정

他宁可自己吃亏也要帮助别人。
그는 자신이 손해를 볼지언정 다른 사람을 돕는다.

007 与其
yǔqí

접 ~하기보다는, ~하느니

与其把希望和期待寄托在别人身上，不如相信依赖自己。
다른 사람에게 희망과 기대를 걸기보다는 자신에게 기대는 것을 믿으세요.

008 不如
bùrú

접 ~하는 편이 낫다

与其把希望和期待寄托在别人身上，不如相信依赖自己。
다른 사람에게 희망과 기대를 걸기보다는 자신에게 기대는 것을 믿으세요.

009 不然
bùrán

접 그렇지 않으면

我得赶紧出门了，不然就赶不上校车了。
빨리 나가야겠어, 그렇지 않으면 스쿨버스를 못 탈거야.

010 要不
yàobù

접 그렇지 않으면

你快点吃吧，要不就迟到了。
너 빨리 먹어라, 그렇지 않으면 늦는다.

011 万一
wànyī

접 만일, 만약

万一下午下雨，你不要来这里吧。
혹시 오후에 비가 온다면, 당신이 여기 올 필요 없습니다.

012 假如
jiǎrú

접 만약

假如这个项目没有你的支持，一定完成不了。
만약 이 프로젝트가 당신의 지원이 없었다면, 완성할 수 없었을 것입니다.

013 一旦
yídàn

부 일단 ~하면

一旦撒谎了就需要更多的谎话。
일단 거짓말을 하면 더 많은 거짓말이 필요하다.

014 **以及** yǐjí
접 및, 그리고

她总是会和我们分享最新的化妆品资讯以及化妆技巧。
그녀는 항상 최신 화장품 정보와 메이크업 노하우를 우리와 공유한다.

015 **此外** cǐwài
접 이 밖에, 이 외에

你把不懂的单词都背下来，此外没有别的办法。
네가 모르는 단어를 모두 외우는 것 외에는 다른 방법이 없다.

016 **因而** yīn'ér
접 그러므로, 따라서

由于早上睡过头了，因而我上学迟到了。
아침에 늦잠을 자서 나는 학교에 지각했다.

017 **从而** cóng'ér
접 따라서, 그리하여

我们可以多看书，从而增加自己的知识储备量。
우리는 책을 더 많이 읽음으로써 자신의 지식 비축량을 늘릴 수 있다.

018 **反而** fǎn'ér
부 오히려, 역으로

我以为这个方法可以解决问题，反而使情况变得更加糟糕了。
나는 이 방법이 문제를 해결할 줄 알았는데, 오히려 상황을 더 악화시켰다.

019 **可见** kějiàn
접 ~라는 것을 알 수 있다

他不说话，可见他想出去玩儿。
그는 말을 하지 않으니, 그가 나가서 놀고 싶어하는 것을 알 수 있다.

020 **总之** zǒngzhī
접 한마디로 말하면

这件事不是你所看到的，总之这件事跟你没有任何关系。
이 일은 네가 본 것이 아니니, 한마디로 말해서 이 일은 너와 관련이 없다.

021 **格外**
géwài
부 유난히, 각별히

今天的太阳格外灿烂。
오늘의 태양은 유난히 찬란하다.

022 **相当**
xiāngdāng
부 상당히
형 같은, 비슷한

这次的考试题目相当的难。
이번 시험 문제는 상당히 어렵다.

023 **极其**
jíqí
부 아주, 몹시

这个杀人犯的犯罪手段极其残忍。
이 살인범의 범죄 수단은 매우 잔인하다.

024 **简直**
jiǎnzhí
부 그야말로, 정말로

他简直是我们的榜样。
그는 그야말로 우리의 본보기이다.

025 **的确**
díquè
부 확실히, 분명히

如果我的确当初放弃了我就不会有现在的成果。
만약 내가 분명히 애초에 포기했다면, 나는 지금의 성과를 얻지 못했을 거야.

026 **丝毫**
sīháo
부 조금도, 추호도

自从接了这个任务，我丝毫不敢大意。
이 임무를 맡은 이후로 나는 조금도 소홀히 하지 않았다.

027 **不要紧**
búyàojǐn
형 괜찮은, 문제없는

就算失败了也不要紧，失败乃成功之母。
실패해도 괜찮다, 실패는 성공의 어머니다.

028 **反正** fǎnzhèng
부 아무튼, 어쨌든

反正天上不会掉馅饼，想要得到就要努力争取。
어쨌든 하늘에서 떡이 떨어지지 않으니 얻으려면 열심히 쟁취해야 한다.

029 **陆续** lùxù
부 연이어, 잇따라

下班后，同事们陆续离开了公司。
퇴근 후 동료들이 속속 회사를 떠났다.

030 **不断** búduàn
부 끊임없이
동 끊임이 없다

我们不断努力成为更好的自己。
우리는 더 나은 자신이 되기 위해 끊임없이 노력한다.

031 **幸亏** xìngkuī
부 다행히

幸亏我昨天就把往返的机票买好了。
다행히 나는 어제 왕복 항공권을 샀다.

032 **总算** zǒngsuàn
부 마침내, 드디어

经过医生积极的救治，他总算是醒了过来。
의사의 적극적인 치료를 통해 그는 마침내 깨어났다.

033 **尽量** jǐnliàng
부 가능한 한, 되도록

为了自己的人生安全，我们要尽量避免不必要的冲突。
자기 삶의 안전을 위해 우리는 되도록 불필요한 충돌을 피해야 한다.

034 **居然** jūrán
부 뜻밖에, 의외로

我没想到他居然会跟她玩儿。
나는 그가 그녀와 뜻밖에 놀 것이라고 생각하지 못했다.

035 **忽然**
hūrán
부 갑자기, 문득

我正打算出门逛街，忽然外面下起了雪。
내가 막 나가서 쇼핑을 하려고 하는데, 갑자기 밖에 눈이 내리기 시작했다.

036 **再三**
zàisān
부 여러 번, 재삼

妈妈再三让我穿雨鞋。
엄마는 재삼 내가 장화를 신도록 하셨다.

037 **一再**
yízài
부 몇 번이나, 거듭

老师一再说我们要清楚题目再作答。
선생님은 우리에게 문제를 잘 검토한 후에 대답하라고 거듭 말씀하셨다.

038 **随手**
suíshǒu
부 ~하는 김에

出门的时候应该随手关灯。
외출하는 김에 불을 꺼야 한다.

039 **则**
zé
접 오히려, 그러나
부 바로

有的人上课的时候开小差，而有的人则全神贯注地听课。
어떤 사람은 수업시간에 딴짓을 하고, 어떤 사람은 온 정신을 집중하여 수업을 듣는다.

040 **依然**
yīrán
부 여전히

组长得了重感冒，依然坚持给我们开小组会议。
팀장은 독감에 걸렸는데, 여전히 우리에게 그룹 회의를 열자고 고수한다.

041 **便**
biàn
부 곧, 바로

他喝醉酒后便回家了。
그는 술에 취한 후 곧 집에 돌아갔다.

042 **干脆**
gāncuì
부 아예, 그냥, 차라리

这个工作对我来说难度太大了，干脆交给别的同事去做吧。
이 일은 나에게 너무 어려우니, 차라리 다른 동료에게 줘서 하게해라.

043 **无奈**
wúnài
동 어찌 할 도리가 없다
접 유감스럽게도, 안타깝게도

她对于扰乱课堂纪律的学生感到很无奈。
그녀는 교실 규율을 어지럽히는 학생을 어찌할 수 없었다.

044 **无所谓**
wúsuǒwèi
동 그렇다고 할 수 없다, 상관없다

小明无所谓别人对自己的看法。
샤오밍은 다른 사람이 자신을 어떻게 생각하든 상관없다.

26강 과학, 기술

001 创造
chuàngzào
동 창조하다, 발명하다

创 시작하다 » 仓 곳간에서(人 사람이 쪼그리고 巳 누울 수 있는 창고) 刂 칼을 갈며 **시작하려 하다**(오늘날 큰 회사들은 다 창고에서부터 시작해 커지게 되었다)
造 만들다, 짓다 » 계획대로 告 알려준 대로 일이 진행되어 辶 가게끔 만들다

努力工作的人可以创造财富。
열심히 일하는 사람은 부를 창출할 수 있다.

002 发明
fāmíng
동 발명하다
명 발명

发 쏘아서 세상에 무엇인가를 明 밝게(日 해와 月 달이 있어 밝다) 내다

科学家们发明了许多东西。
과학자들은 많은 것을 발명했다.

003 开发
kāifā
동 개발하다

开 개 发 발

他打算开发了一个新的工业园区。
그는 새로운 공업 단지를 개발할 계획이다.

004 应用
yìngyòng
동 응용하다, 사용하다

应 응 用 용

我们应该拥有合理应用知识的能力。
우리는 지식을 합리적으로 적용할 수 있는 능력을 가져야 한다.

005 进步
jìnbù
- 동 진보하다
- 형 진보적인

进 나아가다 »» 井 우물 물 마시러 밖으로 辶 나아가다
进 나아가서 步 걷다

> 小明通过一个月坚持不懈的努力，学习终于有了进步。
> 샤오밍은 한 달 동안 태만하지 않은 노력을 통해 마침내 학습이 향상되었다.

006 享受
xiǎngshòu
- 동 누리다, 즐기다

享 누리다 »» 亠 머리가 좋고 口 말을 잘하는 子 자식이 있는 기쁨을 **누리다**
享 누리며 受 받다

> 他非常享受自己的私人时间。
> 그는 자신의 사적인 시간을 매우 즐긴다.

007 代替
dàitì
- 동 대체하다, 대신하다

替 바꾸다 »» 夫 지아비를 다른 夫 지아비로 바꾸고 싶다고 日 말하다
代 대신하여 替 바꾸다

> 我的肚子不太舒服，你可以代替我向老师请个假吗？
> 제 배가 별로 좋지 않으니, 저 대신 선생님께 휴가를 신청해 주시겠어요?

008 随身
suíshēn
- 동 몸에 지니다, 휴대하다

随 따르다 »» 阝 막혀도, 有 있는 길을 辶 가보다, 따라 보다
随 따라붙게 하다 身 몸에

> 他随身带着学生证。
> 그는 학생증을 몸에 지니고 있다.

009 转变
zhuǎnbiàn
- 동 전변하다, 바뀌다

转 달라지다, 돌아가다 »» 车 차는 专 오로지 바퀴를 돌릴 뿐이다
转 돌아 变 변하다(變 = 变 간화)

> 转变说话的方式
> 말하는 방식을 바꾸다

010 实验
shíyàn
동 실험하다

实 튼튼하다, 씨, 열매 ≫ 열매 실 實 - 实 간화
验 시험하다, 검증 ≫ 马 말이 모여 있는 ＊亼 모든 사람들 앞에서 **검증되다**
＊亼 다, 모두 ≫ 人 사람이 一 한곳에 丶丶丶 모여 一 일렬로 모두 있다

> 今天的科学课，老师带着同学们一起做实验。
> 오늘 과학 시간에 선생님은 학생들을 데리고 함께 실험을 했다.

011 反应
fǎnyìng
명 반응

反 반 应 응

> 因为他喝醉了，所以他的反应迟钝了许多。
> 그는 술에 취해서 반응이 많이 둔해졌다.

012 凭
píng
개사 ~에 근거하여

凭 기대다, 의지하다, 증거 ≫ 任 맡겨 놓은 것처럼 안심이 되고 **의지되는** 几 무엇

> 做事之前要先想想后果，不要凭一时的激情就往前冲。
> 일을 하기 전에 결과를 생각해야지, 일시적인 열정으로 돌진해서는 안 된다.

013 构成
gòuchéng
동 구성하다, 형성하다

构 얽다 ≫ 木 나무가 勹 싸듯이 굽어져서 厶 사사롭게 무엇인가가 **얽혀 있다**
构 얽어서 成 이루다

> 我们这个部门是由财务组和行政组构成的。
> 우리 부서는 재무팀과 행정팀으로 구성된 것이다.

014 显示
xiǎnshì
동 뚜렷하게 나타내 보이다

显 나타나다, 드러나다 ≫ 日 해가 뜨자마자 业 일할 것들이 **나타난다**
显 나타나 示 보이다

> 这个段文字显示了作者对人物描写的巧妙。
> 이 단락의 문자는 저자의 인물 묘사에 대한 교묘함을 보여준다.

015 振动
zhèndòng

동 진동하다

振 떨치다 » 扌손으로 辰 별, 임금, 천자처럼 기세를 떨치다
动 움직이다 » 云 구름이 力 힘을 받아 움직이다

开会期间希望大家把手机调成振动模式或者静音模式。
회의 기간 동안 휴대폰을 진동 모드 또는 무음 모드로 전환해 주시기 바랍니다.

016 表明
biǎomíng

동 표명하다,
분명하게 밝히다

表 겉 » 一一丨 겹쳐 입은 衣 옷은 사람 몸의 겉 부분에 있다
表 겉으로 明 밝게(日 해와 月 달이 있어 밝다) 드러내다

他的一番话表明了他对这件事的态度。
그의 말은 이 일에 대한 그의 태도를 표명했다.

017 系统
xìtǒng

명 계통, 체계, 시스템

系 계통, 묶다 » 丿 하나의 범주로 糸 실을 묶어 분류
统 종합하다 » 纟실을 充 충분하게 모아 종합하다

电脑被病毒侵入后，系统崩溃了。
컴퓨터가 바이러스에 감염된 후 시스템이 무너졌습니다.

018 分析
fēnxi

동 분석하다

析 쪼개다 » 木 나무를 斤 도끼로 쪼개다
分 나눠 析 쪼개듯 분석하다

他对于这个案件提出了不同角度的分析。
그는 이 사건에 대해 다른 각도의 분석을 제기했다.

019 程序
chéngxù

명 프로그램, 순서, 절차

程 정도, 정해진 것 » 禾 벼, 口 꾸러미를, 壬 짊어진 정도가 어느 정도인지 헤아리다
序 차례 » 广 집에서 予 나의 서열, 차례는 어느 정도인가?

执行程序
실행 절차

020 数据
shùjù
명 데이터

数 셈, 수 »» 米 쌀이 얼마나 되는지 女 아내가 文 글로 적으며 数를 셈하다
据 의거하다, 증거 »» 扌손을 居 살고 있는(尸 몸이 古 오래 머무르며 살다) 곳에 기대고 있다
수많은 数 수들이 据 의거하는 데이터

> 财务系统的数据显示我们店上个月是亏本的。
> 재무 시스템의 데이터는 우리 가게가 지난달에 손해를 봤다는 것을 보여 준다.

021 软件
ruǎnjiàn
명 소프트웨어

软 연약한, 부드러운 »» 车 차 수레의 바퀴가 입 벌어지듯 欠 벌어져, 품질이 떨어지고, 연약한
软 소프트 + 件 접미사

> 你能帮我电脑里的软件都更新一下吗？
> 제 컴퓨터의 소프트웨어를 모두 업데이트 해 주실 수 있나요?

022 数码
shùmǎ
명 디지털

数 셈, 수 »» 米 쌀이 얼마나 되는지 女 아내가 文 글로 적으며 数를 셈하다
码 숫자 나타내는 것, 나루터 »» 石 석판에 马 말들의 번호를 적어 놓다

> 妈妈给我买了一台数码照相机。
> 엄마는 나에게 디지털카메라 한 대를 사주셨다.

023 事物
shìwù
명 사물

事 사 物 물

> 喜欢美好的事物是人的本能。
> 아름다운 사물을 좋아하는 것은 인간의 본능이다.

024 用途
yòngtú
명 용도

途 길, 도로 »» 余 내가 辶 가는 길
用 쓰는 途 길(방법)

> 木材的用途很广。
> 목재의 용도가 매우 넓다.

025 硬件
yìngjiàn
명 하드웨어

硬 단단한 »» 石 돌이 更 더욱 단단하다
硬 하드(단단한) + 件 접미사

这个学校的硬件设施非常的完善。
이 학교의 하드웨어 시설은 매우 완벽하다.

026 光盘
guāngpán
명 CD

盘 쟁반, 돌리다 »» 舟 배처럼 널찍한 皿 그릇 같은 쟁반, 쟁반은 빙빙 돌릴 수 있다
光 광이 나는 盘 쟁반처럼 생긴 CD

这个光盘是谁的？
이 CD는 누구의 것입니까？

027 键盘
jiànpán
명 키보드, 건반

键 열쇠, 건반 »» 钅금속 판을 * 建 세워서 열쇠, 칠 수 있는 판대기, 건반 등을 만들다
* 建 세우다 »» 聿 붓이 잘 廴 가게끔(쓰게끔) 세우다
盘 쟁반, 돌리다 »» 舟 배처럼 널찍한 皿 그릇 같은 쟁반, 쟁반은 빙빙 돌릴 수 있다

敲打键盘
건반을 두들기다

028 鼠标
shǔbiāo
명 컴퓨터 마우스

鼠 쥐(마우스) »» 쥐의 형상을 본뜸
标 표시하다 »» 무슨 종류의 木 나무인지 잘 示 보이게 표시하다

这款鼠标是无线鼠标。
이 마우스는 무선 마우스다.

029 麦克风
màikèfēng
명 마이크

외래어 음 표기 - microphone

这款麦克风的收音效果不错。
이 마이크는 음향효과가 좋다.

030 充电器
chōngdiànqì
명 충전기

器 그릇 ≫ 犬 개는 자기의 ㅁㅁㅁㅁ 밥그릇들을 아주 잘 지킨다
充 충분하게 电 전기를 공급해주는 器 그릇 같은 – 충전기

> 可以借我用一用你的充电器吗？
> 당신의 충전기 좀 빌릴 수 있을까요?

031 电池
diànchí
명 건전지

池 연못, 늪 ≫ 氵 물이 也 역시 많고, 고인 연못
电 전기가 池 연못의 물처럼 고인 건전지

> 手机电池
> 핸드폰 배터리

032 机器
jīqì
명 기계, 기기

机 틀, 기계
器 그릇 ≫ 犬 개는 자기의 ㅁㅁㅁㅁ 밥그릇들을 아주 잘 지킨다

> 工厂里存放了许多生产机器。
> 공장에 많은 생산 기계를 놓아두었다.

033 零件
língjiàn
명 부품, 부속품

零 소량 ≫ 雨 비가 오게 해달라고 빌지 않고 하늘에 令 명령조로 말하니까 소량으로 내리다
零 소량인 부속품들 + 件 접미사

> 机器是由许多零件组合而成的。
> 기계는 많은 부품을 조합하여 만든 것이다.

034 装
zhuāng
동 설치하다, 조립하다, 싣다, 적재하다, 포장하다, ~인 체하다

装 꾸미다 ≫ * 壯 장한 선비가 衣 옷을 입고 꾸미다
* 壯 장하다, 굳세다 – 爿 = 丬 나뭇조각(각목)이라도 들고 공부만 하던 士 선비가 전쟁에서 싸우는 것을 보면 장하고 대견하고 굳세어 보인다
무엇인가를 설치하거나 조립하는 것은 제품 내부를 쓰기 좋게 꾸미는 것이다.

> 他买了一堆材料，装了一个可移动的书架。
> 그는 재료를 한 무더기 사서, 움직일 수 있는 책장을 하나 설치했다.

035 **安装**
ānzhuāng
[동] 설치하다, 장착하다, 프로그램을 깔다

裝 꾸미다 ≫ * 壯 장한 선비가 衣 옷을 입고 꾸미다
* 壯 장하다, 굳세다 - 爿 = 丬 나뭇조각(각목)이라도 들고 공부만 하던 士 선비가 전쟁에서 싸우는 것을 보면 장하고 대견하고 굳세어 보인다
安 편안히 쓰려고 裝 꾸미다 – 설치하다

你能帮我安装一些办公用的软件吗?
당신은 저를 도와 사무용 소프트웨어를 설치해줄 수 있습니까?

036 **设备**
shèbèi
[명] 설비, 시설

设 진열하다 ≫ 讠 말로 명령을 하여, 殳 몽둥이, 창 같은 무기들을 제대로 진열하도록 하다
备 갖추다 ≫ 夂 걸어가다 田 밭쪽으로 - 밭쪽으로 걸어가 밭농사 준비를 갖추다

维修核心设备
핵심 설비를 수리하다

037 **复制**
fùzhì
[동] 복제하다

复 돌아가다, 돌려보내다, 대답하다, 다시, 회 복하다, 뒤집다
制 절제하다, 법, 규정 ≫ 牛 소를 市 시장에다 내다 팔 때 刂 칼로 자른다 법도, 규정에 맞춰서

他把这段文字复制粘贴到另一个文档里了。
그는 이 단락의 글을 다른 문서에 복사하고 붙여 넣었다.

038 **危害**
wēihài
[동] 해치다, 손상시키다
[명] 위해

害 해 ≫ 宀 집에 丰 많은 口 구멍이 있으면 해가 된다
危 위험 + 害 해, 손해

吸毒对人体的危害是巨大的。
마약복용이 인체에 미치는 피해는 엄청나다.

039 **威胁**
wēixié
[동] 위협하다
[명] 위협

威 위엄 ≫ 厂 집과 一 한 명의 女 여자, 그리고 戈 창, 무기까지 보유하고 있어 위엄이 있다
胁 위협하다 ≫ 月 몸에 力 힘을 丶丶 불끈불끈 주면서 위협하다

他感受到自己在公司的地位受到了威胁。
그는 회사에서 자신의 지위가 위협받고 있음을 느꼈다.

26강 과학, 기술

040 超级
chāojí

형 월등한, 최상급의

超 뛰다, 뛰어넘다 »» 누가 * 召 불러서 走 뛰어가다
* 召 부르다 »» 큰 刀 칼 밑에 깔려 口 입으로 도와달라 부르는 모습 연상
超 뛰어넘다 级 급을

> 超级电脑
> 슈퍼컴퓨터

041 工程师
gōngchéngshī

명 기사, 엔지니어

程 정도, 정해진 것 »» 禾 벼, 口 꾸러미를, 壬 짊어진 정도가 어느 정도인지 헤아리다
师 스승 »» 帅 장수 (刂 칼을 巾 천으로 닦고 있는 장수)보다 一 한 단계 위에 있는 스승
工 일의 程 정도를 지키는 师 스승같은 자 – 전문 엔지니어

> 他的爸爸是一名工程师。
> 그의 아버지는 엔지니어입니다.

042 维修
wéixiū

동 수리하다, 보수하다

维 매다, 유지하다 »» 纟실로 隹 새를 매다
修 고치다 »» 亻사람이 丨뚫듯이, 攵 = 文 학문을 닦고 彡 털을 가다듬으며 품행을 고쳐 나가다

> 家里的电路出现了故障需要找电工来维修。
> 집의 전기회로가 고장 나면 전기 기술자를 찾아 수리해야 한다.

27강 경제, 금융

001 巨大
jùdà
형 거대한

巨 거 大 대

这对他来说将是一个巨大的挑战。
이것은 그에게 있어서는 큰 도전이 될 것이다.

002 发达
fādá
동 발달하다, 번성하다

达 도달하다 ≫ 大 큰 보폭으로 성큼성큼 辶 달려가면 도착선 라인에 도달한다
어떠한 목표에 发 쏘듯이 达 도달하다

他的手臂肌肉十分发达。
그의 팔 근육은 매우 발달되어 있다.

003 活跃
huóyuè
형 활동적인, 활기 있는
동 활성화하다

跃 뛰다 ≫ 足 발을 夭 예쁘게 폴짝폴짝 뛰는 모습 연상
活 살아서 跃 뛰듯 활기 있는

他的性格很活泼，在班里总是能活跃气氛。
그의 성격은 매우 활발하여, 반에서는 늘 분위기를 돋울 수 있다.

004 落后
luòhòu
형 뒤떨어진, 낙후된

落 떨어지다 ≫ 艹 풀밭을 향해 氵 빗물이 各 각각 떨어지다
落 떨어지다 后 뒤로 쳐지듯이 – 뒤떨어진

小明上课总是开小差，这次的考试排名又落后了许多。
샤오밍은 항상 수업을 빼먹어서 이번 시험 순위가 또 많이 뒤떨어졌다.

005 稳定
wěndìng
형 안정된

稳 안정된 ≫ 禾 벼가 急 빠르게 들어오니 생활이 안정되다
稳 안정되게 定 정해지다

他想找一份稳定的工作。
그는 안정적인 직업을 찾고 싶어 한다.

006 意外
yìwài
[형] 의외인, 뜻밖인

意 생각 外 밖인 – 의외

> 他5年前发生了意外事故去世了。
> 그는 5년 전에 불의의 사고를 당해 세상을 떠났다.

007 股票
gǔpiào
[명] 주식, 증권

股 넓적다리, 조직단위, **주식** ≫ **月 몸**에서, **殳 몽둥이**처럼 뭉툭한 느낌의 **넓적**한 곳 - 넓적다리

股 넓적다리처럼 비교적 큰 기업들의 주를 票 표처럼 살 수 있는 주식

> 这只股票正在下跌。
> 이 주식은 하락하고 있다.

008 涨
zhǎng
[동] 오르다, 물이 붇다

氵물이 弓 활처럼 굽으며 长 길게 넘쳐 오르다

> 这款面霜的价格涨了。
> 이 크림의 가격이 올랐다.

009 趋势
qūshì
[명] 추세, 경향

趋 달아나다, 달리다 ≫ 走 달리다 急 빠르고, 급하게 – 달아나다

势 형세, 기세 ≫ 扌손으로 丸(구미호 **구슬**)을 잡아, 力 힘이 생기다 - 기세

* 丸 알, 둥글다 - 九 **구**미호가 丶찍어 놓은 **구슬**

> 这是未来7天天气的趋势。
> 이것은 앞으로 7일간 날씨의 추세이다.

010 形势
xíngshì
[명] 정세, 형편

势 형세, 기세 ≫ 扌손으로 丸(구미호 **구슬**)을 잡아, 力 힘이 생기다 - 기세

形 모양 + 势 형세

> 最近外贸形势回温了。
> 최근 대외 무역 상황이 회복되었다.

011 贸易
màoyì
명 무역

贸 무역하다, 바꾸다 » 匚 상자에 물건을 丶 탕 닫고, 刀 칼로 쪼개듯 贝 금전을 나눠 **무역하다**
易 바꾸다

> 小明的本科专业是国际贸易。
> 샤오밍의 학부 전공은 국제 무역이다.

012 进口
jìnkǒu
동 수입하다

进 들여놓다, 나아가다 » 井 우물에 辶 가서 퍼온 물을 안으로 **들여놓다**
进 들여놓다, 국경 口 입구 안쪽으로 – 수입

> 这款巧克力是比利时进口的。
> 이 초콜릿은 벨기에에서 수입한 것이다.

013 出口
chūkǒu
동 수출하다

出 나가다, 국경 口 입구 밖으로 – 수출

> 出门右转直走50米有一个安全出口。
> 나가셔서 우회전하셔서 50미터 직진하시면 비상구가 있습니다.

014 风险
fēngxiǎn
명 위험, 모험

险 험하다 » 阝 막히다 亼 모든 것이 – 모든 것이 막힌 것 같은 **위험**
* 亼 다, 모두 » 人 사람이 一 한곳에 丶丶丶 모여 一 일렬로 **모두** 있다
风 바람 잘 날 없는 险 험함 - 위험

> 这个治疗方案的风险比较大。
> 이 치료 방안의 위험은 비교적 크다.

015 运输
yùnshū
동 운송하다, 운수하다

运 돌다, 옮기다, 운반하다 » 云 구름이 하늘에서 **옮겨** 가듯 돌며 辶 **가다**
输 나르다, 운송하다 » 车 차에 人 사람 一 한 명이 운전하며 月 고기를 刂 칼같이 **운송하다**

> 这批货采用哪种运输方式呢？
> 이 화물은 어떤 운송 방식을 채택합니까?

016 保险
bǎoxiǎn
명 보험

保 보호하다, 보증하다 ≫ 亻사람이 口 말하며 이 木 나무가 마을의 보호수라고 **보증하고 지키다**
险 험하다 ≫ 阝막히다 佥 모든 것이 – 모든 것이 막힌 것 같은 **위험**
* 佥 다, 모두 ≫ 人 사람이 一 한곳에 丶丶丶 모여 一 일렬로 **모두** 있다
保 보호한다 险 험한 상황을 대비하여 – 보험

> 每个公司会给员工缴纳医疗保险。
> 회사마다 직원에게 의료 보험을 지불한다.

017 赔偿
péicháng
동 배상하다, 변상하다

赔 배상하다, 사과하다 ≫ 贝 재물을 주면서 立 서서 口 입으로 **사과하며 변상**하다
偿 갚다, 돌려주다 ≫ 亻사람에게 * 尝 시도해 볼 기회를 주면, 그 사람은 훗날 갚으려 한다
* 尝 시험해 보다 ≫ 小 작게 冖 덮여 있는 云 구름이 과연 비가 오게 될까 보면서 **시험해** 보다

> 赔偿损失
> 손해를 배상하다

018 资金
zījīn
명 자금

资 재물, 밑천, 바탕 ≫ 次 차례고, 몇 번이고 贝 재물은 가져야 한다
资 재물 金 금

> 公司给这个项目投入了大量的资金和人力。
> 회사는 이 프로젝트에 대량의 자금과 인력을 투자했다.

019 财产
cáichǎn
명 재산, 자산

财 재물 ≫ 贝 재물 + 才 재주
产 생산하다 ≫ 产 = 産 간화

> 他打算死后把财产都留给女儿。
> 그는 죽은 후에 딸에게 재산을 모두 물려줄 계획이다.

020 黄金
huángjīn
명 황금

黄 황 金 금

> 黄金是按克出售的。
> 황금은 그램으로 판다.

021 人民币
rénmínbì
명 인민폐

币 화폐 ››› 비단 같은 巾 천은 옛날에 화폐, 폐백 에도 쓰임, 일반 巾과 구분 위해 丿 씀

人 인 民 민 币 폐

> 人民币最大的面值是100元。
> 인민폐의 가장 큰 액면가는 100위안이다.

022 投资
tóuzī
동 투자하다
명 투자금

投 던지다 ››› 扌손으로, 殳 몽둥이, 창 등을 던지다
资 재물, 밑천, 바탕 ››› 몇 次 차례고, 몇 번이고 贝 재물은 가져야 한다

> 他投资了一家摄影工作室。
> 그는 사진 스튜디오에 투자했다.

023 投入
tóurù
동 투입하다, 몰입하다

投 던지다 ››› 扌손으로, 殳 몽둥이, 창 등을 던지다
投 던져 入 넣다 – 투입

> 他投入了所有的时间和精力。
> 그는 모든 시간과 정력을 쏟아부었다.

024 分配
fēnpèi
동 분배하다, 할당하다

配 짝 ››› 남녀가 같이 酉 술을 먹으면 己 몸이 서로 섞여 사고를 쳐 짝이 된다
分 나누다 配 짝 맞추려고 – 분배하다

> 组长在给组员分配今天的工作任务。
> 팀장은 팀원에게 오늘의 업무를 할당하고 있다.

025 吃亏
chīkuī
동 손해보다, 손실입다

亏 모자라다, 부족하다, 손해
吃 먹다 亏 손해를

> 他宁可自己吃亏也不让集体的利益受到损害。
> 그는 자신이 손해를 볼지언정 집단의 이익이 손해를 입지 않도록 한다.

026 损失
sǔnshī
- 명 손실
- 동 손해보다

损 감소하다, 잃다 ≫ 扌손과 口 입이 따로 놀아 贝 재물을 잃다
损 잃다 失 잃다

> 财政损失
> 재정 손실

027 欠
qiàn
- 동 빚지다, 하품하다, 부족하다

欠 하품하는, 뭔가 부족한 바보를 연상

> 他欠了我1000块钱。
> 그는 나에게 1000위안을 빚졌다.

028 会计
kuàijì
- 명 회계, 회계원

计 셈하다, 계산하다 ≫ 讠말로 十 더하면서 셈하다
会 모인 장부를 计 계산하는 회계
발음이 kuàijì 라는 것 주의

> 他的职位是财务部的会计。
> 그의 직위는 재무부의 회계사이다.

029 计算
jìsuàn
- 동 계산하다, 계획하다

计 셈하다, 계산하다 ≫ 讠말로 十 더하면서 셈하다
算 셈, 계산 ≫ ⺮ 대나무로 된 주판을 目 눈으로 봐가며 廾 더하고 더하며(++) 셈하다

> 他的计算结果是错误的。
> 그의 계산 결과는 틀렸다.

030 利润
lìrùn
- 명 이윤

利 날카롭다, 이익 ≫ 禾 벼를 베려면 刂 칼이 날카로워야 한다, 벼를 수확을 해 이익 내다
润 적시다, 윤이 나다 ≫ 氵물로 闰 왕이 있는 문을 적셔가며 윤이 나게 닦는 모습
내가 순수하게 가져가는 利 이익은 润 반질반질 윤이 난다

> 这款产品的利润很高。
> 이 제품의 이윤은 매우 높다.

031 利息
lìxī
명 이자

利 날카롭다, 이익 ≫ 禾 벼를 베려면 刂 칼이 날카로워야 한다, 벼를 수확을 해 **이익** 내다
息 쉬다 ≫ 自 내 心 마음은 항상 **쉬고** 싶다
利 이익이 息 쉬고 있는데도 들어오는 것 – 이자

> 爷爷奶奶喜欢把钱存在银行里，因为定期存款的利息高。
> 할아버지와 할머니는 정기예금의 이자가 높기 때문에 은행에 돈을 맡기는 것을 좋아한다.

032 利益
lìyì
명 이익

利 날카롭다, 이익 ≫ 禾 벼를 베려면 刂 칼이 날카로워야 한다, 벼를 수확을 해 **이익** 내다
益 더하다, 유익하다 ≫ 皿 그릇 위로 丶丶 쌓이고, 一 한 층을 넘어가 또 丶丶 쌓여 더해지다

> 对很多人来说，自身的利益是最重要的。
> 많은 사람들에게 자신의 이익이 가장 중요하다.

033 账户
zhànghù
명 계좌

账 장부 ≫ 贝 재물(뜻 부분) + 长 장(음 부분)
账 장부 + 户 집(돈이 머물고 있는) – 계좌

> 他给我的账户汇了一笔款。
> 그 남자는 제 계좌로 돈을 송금했다.

034 输入
shūrù
동 입력하다, 밖에서 안으로 들여보내다

输 나르다, 운송하다 ≫ 车 차에 人 사람 一 한 명이 운전하며 月 고기를 刂 칼같이 운송하다
输 운송하여 入 안으로 들이다

> 请您完整地输入自己的个人信息。
> 자신의 개인정보를 온전히 입력해 주세요.

035 过期
guòqī
동 기한을 넘기다, 기일이 지나다

过 지나다 期 기한을

> 这箱牛奶都过期了1个月了。
> 이 우유 상자는 유통기한이 1개월이나 지났다.

036 支票
zhīpiào
명 수표

支 가지, 지탱하다, 갈리다 ≫ 支 근원에서 갈라져 나온 것
한 장, 한 장 支 갈라진, 돈의 票 증서, 표 – 수표

> 麻烦您把这张支票兑换成现金吧。
> 이 수표를 현금으로 바꿔 주세요.

037 兑换
duìhuàn
동 현금으로 바꾸다, 환전하다

兑 바꾸다 - 兄 형이 ㆍㆍ 뿔이 난, 화가 난 상태로 바뀌다
换 바꾸다 ≫ 扌 손으로 人 사람이 央(중앙 앙) 중앙에 서서 바꾸기 위해 있는 모습

> 我想把这800美元兑换成人民币。
> 나는 이 800달러를 인민폐로 바꾸고 싶다.

038 节省
jiéshěng
동 절약하다, 아끼다

省 살피다, 줄이다 ≫ 少 적게 目 눈대중으로 살펴가며 줄이다
节 마디마디마다 省 살피다 – 절약하기 위해서

> 小明是一位非常节省的人，平时不太花钱给自己买一些贵重的物品。
> 샤오밍은 매우 절약하는 사람으로, 평소에 자신에게 비싼 물건을 사는 데 돈을 잘 쓰지 않는다.

039 汇率
huìlǜ
명 환율

汇 한데 모으다 ≫ 氵 물을 匚 큰 구역으로 모으다
率 비율, 거느리다 ≫ 玄 검은 장정들을 ㆍㆍㆍㆍ 좌우로 十 많이 거느리는 비율이 얼마나 되는지
돈이 汇 한데 모아져, 자국과 타국의 돈의 率 비율을 결정

> 今天韩元的购入汇率是多少？
> 오늘 원화의 매입 환율은 얼마입니까?

040 税
shuì
명 세금

禾 벼를 돈으로 * 兑 바꿔 세금을 내다
* 兑 바꾸다 ≫ 兄 형이 ㆍㆍ 뿔이 난, 화가 난 상태로 바뀌다

> 交税
> 세금을 내다

041 **贷款**
dàikuǎn
- 동 대출하다
- 명 대출금

贷 빌리다 » 돈이 없어서 代 대신해서 贝 돈을 빌려줄에서 빌리다
款 항목, 조목 » 士 선비들이 시험 示 보는데 欠 하품이 나오다 - 시험 항목들 때문에
돈을 贷 빌리다, 특정 款 항목을 사기 위해서

> 这辆车是我贷款购买的。
> 이 차는 제가 대출을 받아 구입한 것이다.

042 **亿**
yì
- 수사 억

수사는 되도록 통째로 암기 추천

> 这位富豪有着过亿的身价。
> 이 부자는 억대의 몸값을 가지고 있다.

043 **吨**
dūn
- 양사 톤(1,000kg)

양사는 되도록 통째로 외우는 것 추천

> 这辆货车上有1吨苹果。
> 이 화물차에는 사과 1톤이 있다.

27강 경제, 금융

28강 사회

001 秩序 zhìxù
명 질서, 순서

秩 차례, 순서 ≫ 禾 벼의 失 손해를 보지 않으려고, 오래된 것부터 순서대로 빼내야 손실이 없다
序 차례 ≫ 广 집에서 予 나의 서열, 차례는 어느 정도인가?

放学后，同学们都秩序井然地走出校门。
방과 후 학생들은 질서정연하게 교문을 나섰다.

002 道德 dàodé
명 도덕, 윤리

德 덕, 크다, 도덕 ≫ 인생의 彳 길을 걸을 때, 十 큰 罒 그물처럼 너그러이 덮어 가며, 一 한 心 마음을 크게 써 덕을 쌓아라
道 도 德 덕

每个人都应该守住自己的道德底线，不做越界的事情。
모든 사람은 자신의 도덕적 선을 지키고 선을 넘는 일을 하지 말아야 한다.

003 风俗 fēngsú
명 풍속

俗 풍속, 속세 ≫ 亻사람이 살아가는 谷 굴곡진 속세
风 풍 俗 속

每个地方的风俗都不同，各有各的特色。
지방마다 풍습이 다르고, 각기 특색이 있다.

004 传统 chuántǒng
명 전통

传 전하다 ≫ 亻사람에게 소식을 专 오로지 전하다
统 종합하다 ≫ 纟실을 充 충분하게 모아 종합하다

元宵节的时候吃汤圆是我们南方的传统。
정월 대보름에 탕위안을 먹는 것은 우리 남부의 전통이다.

005 **义务**
yiwù
명 의무

义 옳은 »» 넥타이나, 도복을 잘 차려 입은, 예절 있고 **의롭고 옳게** 차려 입은 듯한 모습
务 힘쓰다 »» **夂 걸으며 力 힘써 일하다**

我们有义务帮你完成这个工作。
우리는 당신을 도와 이 일을 완성할 의무가 있습니다.

006 **公平**
gōngpíng
형 공평한

公 공 平 평

我觉得这次比分的评判不公平。
저는 이번 스코어의 판정이 불공평하다고 생각합니다.

007 **和平**
hépíng
형 평화로운
명 평화

和 화합 + 平 공평

世界和平是最重要的。
세계 평화가 가장 중요하다.

008 **平等**
píngděng
형 평등한

平 평 等 등

每个人都是平等的，不分高低贵贱。
모든 사람은 평등하며 높고 낮음과 귀하고 천함을 가리지 않는다.

009 **比例**
bǐlì
명 비, 비율

例 본보기, 예 »» **亻 사람**이 직접 * **列 벌려** 분리하는 **본보기**를 보이다
* 列 벌일 렬, 줄 렬 »» **歹 죽어**있는 동물을 **刂 칼로 벌려** 분리하다
比 비 + 例 본보기, 예

这个专业的男女比例失衡很严重。
이 전공의 남녀 비율 불균형이 매우 심각하다.

010 **圈**
quān
명 원, 둘레, 범위, 권

卷 책(⺍ - 手 손 2개 - 두 손으로 㔾 구부려 앉아 책을 잡다)
책, 시험지 다 같은 부류이며 이런 것들은 돌돌 말 수 있다
囗 에워싸다 + 卷 책을 마는 것처럼

老师把这次考试的重点内容都圈起来了。
선생님은 이번 시험의 중점 내용을 모두 동그라미 쳤다.

011 人口
rénkǒu
명 인구

人 인 口 구

这个国家的人口密度很高。
이 나라의 인구 밀도는 매우 높다.

012 个人
gèrén
명 개인

个 개 人 인

这仅仅是我个人的想法，不代表我们组。
이것은 단지 내 개인적인 생각일 뿐, 우리팀을 대표하지 않는다.

013 私人
sīrén
명 개인
형 사적인, 개인의

私 사사로운, 개인적인, 이기심 »» 禾 벼를 厶 사사로이 개인적으로 취하다

私 사사로운 + 人 사람의

私人侦探
사설탐정

014 成人
chéngrén
명 성인, 어른
동 성인이 되다

成 이루어지다, 한 人 인간으로 – 성인

这周学校会为我们举办成人礼。
이번 주에 학교는 우리를 위해 성년의식을 거행할 것입니다.

015 现代
xiàndài
명 현대

现 현재 代 시대

现代人的思想已经没有那么封建了。
현대인의 사상은 이미 그렇게 봉건적이지 않다.

016 青少年
qīngshàonián
명 청소년

青 푸르른, 少 나이가 적어서 年 년도를 적게 살아온 청소년

青少年犯罪
청소년범죄

017 **妇女**
fùnǚ
명 부녀자

妇 부인, 며느리 ›› 항상 남자의 오른팔 ㅋ 오른손이 되어 주는 女 여자
결혼한 성숙한 여자

在地铁上，他主动给一个怀孕的妇女让座。
지하철에서 그는 자발적으로 임신한 여성에게 자리를 양보했다.

018 **女士**
nǚshì
명 여사, 숙녀

女 여 士 사

金女士，请问您是要喝咖啡还是茶呢？
김 여사님, 커피를 드시겠습니까, 차를 드시겠습니까?

019 **行为**
xíngwéi
명 행위

行 행 为 위

比赛开始前，裁判告诉大家比赛中哪些行为是违规的。
경기가 시작되기 전에 심판은 경기 중 어떤 행위가 위반인지 모두에게 알려주었다.

020 **行动**
xíngdòng
명 행동

动 움직이다 ›› 云 구름이 力 힘을 받아 움직이다
行 행 动 동

他的大腿受伤了，所以行动不便。
그는 허벅지를 다쳐서 거동이 불편하다.

021 **专家**
zhuānjiā
명 전문가

专 전문적으로, 오로지 한 분야를 파서 大家 대가가 된 사람

这位女士是心理学专家。
이 여성분은 심리학 전문가다.

022 **现实**
xiànshí
명 현실

现 현 实 실

现实和幻想是有很大区别的。
현실과 환상은 큰 차이가 있다.

023 状况
zhuàngkuàng
명 상황, 형편, 상태

状 모양, 형상 ≫ 爿 나뭇조각을 물고 있는 犬 개의 모습
况 상황, 모양 ≫ 冫차갑다, 얼음 + 兄 형 - 무슨 상황이길래 형이 이렇게 냉정해졌지?

现在这个状况让我觉得十分疲惫。
지금 이 상황은 나를 매우 피곤하게 한다.

024 情景
qíngjǐng
명 장면, 모습

情 감정 ≫ 어떤 형태의 忄 감정이어도 青 푸르른 것처럼 순수한 상태의 것이 감정
景 배경 ≫ 日 해가 京 서울을 비추는 경치, 배경

请你根据这个情景图片为主题写一段文章。
이 장면 그림을 주제로 한 문장을 쓰세요.

025 现象
xiànxiàng
명 현상

现 나타난 象 상, 형상

这是一种普遍现象。
이것은 보편적인 현상이다.

026 差距
chājù
명 차이, 격차, 갭

距 거리, 떨어져있다 ≫ 足 발로 움직인 거리가 얼마나 巨 큰 지에 대한 거리
差 차이 距 거리

我和第一名的差距有些大。
나와 1위의 격차가 다소 크다.

027 阶段
jiēduàn
명 단계, 계단

阶 층계 ≫ 阝 막아서 사이사이마다 층계를 介 끼워 넣다
段 층계, 단 ≫ 丨丿丿丿 층층이 지도록 殳 창으로 깎아 단을 만들다

每个阶段的学习目标都是不一样的。
학습 목표는 단계마다 다르다.

028 平衡
pínghéng
- 형 균형이 맞는
- 동 평준화하다

衡 저울대 » 行 가다 + 鱼 물고기 + 大 - 큰 물고기가 올라왔다 다시 가라앉았다가 헤엄쳐 가는 모습이 저울에서 무게에 의해 높낮이가 바뀌는 것과 비슷하다고 연상
平 평평히 衡 저울대에서 균형을 맞추는 모습 연상

> 她骑车的时候，因为撞到了石头而失去平衡，摔了一跤。
> 그녀는 자전거를 타다가 돌에 부딪혀 균형을 잃고 넘어졌다.

029 捐
juān
- 동 기부하다, 헌납하다, 던지다, 포기하다

扌 손으로 먹을 것 좀 달라고 口 입으로 말하는 사람에게 月 고기를 기부하다

> 我给贫困山区的小朋友捐了一箱衣服。
> 나는 가난한 산간 지역의 어린이들에게 옷 한 상자를 기부했다.

030 自愿
zìyuàn
- 동 자원하다

愿 원하다 » 原 근본적으로 心 마음에서 원하는 게 있다
自 스스로 愿 원해서 자원하다

> 她自愿成为这次抗灾志愿者中的一名。
> 그녀는 자원하여 이번 재난 구호 지원자 중 한 명이 되었다.

031 志愿者
zhìyuànzhě
- 명 자원봉사자, 지원자

志 뜻 » 士 선비의 心 마음엔 항상 뜻이 있다
愿 원하다 » 原 근본적으로 心 마음에서 원하는 게 있다
志 뜻을 가지고 愿 원해서 지원한 者 자

> 她在社区里做自愿者。
> 그녀는 지역사회에서 자원봉사를 하고 있다.

032 贡献
gòngxiàn
- 동 공헌하다, 기여하다

贡 바치다 » 工 장인이 모아놓은 贝 재물을 바치다
献 드리다, 바치다 » 자원이 풍부하고 따뜻한 南 남쪽 지방에서 토실토실한 犬 개를 바치다

> 这次运动会，他为班级做出贡献。
> 이번 운동회에서 그는 반을 위해 공헌을 했다.

033 改善
gǎishàn
동 개선하다

改 고치다, 바꾸다 » 己 자기 자신을 엄하게 女 쳐가면서 고치다
善 선하다, 잘하다, 좋다 » 선하게 생긴 羊 양이 ⺵ 풀을 口 입으로 아주 잘 뜯어먹는 것 연상
善 선하다는 뜻 외에 잘한다는 뜻이 있다는 것 참고

> 改善关系
> 관계를 개선하다

034 重大
zhòngdà
형 중대한

重 무겁다, 겹치다 » 千 천 명 넘게 사람들이 里 마을에 거듭 모여 있어 무겁다.
重 무겁고 大 큰 – 중대한

> 他发现这个工厂存在重大的安全隐患。
> 그는 이 공장에 중대한 안전상 위험이 있다는 것을 발견했다.

035 承担
chéngdān
동 맡다, 담당하다

承 받들다, 계승하다 » 子 남자아이를(대를 이을) 낳아 양손으로 받들고 있다고 연상
担 메다, 떠맡다, 짐 » 扌 손으로 日 날마다 一 한 가지 이상의 짐을 떠맡다

> 你应该为自己的行为负责，承担这个后果。
> 당신은 자신의 행동에 책임을 지고, 이 결과를 책임져야 합니다.

036 逐步
zhúbù
부 점차, 차츰차츰
(인위적인 변화)

逐 쫓다 » 豕 돼지를 辶 가게끔 쫓다
逐 쫓듯이 步 걸음이 걷는 것처럼 차츰차츰

> 我们公司在逐步推进这个建筑工程的项目。
> 우리 회사는 이 건축 공사의 프로젝트를 점진적으로 추진하고 있다.

037 逐渐
zhújiàn
부 점차, 차츰차츰
(자연스러운 변화)

逐 쫓다 » 豕 돼지를 辶 가게끔 쫓다
渐 점점, 스며들다 » 氵 물기가 车 수레에 점점 스며들어 斤 도끼로 긁어내야 한다

> 立春之后，天气逐渐回温了。
> 입춘이 지나자 날씨가 점차 따뜻해졌다.

038 具体
jùtǐ

형 구체적인, 특정의
동 구체화하다

具 갖추다
体 물체, 몸 》 亻 사람의 本 근본
具 갖추기 위해서 体 몸통, 뼈대를 구체적으로 그려 보다

你可以具体地说一下这个岗位的工作内容吗？
이 직책의 업무 내용을 구체적으로 말씀해 주시겠습니까?

039 密切
mìqiè

형 밀접한, 긴밀한

密 빽빽하다, 빈틈이 없다, 비밀
》 양반 宀 집은 必 반드시 필수적으로 山 산의 나무처럼 빽빽한 일이 많고, 빈틈이 없어야 하며, 비밀을 지켜야 한다
切 절실하다, 끊다 》 七 일곱 번씩이나 刀 칼로 끊어 내는 연습을 하는 것은 절실한 것

他们两者之间有密切联系。
그들 둘 사이는 밀접한 관계가 있다.

040 难免
nánmiǎn

형 면하기 어려운, 불가피한

难 어렵다 》 又 또 佳 새를 잡기가 어렵다
免 어렵다 免 면하기가

人们难免会犯错误，知错能改就行。
사람들은 실수를 하는 것이 불가피하니, 잘못을 알고 고치면 된다.

041 所
suǒ

조 ~하는 바이다, ~되다(피동)

一直以来你所认为是对的观点也不一定是正确的。
지금까지 당신이 옳다고 생각했던 관점이 반드시 옳은 것만은 아닙니다.

042 失业
shīyè

동 실업하다, 직업 잃다

失 잃다 业 업을

他领到了一笔失业补助金。
그는 실업 수당을 받았다.

043 移民
yímín
동 이민하다

移 옮기다 ⋙ 禾 벼가 多 많아지면 옮겨야 한다
移 옮겨서 그 나라의 民 백성들이 사는 곳으로 가다

他们一家三口都移民到新西兰去了。
그들 세 식구는 모두 뉴질랜드로 이민을 갔다.

044 措施
cuòshī
명 조치, 대책

措 두다, 놓다 ⋙ 扌손으로 * 昔 옛날 있었던 자리에 **놓아두다**
* 昔 옛날 ⋙ 日 해가 넘실 바다 밑에 잠길 정도의 대홍수 옛시절 형상화
施 실시하다, 베풀다 ⋙ 方 방향을 정해 丿 떨쳐 一 한곳, 也 또한 여러 곳으로 **실시하고 베풀다**

在计划执行前，一定要准备好应急措施。
계획을 실행하기 전에 반드시 응급 조치를 준비해야 한다.

045 提倡
tíchàng
동 제창하다

提 제시, 던지다 ⋙ 扌손으로 是 맞다고 하는 것 **제시하다**
倡 부르다, 광대 ⋙ 亻사람은 日 매일 曰 말하며 무엇인가를 **부른다**

现在国家提倡低碳环保。
현재 국가는 저탄소 환경 보호를 제창한다.

 국가, 법

001 政府
zhèngfǔ
명 정부

政 정치, 정사 ≫ 正 바르게 攵 쳐서 다스리다
府 관청 ≫ 广 집 같은 건물에, 亻사람이 寸 마디마다 꽉 차 모여 있는 **관청**

> 疫情期间，政府向各个辖区分发物资。
> 전염병 발생 기간 동안 정부는 각 관할 구역에 물자를 나누어 줬다.

002 总统
zǒngtǒng
명 총통, 대통령

总 모으다, 다, 모두 ≫ 한 곳으로 丶丶 **모이다**, 뱉는 口 **말** 과, 쓰는 心 **마음 모두**가
统 종합하다 ≫ 纟실을 充 충분하게 모아 **종합**하다

> 成为总统是他的梦想。
> 대통령이 되는 것은 그의 꿈이다.

003 官
guān
명 관료, 국가에 속하는 것

官 관청 ≫ 宀 집같은 건물이 阜 언덕 위에 크게 있는 **관청**

> 当官
> 관리가 되다

004 主席
zhǔxí
명 의장, 주석

主 주인 席 자리에 앉는 사람 - 주석

> 国家主席
> 국가 주석

005 总理
zǒnglǐ
명 총리

总 모으다, 다, 모두 ››› 한 곳으로 ヽヽ **모이다,** 뱉는 **口 말**
과, 쓰는 **心 마음 모두가**
理 다스리다, 이치, 도리 ››› **王 왕**은 **里 마을**을 이성적으로 잘
다스려야 한다

> 美国总统今日将会见德国总理。
> 미국 대통령은 오늘 독일 총리를 만날 것이다.

006 老百姓
lǎobǎixìng
명 국민, 백성

老百姓 평범한 대중의 뜻

> 倾听老百姓的意见
> 국민의 의견을 경청하다

007 华裔
huáyì
명 화교의 자녀

华 빛나다 ››› 華 빛날 화 = 华 간화
裔 옷자락, 후손 ››› 전통 **衣 옷**을 **冂 두르고** 사람들에게 **丿
乀 두 팔 벌리며 口 입**으로 내가 이 전통
옷을 입은 **후손**임을 알리다
华 빛나는 裔 후손

> 他是美籍华裔。
> 그는 중국계 미국인이다.

008 身份
shēnfen
명 신분, 지위, 체면

份 몫 ››› **亻사람**에게 **分 나눠** 주다 - **몫**을
어떤 사람의 **身 신체**에 딱 그 만큼의 **份 몫**이 주어진 신분, 지위

> 您能出示一下您的身份证明相关的材料吗?
> 신분증 관련 서류 좀 보여주시겠어요?

009 县
xiàn
명 현(중국 지방 행정 구획 단위)

县 고을 ››› 지역을 **且 또 厶 사사로이 고을**로 나누다

> 淳安县隶属于杭州市。
> 순안현은 항저우시에 속한다.

010 政治 zhèngzhì
명 정치

政 정치, 정사 »» 正 바르게 攵 쳐서 다스리다
治 다스리다, 고치다 »» 氵 물, 台(무엇을 받치는 모습) ~대 -
　氵 물이 台 받쳐 주어(기본이 되어) 병
　을 고치다

> 政治问题一直都是非常敏感的话题。
> 정치 문제는 늘 민감한 이슈였다.

011 外交 wàijiāo
명 외교

外 외 交 교

> 她的梦想是成为一位优秀的外交官。
> 그녀의 꿈은 훌륭한 외교관이 되는 것입니다.

012 联合 liánhé
동 연합하다, 결합하다

联 연결하다 »» 耳 귀로 들은 것을 关 관련지어 연결한다
联 연결해 合 합하다

> 这两家公司联合起来打算执行一个新的项目。
> 이 두 회사는 연합하여 새로운 프로젝트를 실행할 계획이다.

013 权力 quánlì
명 권력

权 권세, 권리, 저울 »» 木 나무 막대기를 又 손에 쥐고서 권
　세 부리는
权 권 力 력

> 官位越大权力越大，要承担的责任也就越重。
> 벼슬이 높을수록 권력이 커지고 책임도 무거워진다.

014 命令 mìnglìng
동 명령하다
명 명령

命 목숨 + 令 명령

> 她非常讨厌别人用命令的语气和她说话。
> 그녀는 다른 사람이 명령조로 그녀에게 말하는 것을 매우 싫어한다.

015 法院 fǎyuàn
명 법원

法 법 »» 氵 물처럼 만사가 잘 흐르고 돌아 去 가게끔 하려고
　만든 법
院 집, 관아 »» 阝 막다 完 완전히 - 완전히 막아 집, 관아를
　만들다

> 这个刑事案件今天在法院一审开庭了。
> 이 형사 사건은 오늘 법원에서 제1심 재판이 열렸다.

29강 국가, 법

016 制定
zhìdìng
동 제정하다, 만들다, 세우다

制 절제하다, 법, 규정 »» 牛 소를 市 시장에다 내다 팔 때 刂 칼로 자른다 법도, 규정에 맞춰서
制 법으로 定 정하다

> 我们在做事之前可以先制定一个完整的计划表。
> 우리는 일을 하기 전에 먼저 완전한 계획표를 작성할 수 있다.

017 规矩
guīju
명 법칙, 표준
(도덕, 전통, 습관등의)

规 법, 규칙 »» 남자가 하늘이던 시절 夫 지아비가 见 보는 것이 곧 법이었다
矩 새겨 표시하다, 법도 »» 어느쪽 矢 화살인지 巨 크게 새겨 표시하는 것은 군대의 암묵적 법도

> 规矩是用来约束人的。
> 규칙은 사람을 구속하는 데 사용된다.

018 规则
guīzé
명 규칙, 법칙
(문자화되어 반드시 지켜야 하는)

规 법, 규칙 »» 남자가 하늘이던 시절 夫 지아비가 见 보는 것이 곧 법이었다
则 법칙, 준칙 »» 贝 재물을 刂 칼같이 정한만큼 가져가도록 법칙과 준칙을 만들다

> 遵守规则
> 규칙을 준수하다

019 规律
guīlǜ
명 규율, 룰

规 법, 규칙 »» 남자가 하늘이던 시절 夫 지아비가 见 보는 것이 곧 법이었다
律 음률, 법률, 규율 »» 彳 행하다 聿 붓을 움직여, 음률, 규율, 법률 쓰다

> 你发现这个数学题的规律了吗？
> 너는 이 수학 문제의 법칙을 발견했니?

020 制度
zhìdù
명 제도, 규정

规 법, 규칙 ≫ 남자가 하늘이던 시절 夫 지아비가 见 보는 것이 곧 법이었다
制 제 度 도

> 公司需要一些奖励制度来激发员工对工作的热情。
> 회사는 직원들의 업무에 대한 열정을 불러일으키기 위한 몇 가지 장려제도가 필요하다.

021 纪律
jìlǜ
명 규율, 기율

纪 단서, 벼리(굵은 줄, 뼈대가 되는 것) ≫ 纟실의 己 몸에 해당하는 굵은 줄
律 음률, 법률, 규율 ≫ 彳행하다 聿 붓을 움직여, 음률, 규율, 법률 쓰다

> 每位同学都应该遵守班级纪律。
> 모든 학생은 학급의 규율을 준수해야 한다.

022 权利
quánlì
명 권리

权 권세, 권리, 저울 ≫ 木 나무 막대기를 又 손에 쥐고서 권세 부리는
利 날카롭다, 이익 ≫ 禾 벼를 베려면 刂 칼이 날카로워야 한다, 벼를 수확해 이익 내다

> 谁都没有权力干涉我的选择。
> 누구도 나의 선택에 간섭할 권리가 없다.

023 原则
yuánzé
명 원칙

原 근원
则 법칙, 준칙 ≫ 贝 재물을 刂 칼같이 정한만큼 가져가도록 법칙과 준칙을 만들다

> 违反原则
> 원칙을 위반하다

024 改进
gǎijìn
동 개진하다, 개선하다

改 고치다, 바꾸다 »» 己 자기 자신을 엄하게 攵 쳐가면서 고치다
进 들여놓다, 나아가다 »» 井 우물에 辶 가서 퍼온 물을 안으로 들여놓다

> 你们觉得这个项目执行方案还有需要改进的地方吗？
> 당신들은 이 프로젝트 실행 방안에 아직 개선해야 할 점이 있다고 생각합니까?

025 遵守
zūnshǒu
동 준수하다, 지키다

遵 따라가다 »» 𠆢 높으신 분에게 선물할 酉 술을, 손 寸 마디에 쥐고 辶 가며 대세를 따라가다
守 지키다 »» 宀 집의 寸 (마디마디)작은 부분까지도 지키다

> 每个人都应该遵守交通规则。
> 모든 사람은 교통 규칙을 준수해야 한다.

026 违反
wéifǎn
동 위반하다, 어기다

违 어긋나다 »» 韦 어긋나고 틀리도록(밑 작대기만 어긋나 있다) 辶 가게하다 - 어긋나다
정해진 것에 违 어긋나고 反 반대로 하다

> 如果你违反了法律，你就会受到应有的惩罚。
> 만약 당신이 법을 어긴다면, 당신은 응당한 처벌을 받을 것이다.

027 罚款
fákuǎn
동 벌금을 부과하다

罚 벌주다 »» 상대를 罒 그물로 묶고 심한 讠 말을 하며 刂 칼로 후비면서 벌을 주다
款 항목, 조목 »» 士 선비들이 시험 示 보는데 欠 하품이 나오다 - 시험 항목들 때문에
罚 벌주다, 특정한 款 항목에 대한 것을 어겨서

> 他因为违规停车被交警罚款了200元。
> 그는 주차위반으로 교통경찰에 의해 200위안의 벌금을 물었다.

028 合法
héfǎ
형 법에 맞는, 합법적인

合 合 法 法

> 他们俩现在正式成为了合法夫妻。
> 그 두 사람은 이제 정식으로 합법적인 부부가 되었다.

029 追切
pòqiè
형 절실한, 절박한

迫 핍박하다, 닥치다 ≫ **핍박**을 해버려서 **白** 흰 촛불을 들고 시위하러 **辶** 가다
切 절실하다, 끊다 ≫ **七** 일곱 번씩이나 **刀** 칼로 끊어 내는 연습을 하는 것은 **절실한** 것

> 面对朋友的质问，他迫切地想要解开误会。
> 친구의 질문에 그는 절실하게 오해를 풀고 싶었다.

030 光明
guāngmíng
형 떳떳한, 솔직한, 환한, 유망한

光 빛나고 明 밝을(日 해와 月 달이 있어 밝다) 수 있는 이유는 떳떳하고 솔직해서

> 他的工作能力非常强，领导非常看好他，他的前途一片光明。
> 그의 업무 능력은 매우 강하고, 상사는 그를 매우 좋게 보고 있어, 그의 앞길은 매우 밝다.

031 公开
gōngkāi
동 공개하다

公 대중에게 开 열다 – 공개하다

> 这位女明星在微博上公开了自己的恋情。
> 이 여자 스타는 웨이보에 자신의 연애를 공개했다.

032 开放
kāifàng
동 개방하다, 해제하다

放 놓다 ≫ **方** 방향을 정해 탁 **攵** 쳐서 놓다
开 열어서 放 놓다

> 春天来了，花园里的花儿陆续开放了。
> 봄이 오자 화원의 꽃들이 계속해서 피어났다.

033 限制
xiànzhì
동 제한하다, 한정하다
명 제한, 한계

限 한계, 끝 ≫ **阝** 막아서 **艮** 그쳐 버리게 되어 **한계**가 되다
制 절제하다, 법, 규정 ≫ **牛** 소를 **市** 시장에다 내다 팔 때 **刂** 칼로 자른다 **법도, 규정**에 맞춰서

> 学生的出入时间有限制。
> 학생들의 출입 시간에 제한이 있다.

29강 국가, 법

034 控制
kòngzhì
동 제어하다, 통제하다

控 당기다, 제어하다 »» 扌손(뜻 부분) + 空(음 부분)
制 절제하다, 법, 규정 »» 牛 소를 市 시장에다 내다 팔 때 刂 칼로 자른다 법도, 규정에 맞춰서

> 想要身材变得纤细就要控制饮食。
> 날씬해지려면 식단을 조절해야 한다.

035 阻止
zǔzhǐ
동 저지하다

阻 막히다, 험하다 »» 阝막다 且 또
阻 막혀서 止 그치도록 하다

> 你阻止不了别人在背后对你说三道四，但是你可以不在意他们的话。
> 너는 다른 사람이 뒤에서 너에대해 제멋대로 말하는 것을 막을 수는 없지만, 너는 그들의 말을 신경 쓰지 않아도 된다.

036 勿
wù
부 ~하지마라, ~해서는 안된다

필수구성요소

> 请勿在车厢内抽烟。
> 차 안에서 담배를 피우지 마세요.

037 偷
tōu
동 훔치다

偷 훔치다, 남몰래 »» 亻사람이 어떤 人 사람이 가진 一 한 물품을 훔치려고 月 몸에서 刂 칼같은 속도로 남모르게 빼내 물건을 훔치다

> 他看见一位男子偷走了女生手机的全过程。
> 그는 한 남자가 여학생의 휴대전화를 훔치는 모든 과정을 보았다.

038 悄悄
qiāoqiāo
형 초조한, 근심하는

悄 근심하다 »» 근심이 심하여 忄마음부터 小 작은 月 몸의 일부분까지 근심으로 가득하다

> 他悄悄地溜出门和朋友去网吧了。
> 그는 살금살금 문을 나서서 친구와 피시방에 갔다.

039 逃避
táobì
동 도피하다

逃 도망치다 » 兆 점괘가 안좋아 辶 걸어 도망치다
避 피하다 » 辟 피해서(尸 몸과, 口 입은, 辛 고생과 매운 것을 피하려고 한다) 辶 가다

遇到问题应该想办法积极解决，而不是选择逃避。
문제를 만나면 방법을 생각해서 적극적으로 해결하려고 해야지, 도피를 선택해서는 안 된다.

040 躲藏
duǒcáng
동 숨다, 피하다

躲 피하다, 감추다 » 身 몸을 几 어떤 木 나무 뒤로 숨기다
藏 감추다 » 艹 풀과, 爿 = 丬 나뭇조각을 厂 덮어서, 臣 신하와 戈 무기들을 숨기고, 감추다

躲藏在门后
문 뒤에 숨다

041 临时
línshí
형 임시의, 잠시의

临 임하다 » 刂 칼로 竹 = 𠆢 대나무를 口, | 반으로 나누기 위해 임하다
临 임하다, 잠깐의 时 시간동안

我临时有点事，可以请半天假吗？
제가 잠시 일이 좀 있어서요, 반차를 내도 될까요?

29강 국가, 법

30강 역사, 전쟁

001 文明
wénmíng
명 문명, 문화
형 교양 있는, 문명화된

文 글이 있는 明 밝은(日 해와 月 달이 있어 밝다) 사회

古代文明
고대문명

002 人类
rénlèi
명 인류

类 무리, 종류 » 米 쌀을 大 크게 무리로 분류하다
人 인간 类 무리

人类一直在为科技的进步而做出不懈的努力。
인류는 줄곧 과학 기술의 진보를 위해 부단한 노력을 하고 있다.

003 传说
chuánshuō
명 전설
동 말이 전해지다

传 전하다 » 亻 사람에게 소식을 专 오로지 전하다
传 전해지는 说 말

这件事只是一个传说，从来没有人去验证过是否真实存在。
이 일은 단지 전설일 뿐, 지금까지 아무도 실존 여부를 검증한 적이 없다.

004 神话
shénhuà
명 신화

神 신 话 화

这本小说的内容来源于神话。
이 소설의 내용은 신화에서 나왔다.

005 国王
guówáng
명 국왕

国 국 王 왕

这位国王十分英俊且高明。
이 국왕은 매우 출중하고 훌륭하다.

006 公主
gōngzhǔ
명 공주

公 공 主 주

动画里的每一位公主的性格都有自己的特点。
애니메이션에 나오는 공주들의 성격은 저마다의 특징이 있다.

007 王子
wángzǐ
명 왕자

王 왕 子 자

王子和公主的童话故事
왕자와 공주의 동화이야기

008 时代
shídài
명 시대, 한 시기

时 시 代 대

我十分怀念我的大学时代。
나는 나의 대학 시절을 매우 그리워한다.

009 年代
niándài
명 연대, 시기

年 연 代 대

我们生活在科技发达的年代。
우리는 과학 기술이 발달한 시대에 살고 있다.

010 公元
gōngyuán
명 서기, 기원

公 대중들이 이미 아는 元 주요한 사람들이 살다가 간 지난날들

公元221年，刘备称帝建立了蜀汉。
서기 221년, 유비는 황제가 되어 촉한을 세웠다.

011 古代
gǔdài
명 고대

古 고 代 대

他写了一部以古代为时代背景的言情小说。
그는 고대를 시대 배경으로 하는 연애 소설을 썼다.

012 丝绸
sīchóu
명 견직물, 명주, 비단

丝 실, 견사 》 纟 실 + 纟 실
绸 얽다, 얽히다 》 纟 실 周 두루두루 얽다

这款丝绸服装是用传统工艺制作的。
이 실크 옷은 전통 공예로 만든 것이다.

30강 역사, 전쟁

013 近代
jìndài
명 근대, 근세

近 근 代 대

他研究了韩国近代作家的文学作品。
그는 한국 근대 작가의 문학 작품을 연구했다.

014 建筑
jiànzhù
동 건축하다
명 건축물

建 세우다 ≫ 聿 붓이 잘 廴 가게끔(쓰게끔) 세우다
筑 쌓다, 건축하다 ≫ 竹 대나무를 工 장인이 잘 만들어서
　　　　　　　　　* 凡 보통 어딘가에 쌓다
* 凡 보통 ≫ 几 어떤 것에、흠을 내 보통으로 만들다

这个建筑是欧式风格的，外观上看起来十分大气。
이 건물은 유럽풍으로 외관상 매우 기품 있어 보인다.

015 特殊
tèshū
형 특수한

殊 다르다 ≫ 歹 죽었는데 시체가 朱 붉어져서 원래 현상과 매우 다르다
特 특별히 殊 다르다

如果有特殊情况不能来参加的，可以单独向我说明理由。
특별한 사정이 있어 참석하지 못할 경우, 제게 따로 이유를 설명해주셔도 됩니다.

016 背景
bèijǐng
명 (상황적) 배경

背 등, 뒷면, 외우다 ≫ 北 등진(사람이 등지고 앉은 모습) 月 몸의 부분 – 등
景 배경 ≫ 日 해가 京 서울을 비추는 경치, 배경

这两张照片的背景是哪里呀？
이 두 사진의 배경은 어디입니까?

017 面对
miànduì
동 직면하다, 마주보다

面 면을 对 대하다 – 직면하다

我们面对困难的时候一定要勇往直前，不要逃避。
우리는 어려움에 직면했을 때 반드시 용감하게 앞으로 나아가야 하며, 피하지 말아야 한다.

018 象征
xiàngzhēng
- 동 상징하다
- 명 상징

征 치다, 정벌하다, 징집하다, 징수하다 »» 彳 걸어가서 正 정확히 쳐야 정벌할 수 있다

어떠한 象 상, 형상이 征 징집되어 나타나는 상징

> 红色象征着活力和力量。
> 빨간색은 활력, 힘을 상징한다.

019 纪录
jìlù
- 명 기록, 다큐멘터리

纪 단서, 벼리(굵은 줄, 뼈대가 되는 것)
»» 纟 실의 己 몸에 해당하는 굵은 줄

录 기록하다 »» 彐 손, 氺 물 - 염료를 탄 물을 손(붓)에 찍어서 기록하다

> 创造新纪录
> 신기록을 세우다

020 偶然
ǒurán
- 부 우연히

偶 뜻과 매치가 되지 않아, 연상법 없이 암기

> 我偶然在商城里遇到了我的小学同学。
> 나는 우연히 쇼핑몰에서 나의 초등학교 동창을 만났다.

021 唯一
wéiyī
- 형 유일한

唯 오직 »» 먹을 때 도구 없이 부리, 口 입만을 오직 사용하는 隹 새

唯 오직 一 하나

> 唯一的家人
> 유일한 가족

022 悠久
yōujiǔ
- 형 유구한

悠 멀다, 아득하다 »» 亻 사람이 한 곳에 丨 꽂혀 文 = 攵 글 공부를 할 생각을 하니 心 마음이 아득하고도 멀다

久 오래되다

> 中国是一个历史悠久的国家。
> 중국은 역사가 유구한 나라다.

023 以来
yǐlái
몡 이래, 동안

以 이 来 래

这段时间以来，半导体产业一直在不断发展。
그동안, 반도체 산업은 꾸준히 발전했다.

024 流传
liúchuán
동 대대로 전해 내려오다

流 흐르다
传 전하다 »» 亻사람에게 소식을 专 오로지 전하다

牛郎织女的故事一直在民间流传着。
견우와 직녀의 이야기는 줄곧 민간에 전해지고 있다.

025 事实
shìshí
몡 사실

实 튼튼하다, 씨, 열매 »» 열매 실 實 - 实 간화
事 일의 实 열매

这个结论没有事实依据，不能这么快下定论。
이 결론은 사실적 근거가 없으므로 이렇게 빨리 결론을 내릴 수 없다.

026 保留
bǎoliú
동 보류하다, 보존하다

保 보호하다, 보증하다 »» 亻사람이 口 말하며 이 木 나무가 마을의 보호수라고 보증하고 지키다
留 머무르다 »» ㄷ 막힌 상태로 、탕탕 刀 칼질을 하면서 田 밭을 매며 머무르다

老师毫无保留地把知识传授给学生。
선생님은 조금도 남김없이 학생들에게 지식을 전수하였다.

027 保存
bǎocún
동 보존하다, 간수하다

保 보호하다, 보증하다 »» 亻사람이 口 말하며 이 木 나무가 마을의 보호수라고 보증하고 지키다
存 있다, 존재하다 »» 一 한 亻인간은 누군가의 子 자식으로 존재한다

我把编辑好的文稿保存好了。
나는 편집한 원고를 잘 두었다.

028 爱护
àihù

[동] 애호하다, 소중히 하다, 잘 보살피다

护 지키다 » 扌손으로 户 집을 지키다
爱 사랑해 주고 护 지켜 주다

> 爱护小孩
> 어린이를 사랑하고 보호하다

029 宝贵
bǎoguì

[형] 귀중한, 진귀한

宝 보배, 보물 » 宀 집에서 玉 옥을 보물처럼 모시다
贵 귀하다 » 中 중앙 一 한 가운데에 모셔놓는 贝 재물은 귀하다

> 每个人的青春都是非常宝贵的。
> 모든 사람의 청춘은 매우 귀중하다.

030 博物馆
bówùguǎn

[명] 박물관

博 넓다 » 十 더하고, 尃 펴서(十 더, 用 쓰려고 丶 탕탕 寸 마디마디를 두드려 펴다) 넓히다
馆 집, 객사, 관사 » 饣 먹을 수 있게 해놓은 * 官 관
* 官 관청 » 宀 집 같은 건물이 阜 언덕 위에 크게 있는 관청
博 넓게 物 사물을 전시해 놓는 馆 관

> 明天我们一起去博物馆参观吧。
> 내일 우리 같이 박물관에 참관하러 갑시다.

031 伟大
wěidà

[형] 위대한

伟 훌륭하다, 크다 » 亻 사람이, * 韦 가죽을 두르고 있으면 지도자, 위대한 큰 우두머리
* 韦 가죽, 에워싸다

> 雄伟的长城是中国最伟大的建筑。
> 웅장한 만리장성은 중국의 가장 위대한 건축물이다.

032 思想
sīxiǎng

[명] 사상, 견해

思 사 想 상

> 思想体系
> 사상체계

30강 역사, 전쟁

265

033 **启发**
qǐfā
[동] 일깨우다, 계발하다
[명] 계발, 깨우침

启 열다 »» 户 집 앞에 가서 열어 달라 口 말하면 열어 준다
启 열어 发 쏘듯이 일깨우다

这本小说给我带来了不少启发。
이 소설은 많은 깨우침을 내게 가져다주었다.

034 **称呼**
chēng hu
[동] 부르다, 일컫다

称 일컫다, 부르다, 무게 달다 »» 禾 벼의 무게가 어느 정도 라고 尔 = 你 너에게 불러 주다
呼 부르다 »» 口 입(의미), 乎 호(발음), 호명하다의 呼 호

请问，我应该怎么称呼您？
실례지만, 제가 당신을 뭐라고 불러야 합니까?

035 **士兵**
shìbīng
[명] 사병

士 사 兵 병

作为一名士兵，应该无条件遵守上级的命令。
사병으로서 상부의 명령을 무조건 지켜야 한다.

036 **军事**
jūnshì
[명] 군사

军 군 事 사

我们最近进行了多次军事训练。
우리는 최근 여러 차례 군사훈련을 실시했다.

037 **敌人**
dírén
[명] 적

敌 적, 원수 »» 舌 혀를 잘라 攵 쳐내고 싶을 정도의 원수

我们必须想尽一切办法击败敌人。
우리는 모든 방법을 다 강구해서 적을 격파해야 한다.

038 **战争**
zhànzhēng
[명] 전쟁

战 싸움, 전쟁 »» 한 占 지점에 깃발 꽂고 차지하기 위해 戈 창을 들고 싸우는 전쟁
战 전쟁 争 싸움

战争是残酷的，希望世界可以和平。
전쟁은 잔혹하다, 세계가 평화롭기를 바란다.

039 激烈
jīliè

형 격렬한, 치열한

激 격하다, 부딪쳐 흐르다 ≫ 氵물이 白 흰 거품을 만들어 方 사방에서 찰싹찰싹 攵 쳐대다

烈 굳세다 ≫ 歹 죽을 각오를 하고, 刂 칼을 들고, 灬 불구덩이에, 굳세게 뛰어드는 모습

> 楼下的一对夫妻正在激烈地争吵。
> 아래층의 한 부부가 격렬하게 다투고 있다.

040 英雄
yīngxióng

명 영웅

雄 수컷 ≫ 부피가 厷 좌우로 커지는, 隹 새 - 수컷새는 몸집이 암컷에 비해 더 커진다 생각

英 꽃 같이 잘난 雄 수컷

> 英雄豪杰
> 영웅호걸

041 奇迹
qíjì

명 기적

奇 기이하다 ≫ 의심 없이 大 크게 可 허락하는 것이 기이하다

迹 발자취 ≫ 亦 또, 辶 걸음을 옮기면 발자취가 생긴다

> 他能够战胜癌症，真是个奇迹。
> 그가 암을 이겨내다니 정말 기적이다.

042 枪
qiāng

명 총, 창

枪 창 ≫ 木 나무를 가지고 人 사람이 㔾 쪼그리고 앉아 뾰족하게 가공하여 창을 만들다

> 中国公民是不能非法携带枪支的。
> 중국 공민은 불법으로 총기를 휴대할 수 없다.

043 抢
qiǎng

동 빼앗다, 약탈하다

抢 서두르다, 앞다투어 하다 ≫ 扌손으로 仓 창고에(人 사람이 쪼그리고 㔾 누울 수 있는 창고) 넣어둔 물건을 가지려 서두르며 가져가려는 모습 연상

> 这个歹徒抢了一个女生的包。
> 이 악당은 여학생의 가방을 빼앗았다.

30강 역사, 전쟁

044 扩大
kuòdà
동 확대하다, 넓히다

扩 넓히다 »» 扌 손으로, 广 넓게 하다(广 담벼락 있는 집이 널널해 넓은 모습)
扩 넓히고 大 크게 하다

> 爷爷想要扩大菜园子的土地面积。
> 할아버지는 채소밭의 토지 면적을 넓히고 싶어 한다.

045 争取
zhēngqǔ
동 쟁취하다, 얻다

争 싸워 取 취하다

> 我争取下一次可以考到全校第一。
> 나는 다음에 전교 1등을 할 수 있도록 노력할 것이다.

046 克服
kèfú
동 극복하다

克 이기다, 해내다, 참고 견디다
»» 古 오랫동안 열심히 丿 다듬고 乚 갈면 해낼 수 있다
服 옷, 복종, 항복 »» 月 몸을 卩 꿇고 又 손을 가지런하게 하는 항복과 복종의 모습을 연상
어떠한 문제를 克 이겨 내고 服 항복을 받아 내다

> 克服困难
> 어려움을 극복하다